FALANDO DA SOCIEDADE

Coleção
ANTROPOLOGIA SOCIAL
fundada por Gilberto Velho
dirigida por Karina Kuschnir

- O Riso e o Risível
  Verena Alberti
- Falando da Sociedade
- Outsiders
- Segredos e truques da pesquisa
- Truques da Escrita
  Howard S. Becker
- Antropologia Cultural
  Franz Boas
- O Espírito Militar
- Os Militares e a República
  Celso Castro
- Bruxaria, Oráculos e Magia entre os Azande
  E.E. Evans-Pritchard
- Futuros Antropológicos
  Michael M.J. Fischer
- Nova Luz sobre a Antropologia
  Clifford Geertz
- O Cotidiano da Política
  Karina Kuschnir
- Cultura: um Conceito Antropológico
  Roque de Barros Laraia
- Guerra de Orixá
  Yvonne Maggie
- Evolucionismo Cultural
  L.H. Morgan, E.B. Tylor, J.G. Frazer
- A invenção de Copacabana
- De Olho na Rua
  Julia O'Donnell
- A Teoria Vivida
  Mariza Peirano
- Cultura e Razão Prática
- História e Cultura
- Ilhas de História
- Metáforas Históricas e Realidades Míticas
  Marshall Sahlins
- Antropologia Urbana
- Um Antropólogo na Cidade
- Desvio e Divergência
- Individualismo e Cultura
- Projeto e Metamorfose
- Rio de Janeiro: Cultura, Política e Conflito
- Subjetividade e Sociedade
- A Utopia Urbana
  Gilberto Velho
- Pesquisas Urbanas
  Gilberto Velho e Karina Kuschnir
- O Mistério do Samba
- O Mundo Funk Carioca
  Hermano Vianna
- Sociedade de Esquina
  William Foote Whyte

HOWARD S. BECKER

FALANDO DA SOCIEDADE

ENSAIOS SOBRE AS DIFERENTES MANEIRAS DE REPRESENTAR O SOCIAL

Tradução:
Maria Luiza X. de A. Borges

Consultoria técnica:
Karina Kuschnir
IFCS/UFRJ

ZAHAR

À memória de Michèle de la Pradelle, Dwight Conquergood, Alain Pessin e Eliot Freidson, amigos e intelectuais.

Título original:
Telling about Society

Tradução autorizada da primeira edição norte-americana, publicada em 2007 por The University of Chicago Press, de Chicago, EUA

rua Marquês de S. Vicente 99 – 1º | 22451-041 Rio de Janeiro, RJ
tel (21) 2529-4750 | fax (21) 2529-4787
editora@zahar.com.br | www.zahar.com.br

Grafia atualizada respeitando o novo Acordo Ortográfico da Língua Portuguesa

Capa: Bruna Benvegnù
Fotos de capa: © Condé Nast Archive/Corbis e © Corbis
Composição: Letra e Imagem

CIP-Brasil. Catalogação na fonte
Sindicato Nacional dos Editores de Livros, RJ

Becker, Howard Saul, 1928-
B356F Falando da sociedade: ensaios sobre as diferentes maneiras de representar o social / Howard S. Becker; tradução Maria Luiza X. de A. Borges; Karina Kuschnir. - Rio de Janeiro: Zahar, 2009.

(Antropologia social)

Tradução de: Telling about society
ISBN 978-85-378-0169-7

1. Sociologia - Metodologia. 2. Sociologia visual. 3. Sociologia na literatura. 4. Artes e sociedade. I. Título. II. Série.

CDD: 301.01
09-4412 CDU: 316

Sumário

Prefácio

Este nunca foi um projeto de pesquisa convencional. As ideias nasceram de minhas leituras habituais, aleatórias e casuais, de anos de ensino e do simples fato de viver como uma pessoa de interesses bastante ecléticos.

Sempre fui um frequentador de teatros e cinemas, e um incansável leitor de ficção. Sempre pensei que estava aprendendo coisas interessantes sobre a sociedade quando fazia isso, aplicando uma regra que formulei cedo em minha vida: "Se é divertido, deve valer a pena." Assim, já estava de posse de um bom estoque de exemplos sobre os quais pensar. Tinha visto a peça de Shaw, *A profissão da sra. Warren*, e gostado de sua dissecação do "problema social" da prostituição, por isso tinha ela na cabeça quando comecei a procurar exemplos. Havia lido Dickens e Jane Austen, e os considerava casos de como os romancistas apresentam uma análise social.

Em 1970, como parte de minha preparação para trabalhar na sociologia das artes, aprendi a fotografar, tomando aulas no San Francisco Art Institute e envolvendo-me no mundo fotográfico ali e em Chicago. Fotógrafos documentais partilharam comigo sua preocupação sobre a maneira de apresentar as análises sociais que queriam fazer, assim como os alunos que logo vim a ter, e comecei a ver como seus problemas se pareciam com os enfrentados pelos cientistas sociais (inclusive eu) para expressar aquilo que tinham a dizer.

Nunca fui bom na leitura da bibliografia oficial de disciplinas e campos formalmente traçados, e jamais pensei que as ciências sociais tinham o monopólio do conhecimento sobre o que se passa na sociedade. Encontrei tantas boas ideias na ficção, no teatro, cinema e fotografia como no que "se esperava" que eu lesse. E as ideias que me acorriam quando via projetos fotográficos documentais ou filmes também migraram para meu pensamento sobre ciências sociais convencionais.

Fiz algumas leituras sérias da literatura polêmica que todo campo gera sobre problemas de método. Essa literatura contém grande parte do que poderíamos coligir se entrevistássemos os participantes desses debates. As questões que eles levantam são aquelas enfrentadas pelos profissionais nesses campos, e as amplas discussões publicadas foram imensamente úteis. Claro que, quando tive a chance de conversar com pessoas sobre problemas de representação em sua linha específica de trabalho, tratei de aproveitá-la, mas não fiz entrevistas nem reuni dados de maneira sistemática.

O trabalho como professor afetou o desenrolar de meu pensamento em dois casos muito específicos. Quando eu lecionava sociologia na Universidade Northwestern, tive a sorte de conhecer o falecido Dwight Conquergood, que lecionava no Departamento de Estudos da Performance na Escola de Comunicação e Artes.* Dwight estudava o que chamava de "aspecto performativo da sociedade", a maneira como a vida social pode ser vista como uma série de performances. No que é ainda mais relevante, apresentava muitas vezes os resultados de suas pesquisas — acerca de refugiados asiáticos, membros de gangues de Chicago — sob a forma de performances. Isso era algo que eu tentara fazer, sem qualquer preparo efetivo e sem grande sucesso, com meus colegas Michael McCall e Lori Morris em cerca de duas performances sociológicas[1] que descreviam nossas pesquisas, realizadas em colaboração, sobre comunidades teatrais em três cidades. Assim, quando Dwight e eu nos conhecemos, a ideia de darmos juntos um curso chamado "Ciências sociais performáticas" (Performing Social Science) não demorou a surgir. Os alunos provinham do departamento dele e do Departamento de Teatro da Escola de Comunicação e Arte, que era maior; os meus provinham em maior parte da sociologia. Eles incluíam estudantes de pós-graduação e de graduação. Demos o curso em 1990 e 1991, e nas duas vezes a principal atividade consistiu em performances dos alunos (e, na segunda vez, dos professores também) de algo que pudesse ser considerado ciências sociais. Nossa definição era abrangente, de modo que as peças encenadas vinham de uma variedade de campos — história, sociologia, literatura, teatro — e da criatividade dos próprios alunos. Vou me referir ocasionalmente a esses eventos, que muitas vezes corporificavam as questões organizacionais, científicas e estéticas em que eu estava interessado.

Um seminário chamado "Falando sobre a sociedade", que ministrei duas vezes, uma na Universidade da Califórnia em Santa Barbara e outra, um ano depois, na Universidade de Washington, também me deu muito em que pensar. Os participantes dessa pequena aventura vinham de vários departamentos e consistiam quase inteiramente em estudantes de pós-graduação. Isso significava que eram, inevitavelmente, menos ousados que os estudantes de graduação

---

* *School of Speech*: segundo esclarecimentos do autor, trata-se de uma universidade que reúne uma combinação eclética de disciplinas, como teatro, cinema, oratória, declamação etc. (N.T.)

com que Conquergood e eu tínhamos trabalhado na Northwestern, tendo mais a perder e coisas mais prementes a exigir seu tempo e atenção. Por outro lado, eram mais reflexivos sobre as ramificações do tema, mais dispostos a ser críticos e propensos a discussões, e por isso tendiam mais a me provocar para reabrir questões que eu considerava resolvidas.

Os seminários eram dedicados a um meio diferente a cada semana: cinema, teatro, tabelas estatística, e assim por diante. Eu indicava leituras ou, com igual frequência, apresentava à turma algo a que devia reagir, alguma provocação às suas ideias estereotipadas sobre o que constituía uma forma apropriada de descrever a sociedade. Comecei o primeiro encontro da turma, no primeiro curso que dei, descrevendo *Mad Forest* (1996), peça de Caryl Churchill sobre o casamento entre os filhos de duas famílias romenas de classes sociais substancialmente diferentes. O segundo ato da peça ilustrava exatamente aquilo de que trataríamos nas aulas, pois é uma representação artística do processo que os cientistas sociais chamaram por vezes de "comportamento coletivo elementar" ou "formação de multidão". O Capítulo 12 conta como fiz os alunos lerem o ato em voz alta e depois insisti com eles em que haviam não apenas experimentado uma emoção, mas também lido a melhor análise que eu conhecia sobre formação de multidão. Muitos deles concordaram, e eu lhes disse que aquilo estabelecia o problema do curso. Que maneiras, além das conhecidas pelos cientistas sociais, podiam transmitir tal informação? Acho que muitos dos alunos não teriam aceitado a questão com tanta boa vontade se não tivessem tido a experiência teatral que haviam acabado de proporcionar a si mesmos.

Nas semanas seguintes assistimos ao vídeo de Anna Deavere Smith, *Fire in Crown Heights* (2001), em que ela enuncia as coisas que muitas pessoas de inúmeros grupos sociais lhe haviam dito depois daquele episódio de violência no Brooklyn. Vimos *Titicutt Follies* (1967), de Frederick Wiseman, documentário sobre um manicômio judiciário de Massachusetts. Examinamos e discutimos uma coleção que eu havia feito de tabelas e diagramas, e dei um minicurso sobre modelos matemáticos, para o qual estava mal preparado. Planejei os seminários com abundância de exemplos concretos a serem discutidos, na esperança de evitar o que pensei ser uma conversa fiada "teórica" estéril. Meu plano funcionou muito bem, e as discussões foram boas o suficiente para que em geral eu passasse o dia seguinte datilografando anotações sobre elas e os pensamentos que haviam suscitado.

Na ementa do curso, eu havia declarado aos estudantes:

A estratégia básica do curso é comparativa. O que há para ser comparado é uma ampla variedade de gêneros de representação: de filmes, romances e peças, por um lado, a tabelas, diagramas, gráficos e modelos matemáticos, por outro, e tudo em que possamos pensar entre uma coisa e outra. Eles serão comparados no tocante ao modo como resolvem os problemas genéricos da representação da vida social. E essa lista de problemas será em parte gerada vendo-se que tipos de problemas são preeminentes em cada gênero. (Isso fará mais sentido quando o fizermos; percebo que talvez pareça um pouco enigmático neste momento.)

Vocês podem pensar no assunto com que trabalharemos como uma grade. Num eixo, tipos de meios ou gêneros, como na lista acima. Ao longo do outro eixo, problemas que surgem quando fazemos representações: a influência de orçamentos, as obrigações éticas de quem faz a representação, maneiras de generalizar que conhecemos, graus de multivocalidade etc. Em princípio, poderíamos investigar cada problema em cada gênero, preencher cada casa gerada por essa classificação cruzada, mas isso não é prático. Assim, nossa "cobertura" será bastante casual, influenciada sobretudo pelos materiais facilmente disponíveis para nós, a serem discutidos, e por meus próprios interesses particulares. Mas a lista das coisas sobre as quais poderíamos falar pode ser ampliada para abarcar outros gêneros e problemas, se a vontade das pessoas assim determinar.

E essa atitude criou o problema organizacional deste livro.

Robert Merton gostava de encontrar proposições que exemplificavam aquilo que afirmavam, o que fazia com mais sucesso em suas ideias sobre profecias autorrealizadoras. Reunir este material me pôs exatamente nessa posição. Como poderia eu representar minha análise da representação?

Eu tinha dois tipos de material com que trabalhar: ideias sobre comunidades organizadas em torno da feitura e do uso de tipos particulares de representação, como filmes, romances ou tabelas estatísticas; e amplas discussões sobre descrições da sociedade exemplificando o que havia sido feito em alguns desses campos. Grande parte de meu pensamento fora estimulada pela reflexão sobre trabalhos bem-sucedidos de representação, em particular além dos limites disciplinares das ciências sociais, e queria que meus resultados corporificassem e enfatizassem isso.

Fazer tabulações cruzadas de tipos de meios (filmes, peças, tabelas, modelos e todo o resto) segundo tipos de problemas analíticos (qual é a divisão de trabalho entre produtores e usuários de representações, por exemplo) geraria um número muito grande de combinações sobre as quais escrever. Essa espécie de estrutura classificatória está subjacente ao que fiz, mas eu não queria me sentir obrigado a preencher todas essas casas descritivas e analíticas. Não pensava tampouco que uma abordagem enciclopédica seria útil para meu objetivo, que comecei a ver como o de abrir meus próprios olhos e os dos outros nos campos em que eu estava interessado (que nessa altura iam além das ciências sociais) para uma esfera mais ampla de possibilidades representacionais.

Adotei uma abordagem diversa, fortemente influenciada por minha experiência e experimentos com hipertexto, em que muitos fragmentos de textos podem ser lidos numa variedade de ordens, por vezes em qualquer ordem escolhida pelo usuário. As partes são dependentes umas das outras, mas não a ponto de tornar obrigatória uma dada ordem. Nesse espírito, o livro tem duas partes: "Ideias" consiste em ensaios curtos sobre temas gerais que se tornam mais claros quando vistos como aspectos de mundos representacionais. "Exemplos" contém várias apresentações e análises de obras específicas ou corpos de obra, ou tipos de representação que assumiram novo significado para mim quando os vi à luz das ideias gerais. Os textos nas duas seções referem-se uns aos outros, e pretendo que o todo se aproxime mais de uma rede de pensamentos e exemplos que de uma argumentação linear. Essa abordagem talvez se adapte melhor ao computador, que torna tão fácil para o leitor passar de tópico a tópico, mas aqui você a tem num livro impresso. Peço desculpas por isso.

Portanto você pode — e deve — ler o material nessas duas seções em qualquer ordem que lhe convenha, dentro de cada seção e entre elas. As partes destinam-se tanto a serem independentes quanto a se iluminarem umas às outras. O significado completo resulta do modo como você une as partes segundo seus próprios objetivos, sejam eles quais forem. Se isso funcionar, e espero que funcione, tanto cientistas sociais quanto artistas com interesses documentais encontrarão aqui algo que lhes pode ser útil.

PARTE 1 | IDEIAS

1. Falando da sociedade

Moro há muitos anos em São Francisco, na parte mais baixa da encosta do Russian Hill ou no trecho mais alto de North Beach; o modo como descrevo isso depende de quem estou tentando impressionar. Moro perto do Fisherman's Wharf, na rota que muita gente toma para voltar dessa atração turística a seu hotel no centro ou à fileira de motéis da Lombard Street. Olhando por uma de minhas janelas, frequentemente vejo grupos de turistas parados, olhando alternadamente para seus mapas e para os altos morros que se interpõem entre eles e seus destinos. O que aconteceu é claro. A linha reta no mapa parecia uma agradável caminhada por um bairro residencial, que poderia lhes mostrar como vivem os nativos. Agora estão pensando, como me disse o jovem britânico a quem ofereci ajuda: "Preciso chegar ao meu hotel e *não* vou subir aquele maldito morro!"

Por que os mapas que essas pessoas consultam não as alertam para os morros? Os cartógrafos sabem como indicar morros, de modo que não é uma restrição do meio que causa transtornos aos pedestres. Mas os mapas são feitos para motoristas, originalmente (embora não mais) pagos por empresas de combustível e fabricantes de pneus, e distribuídos em postos de gasolina[1] — e os motoristas preocupam-se menos que os pedestres com morros.

Esses mapas, e as redes de pessoas e organizações que os elaboram e utilizam, exemplificam um problema mais geral. Um mapa comum das ruas de São Francisco é uma representação convencional daquela sociedade urbana: uma descrição visual de suas ruas e pontos de referência e de sua distribuição no espaço. Cientistas sociais e cidadãos comuns usam rotineiramente não somente mapas, mas também uma grande variedade de outras representações da realidade social — alguns exemplos aleatórios são filmes documentários, tabelas estatísticas e as histórias que as pessoas contam umas para as outras, de modo a explicar quem são e o que estão fazendo. Todos eles, como os mapas, dão uma descrição apenas parcial, mas apesar disso adequada para algum objetivo. Todos emergem em contextos organizacionais, que limitam o que pode ser feito e definem os objetivos a que a obra deverá atender. Esta compreensão sugere vários problemas interessantes: Como as necessidades e práticas de organizações moldam nossas descrições e análises (vamos chamá-las de representações) da realidade social? Como as pessoas que usam essas representações chegam a defini-las como adequadas? Essas questões têm uma relação com questões tradicionais sobre saber e contar em ciência, mas vão além delas para incluir problemas mais tradicionalmente associados com as artes e com a experiência e a análise da vida cotidiana.

Durante muitos anos, estive envolvido com uma variedade de maneiras de falar sobre a sociedade, profissionalmente e por pura curiosidade natural. Sou um sociólogo, por isso as maneiras de falar que vêm de imediato à minha mente são as que os sociólogos usam rotineiramente: descrição etnográfica, discurso teórico, tabelas estatísticas (e representações visuais de números como diagramas de barras), narrativa histórica, e assim por diante. Muitos anos atrás, porém, entrei para uma escola de arte e tornei-me fotógrafo, e nesse processo desenvolvi um forte e duradouro interesse por representações fotográficas da sociedade, que fotógrafos documentais e outros vêm fazendo desde a invenção do meio. Isso me levou muito naturalmente a pensar sobre o cinema como uma outra maneira de falar sobre a sociedade. E não apenas filmes documentários, mas filmes de ficção também. Eu havia sido um ávido leitor de ficção desde menino, e, como a maior parte dos outros leitores de histórias, sabia que elas não são feitas apenas de fantasias, que frequentemente contêm observações que merecem ser lidas sobre como a sociedade é construída e funciona. Por que não representações dramáticas de histórias no palco também? Tendo sempre me interessado e envolvido em todas essas maneiras de falar sobre a sociedade, decidi tirar proveito da coleção um tanto casual e aleatória de exemplos que elas haviam depositado em meu cérebro.

Para fazer o quê? Para ver os problemas que qualquer pessoa que tenta fazer o trabalho de representar a sociedade deve solucionar, que tipos de solução foram encontrados e tentados, e com que resultado. Para ver o que os problemas de diferentes meios têm em comum e que aspecto têm soluções que funcionam para um tipo de relato quando aplicadas a algum outro tipo. Para ver o que, por exemplo, tabelas estatísticas têm em comum com projetos fotográficos documentais, o que modelos matemáticos têm em comum com ficção de vanguarda. Para ver que soluções para os problemas de descrição um campo pode importar de outro.

Assim, estou interessado em romances, estatísticas, histórias, etnografias, fotografias, filmes e qualquer outra forma pela qual pessoas tenham tentado contar a outras o que sabem sobre sua sociedade ou alguma outra sociedade que as interesse. Chamarei os produtos de toda essa atividade em todos esses meios de "relatos sobre a sociedade", ou, por vezes, "representações da sociedade". Que problemas e questões surgem quando se fazem esses relatos, em qualquer meio? Montei uma lista dessas questões a partir das coisas que as pessoas que fazem esse tipo de trabalho falam e das queixas que fazem umas para as outras, usando como princípio básico de descoberta esta ideia: se algo é um problema numa maneira de fazer representações, é um problema em todas as outras maneiras. Mas as pessoas que trabalham numa área podem ter resolvido o problema de modo inteiramente satisfatório para elas, e assim sequer pensam nele como um problema, enquanto para outras pessoas ele parece um dilema insolúvel. Isso significa que estes últimos podem aprender alguma coisa com os primeiros.

Fui abrangente ao fazer essas comparações, incluindo (pelo menos em princípio) todos os meios e gêneros que as pessoas usam ou já usaram. Claro que não falei sobre tudo. Mas tentei evitar as tendenciosidades convencionais mais óbvias e considerei, além de formatos científicos respeitados e aqueles inventados e usados por profissionais em disciplinas científicas reconhecidas, aqueles usados por artistas e leigos também. Uma lista sugere essa variedade de tópicos: das ciências sociais, modos de representação como modelos matemáticos, tabelas estatísticas e gráficos, mapas, prosa etnográfica e narrativa histórica; das artes, romances, filmes, fotografias imóveis e teatro; da grande e vaga área entre uma coisa e outra, histórias de vida e outros materiais biográficos e autobiográficos, reportagens (inclusive os gêneros mistos do docudrama, filme documentário e fato "ficcionalizado") e a narrativa de histórias, a elaboração de mapas e outras atividades representacionais de leigos (ou de pessoas atuando na condição de leigas, como até profissionais fazem na maior parte do tempo).

Quem fala?

Somos todos curiosos em relação à sociedade em que vivemos. Precisamos saber, na base mais rotineira e da maneira mais comum, como nossa sociedade funciona. Que regras governam as organizações de que participamos? Em que padrões rotineiros de comportamento outras pessoas se envolvem? Sabendo essas coisas, podemos organizar nosso próprio comportamento, aprender o que queremos, como obtê-lo, quanto custará, que oportunidades de ação várias situações nos oferecem.

Onde aprendemos essas coisas? Da maneira mais imediata, a partir das experiências de nossa vida diária. Interagimos com todas as espécies de pessoas, grupos e organizações. Conversamos com pessoas de todos os tipos em todos os tipos de situação. Evidentemente, não de *todos* os tipos: a experiência social de tipo face a face é limitada pelas relações sociais, a situação na sociedade, os recursos econômicos, a localização geográfica. Podemos nos virar com esse conhecimento limitado, mas, em sociedades modernas (provavelmente em todas as sociedades), precisamos conhecer mais do que aprendemos com a experiência pessoal. Precisamos — ou pelo menos queremos — saber sobre outras pessoas e lugares, outras situações, outras épocas, outros estilos de vida, outras possibilidades, outras oportunidades.

Assim, procuramos "representações da sociedade" em que outras pessoas nos falam sobre todas essas situações, lugares e épocas que não conhecemos em primeira mão, mas sobre os quais gostaríamos de saber. Com a informação adicional, podemos fazer planos mais complexos e reagir de uma maneira mais complexa às nossas situações de vida imediatas.

Para simplificar, uma "representação" da sociedade é algo que alguém nos conta sobre algum aspecto da vida social. Essa definição abarca um grande território. Num extremo situam-se as representações comuns que fazemos uns para os outros como leigos, no curso da vida diária. Tome por exemplo a elaboração de mapas. Em muitas situações e para muitos objetivos, essa é uma atividade altamente profissionalizada, baseada em séculos de experiência prática combinada, raciocínio matemático e erudição científica. Em muitas outras situações, porém, é uma atividade comum que todos exercemos de vez em quando. Convido-o a me fazer uma visita em certa ocasião, mas você não sabe ir de carro até onde moro. Posso lhe dar orientações verbais: "Vindo de Berkeley, você toma a primeira saída à direita logo depois da Bay Bridge, vira à esquerda no começo da ladeira, segue por vários quarteirões e vira à esquerda na Sacramento, continua seguindo até chegar a Kearny, vira à direita e sobe até Columbus..." Posso lhe sugerir que consulte um mapa comum de ruas, além de minhas orientações, ou posso simplesmente lhe dizer que moro na esquina de Lombard com Jones e deixar que você use o mapa para localizar esse ponto. Ou posso desenhar meu próprio mapinha personalizado para você. Posso mostrar de onde você deve partir — "sua casa" — e desenhar as ruas relevantes, indicando-lhe onde virar, que extensão terá cada trecho, por que pontos de referência você passará e como saberá que chegou à "minha casa". Hoje, um site na internet nos diz tudo isso, ou podemos deixar que nosso GPS faça o serviço para nós.

Estas são todas representações de uma porção da sociedade, contidas numa simples ligação geográfica; uma maneira mais simples e melhor de dizer isso é que estas são todas maneiras de falar sobre a sociedade ou sobre alguma parte dela.

Algumas das maneiras — o mapa rodoviário comum ou alguma descrição gerada por computador — são elaboradas por profissionais altamente preparados, lançando mão de grande quantidade de equipamentos e conhecimento especializado. A descrição verbal e o mapa caseiro são feitos por pessoas iguais àquelas a quem são dados, pessoas que não têm mais conhecimento ou habilidade geográfica que qualquer adulto razoavelmente competente. Todas elas são capazes, cada uma a seu modo, de fazer o serviço de levar alguém de um lugar a outro.

Meus próprios colegas de profissão — sociólogos e outros cientistas sociais — gostam de falar como se tivessem o monopólio da criação dessas representações, como se o conhecimento da sociedade que produzem fosse o único conhecimento "real" sobre esse assunto. Isso não é verdade. E eles gostam de fazer a afirmação igualmente tola de que as maneiras que possuem de falar sobre a sociedade são as melhores ou as únicas pelas quais isso pode ser feito de forma apropriada, ou que suas maneiras de fazer esse trabalho protegem contra todas as espécies de erros terríveis que poderíamos cometer.

Esse tipo de conversa é apenas uma tomada do poder profissional clássica. Levar em conta as maneiras como as pessoas que trabalham em outros campos — artistas visuais, romancistas, dramaturgos, fotógrafos e cineastas — e os leigos representam a sociedade revelará dimensões analíticas e possibilidades que a ciência social muitas vezes ignorou serem úteis em outros aspectos. Vou me concentrar no trabalho representacional feito por outros tipos de trabalhadores, bem como naquele feito por cientistas sociais. Estes sabem como fazer seu trabalho, e ele é adequado para muitos objetivos. Mas suas maneiras não são as únicas.

Quais são algumas das outras maneiras? Podemos categorizar as atividades representacionais de diversas formas. Poderíamos falar de meios — cinema versus palavras versus números, por exemplo. Poderíamos falar sobre a intenção dos produtores das representações: ciência versus arte versus reportagem. Um levantamento abrangente desse tipo serviria bem a muitos objetivos, mas não ao meu objetivo de explorar problemas genéricos de representação e a variedade de soluções que o mundo produziu até agora. Examinar algumas das maneiras principais, altamente organizadas, de falar sobre sociedade significa estar atento às distinções entre ciência, arte e reportagem. Mais do que maneiras diferentes de fazer alguma coisa, estas são formas de organizar o que poderia ser, do ponto de vista de materiais e métodos, mais ou menos as mesmas atividades. (Mais adiante, no Capítulo 11, irei comparar três modos de usar fotografias para esses três tipos de trabalho, vendo como as mesmas fotografias poderiam ser arte, jornalismo ou ciência social.)

Falar sobre a sociedade em geral envolve uma comunidade interpretativa, uma organização de pessoas que faz rotineiramente representações padronizadas de um tipo particular ("produtores") para outros ("usuários") que as utilizam rotineiramente para objetivos padronizados. Os produtores e os usuários adaptaram o que fazem ao que outros fazem, de modo que a organização de fazer e usar é, pelo menos por algum tempo, uma unidade estável, um *mundo* (empregado num sentido técnico que desenvolvi em outro momento[2] e discutirei mais completamente abaixo).

Com bastante frequência, algumas pessoas não se encaixam bem nesses mundos organizados de produtores e usuários. Esses experimentadores e inovadores não fazem as coisas como são usualmente feitas, e por isso suas obras podem não ter muitos usuários. Mas as soluções que dão para problemas comuns nos dizem muito e abrem nossos olhos para possibilidades que uma prática mais convencional não vê. As comunidades interpretativas muitas vezes tomam emprestados procedimentos e formas, usando-os para fazer algo em que seus criadores naquela outra comunidade nunca tinham pensado, ou que jamais tinham pretendido, produzindo misturas de método e estilo para se encaixar nas condições cambiantes das organizações mais amplas a que pertencem.

Isso é tudo muito abstrato. Aqui está uma lista mais específica de formatos comuns para falar sobre a sociedade, produtoras de obras de representação social que merecem ser cuidadosamente examinadas:

Ficção. Obras de ficção — romances e contos — serviram muitas vezes como veículos de análise social. As sagas de famílias, classes e grupos profissionais produzidas por escritores tão diferentes em propósito e talento como Honoré de Balzac, Émile Zola, Thomas Mann, C.P. Snow e Anthony Powell sempre foram compreendidas como corporificando descrições complexas de uma vida social e seus processos constituintes, e delas dependendo para extrair seu poder e virtudes estéticas. As obras de Charles Dickens, tomadas isoladamente ou em conjunto, foram compreendidas (como ele pretendeu que fossem) como uma maneira de descrever para um amplo público as organizações que produziam os males que acometiam sua sociedade.

Arte dramática. De maneira semelhante, o teatro foi muitas vezes um veículo para o exame da vida social, em especial a descrição e análise de males sociais. George Bernard Shaw empregou a forma dramática para corporificar sua compreensão de como "problemas sociais" surgiam e quão profundamente penetravam o corpo político. Sua peça *A profissão da sra. Warren* explica o funcionamento do negócio da prostituição quando ele assegurava o sustento de pelo menos parte da classe alta britânica, e *Major Barbara* fez o mesmo para a guerra e o fabrico de munições. Muitos teatrólogos usaram a arte dramática para objetivos semelhantes (Henrik Ibsen, Arthur Miller, David Mamet).

Dizer que essas obras e autores fazem "análise social" não significa que isso é "tudo" que fazem, ou que essas obras são "apenas" sociologia sob um disfarce artístico. Em absoluto. Seus autores têm em mente objetivos que vão além da análise social. Contudo até o crítico mais formalista deveria perceber que alguma parte do efeito de muitas obras de arte depende de seu conteúdo "sociológico" e da crença dos leitores e plateias de que o que essas obras lhes dizem sobre a sociedade é, em certo sentido, "verdadeiro".

Filmes. No caso mais óbvio, o documentário — *Harlan County, U.S.A.* (1976), de Barbara Koppel, e *Chronique d'un été* (1961), de Edgar Morin e Jean Rouch, são exemplos bem conhecidos — teve como objetivo primeiro a descrição da sociedade, muitas vezes, mas não necessariamente de maneira declarada, de uma perspectiva reformista, buscando mostrar aos espectadores o que está errado nos arranjos sociais atuais. Filmes de ficção também pretendem muitas vezes analisar e comentar as sociedades que apresentam, muitas vezes aquelas em que são feitos. Os exemplos vão desde o pseudodocumentário de Gillo Pontecorvo *A Batalha de Argel* (1966) a produções clássicas de Hollywood como *A luz é para todos* (1947), de Elia Kazan.

Fotografias. De maneira semelhante, fotografias imóveis ocuparam-se muitas vezes de análise social desde os primórdios do gênero. Um gênero bem definido de fotografia documental teve uma história longa e ilustre. Alguns trabalhos exemplares desse gênero incluem *The Secret Paris of the '30s* (1976), de Brassaï, *American Photographs* ([1938] 1975), de Walker Evans, e *The Americans* ([1959] 1969), de Robert Frank.

Até agora, falei sobre modos "artísticos" de fazer representações da sociedade. Outras representações estão mais associadas à "ciência".

Mapas. Os mapas, associados com a disciplina da geografia (mais especificamente a cartografia), são uma maneira eficiente de exibir grandes quantidades de informação sobre unidades sociais consideradas em sua dimensão espacial.

Tabelas. A invenção da tabela estatística no século XVIII tornou possível resumir vastos números de observações específicas num formato compacto e comparável. Essas descrições compactas ajudam governos e outros a organizar a ação social deliberada. O censo governamental é a forma clássica desse uso. Cientistas empregam tabelas para exibir dados que outros podem usar para avaliar suas teorias. Os cientistas sociais do século XX tornaram-se cada vez mais dependentes da exibição tabular de dados quantitativos colhidos especificamente para esse propósito.

Modelos matemáticos. Alguns cientistas sociais descreveram a vida social reduzindo-a a entidades abstratas exibidas como modelos matemáticos. Esses modelos, intencionalmente distantes da realidade social, podem transmitir relações básicas características da vida social. Eles foram usados na análise de fenômenos sociais tão variados quanto sistemas de parentesco e o mundo da música popular comercial.

Etnografia. Uma forma clássica de descrição social foi a etnografia, descrição verbal detalhada do modo de vida, considerado em sua totalidade, de alguma unidade social, de forma arquetípica, mas não necessariamente, um pequeno grupo tribal. O método passou a ser aplicado, e hoje é amplamente usado em organizações de todos os tipos: escolas, fábricas, áreas urbanas, hospitais e movimentos sociais.

Em algum ponto entre os extremos da arte e da ciência situam-se a história e a biografia, geralmente dedicadas a descrições detalhadas e precisas de eventos passados, mas muitas vezes igualmente propensas a avaliar amplas generalizações sobre assuntos com que as outras ciências sociais lidam. (Lembrem-se de que todos os relatos sociais de hoje serão matéria-prima para historiadores do futuro, assim como obras-primas da sociologia, como os estudos de "Middletown" feitos por Lynds, transformaram-se, de análise social, em documento histórico.)

Finalmente, há os extravagantes, rebeldes e inovadores de que falei antes. Alguns produtores de representações da sociedade misturam métodos e gêneros, experimentam formas e linguagens e fornecem análises de fenômenos sociais em lugares em que não as esperamos e sob formas que não reconhecemos nem como arte nem como ciência, ou que vemos como uma mistura incomum e estranha de gêneros. Assim, Hans Haacke, que pode ser chamado de artista conceitual, serve-se de expedientes simples para levar usuários a conclusões inesperadas. Georges Perec e Italo Calvino, membros do grupo literário francês Oulipo,[3] dedicado a experimentos literários esotéricos, fizeram do romance, numa forma ou outra, um veículo para pensamento sociológico sutil. E nas *talk pieces* de David Antin, histórias que podem ou não ser ficções e transmitem análises e ideias sociais complexas. Como todos esses experimentos, a obra desses artistas nos obriga a reconsiderar procedimentos que de hábito consideramos óbvios, e vamos discutir seu trabalho em maiores detalhes adiante.

Fatos

Devo fazer uma distinção importante, mesmo que ela seja falaciosa e enganadora, e cada palavra envolvida seja escorregadia e incerta. Não me parece que esses defeitos façam muita diferença para meu objetivo aqui. É a distinção entre "fato" e "ideia" (ou "interpretação"). Uma parte de qualquer relato sobre a sociedade (de qualquer dos tipos que acabo de esboçar) é uma descrição de como as coisas são: como alguns tipos de coisas são, em algum lugar, em algum momento. Este é o número de pessoas que há nos Estados Unidos, tal como contadas no ano 2000 pelo Departamento de Recenseamento. Este é o número de pessoas do sexo feminino e o número de pessoas do sexo masculino. Esta é a distribuição etária dessa população — quantas pessoas com menos de cinco anos, quantas entre cinco e dez anos, e assim por diante. Esta é a composição racial dessa população. Esta é a distribuição de suas rendas. Esta é a distribuição das rendas em subgrupos raciais e de gênero da população.

Estes são fatos sobre a população dos Estados Unidos (e, claro, fatos semelhantes estão mais ou menos disponíveis para todos os outros países do mundo). Eles são descrições do que encontraria uma pessoa que saísse à procura desses números, as evidências que resultam das operações que demógrafos e estatísticos empreenderam em conformidade com os procedimentos de seu ofício.

Da mesma maneira, antropólogos nos dizem, por exemplo, como *essas* pessoas, vivendo *nessa* sociedade, avaliam o parentesco: eles reconhecem tais e tais categorias de relação familiar e pensam que é assim que pessoas relacionadas de tal e tal maneira devem se comportar umas com as outras; estes são, na expressão clássica, seus direitos e obrigações mútuos. Os antropólogos sustentam suas análises com descrições dos fatos sobre como essas pessoas falam e se comportam, contidas nas notas de campo que relatam suas observações e entrevistas in loco, assim como demógrafos apoiam as descrições da população dos Estados Unidos em dados produzidos pelo censo. Em ambos os casos, os profissionais começam com evidências colhidas de maneiras reconhecidas por seus colegas de ofício e consideradas suficientes para assegurar o status factual dos resultados.

Agora passemos às ressalvas. Thomas Kuhn persuadiu-me há muito tempo de que fatos nunca são apenas fatos, mas antes, como disse ele, estão "carregados de teoria".[4] Cada afirmação de um fato pressupõe uma teoria que explica que entidades estão ali para serem descritas, que características elas podem ter, quais dessas características podem ser observadas e quais podem ser apenas inferidas a partir de características observáveis, e assim por diante.

As teorias muitas vezes parecem tão óbvias como se fossem autoexplicativas. Alguém precisa demonstrar que podemos discernir um ser humano quando vemos um e distinguir tal ser de algum outro tipo de animal? É preciso demonstrar que esses seres humanos podem ser caracterizados como homens ou mulheres? Ou como negros, brancos, asiáticos ou de alguma outra variedade racial?

De fato, cientistas e leigos discutem sobre coisas como essas o tempo todo, como deixam claro as categorias raciais em contínua mudança em censos no mundo inteiro. Características como gênero e raça não aparecem na natureza de maneira óbvia. Cada sociedade tem formas de diferençar meninos de meninas e distinguir membros de categorias raciais que seus membros consideram importantes. Mas essas categorias se baseiam em teorias sobre as características essenciais dos seres humanos, e a natureza das categorias e dos métodos de atribuir pessoas a elas varia entre sociedades. Assim, nunca podemos tomar os fatos como óbvios. Não há fatos puros, apenas "fatos" que adquirem significado a partir de uma teoria subjacente.

Além disso, fatos são fatos apenas quando aceitos como tais pelas pessoas para quem são relevantes. Estaria eu me entregando a um tipo pernicioso de relativismo, ou a um jogo de palavras malicioso? Talvez, mas não penso que temos de discutir se há uma realidade última que a ciência acabará por revelar para reconhecer que pessoas sensatas, inclusive cientistas sensatos, frequentemente discordam com relação ao que constitui um fato, e a quando um fato realmente é um fato. Essas discordâncias surgem porque os cientistas em geral discordam com relação ao que constitui evidência adequada da existência de um fato. Bruno Latour demonstrou, bem o suficiente para satisfazer a mim e a muitos outros, que, como ele expressa de forma tão elegante, o destino de um achado científico reside nas mãos dos que passam a se interessar por ele depois.[5] Se estes o aceitam como um fato, ele será tratado como tal. Isso significa que qualquer insignificância pode ser um fato? Não, porque um dos "atuantes", para usar a deselegante expressão de Latour, que deve concordar com a interpretação é o objeto sobre o qual as declarações de fato são feitas. Posso dizer que a Lua é feita de queijo verde, mas a Lua terá de cooperar, exibindo características que outras pessoas reconheçam como próprias de queijo verde — do contrário meu fato se tornará um não fato inaceitável. Pior ainda, meu fato pode sequer ser contestado: pode ser simplesmente ignorado, de modo que seria lícito dizer que ele não existe de maneira alguma, pelo menos não no discurso dos cientistas que estudam a Lua. Pode haver uma realidade última, mas somos todos seres humanos falíveis e passíveis de erro, de modo que todos os fatos no mundo real em que vivemos são discutíveis. Este fato é no mínimo tão renitente e difícil de descartar com palavras quanto qualquer outro fato científico.

Finalmente, fatos não são aceitos em geral pelo mundo todo, são aceitos ou rejeitados pelos públicos particulares aos quais seus proponentes os apresentam. Isso significa que a ciência é situacional, e portanto seus achados não são universalmente verdadeiros? Não estou assumindo uma posição nessas questões fundamentais de epistemologia, apenas reconhecendo o que é óbvio: quando fazemos um relato sobre a sociedade, nós o fazemos para alguém, e a identidade desse alguém afeta o modo como apresentamos o que sabemos e o modo como os usuários reagem ao que lhes apresentamos. Os públicos diferem — isto é importante — no que sabem e podem fazer, no que acreditam e vão aceitar, com base na confiança ou em algum tipo de evidência. Diferentes tipos de relatos destinam-se rotineiramente a diferentes tipos de públicos: tabelas estatísticas a pessoas mais ou menos preparadas para lê-las, modelos matemáticos a pessoas com formação altamente especializada nas disciplinas relevantes, fotografias a uma ampla variedade de públicos leigos e profissionais, e assim por diante.

Assim, em vez de fatos sustentados por evidências que os tornam aceitáveis como fatos, temos fatos baseados numa teoria, aceitos por algumas pessoas porque foram colhidos de uma maneira aceitável para alguma comunidade de produtores e usuários.

Interpretações

Não é fácil distinguir interpretações de fatos. Cada fato, em seu contexto social, implica e convida a interpretações. As pessoas passam facilmente e sem muita reflexão de uma coisa a outra. Os mesmos fatos darão lugar a muitas interpretações. Dizer, para tomar um exemplo provocativo, que grupos raciais diferem em índices de QI pode certamente ser um fato — isto é, pode ser demonstrado pelo uso de testes comumente usados por psicólogos que fazem dessas medições ocupação sua. Mas interpretar um achado como este como demonstração de que tais diferenças são genéticas — herdadas, e portanto não facilmente alteráveis — não é um fato, mas uma interpretação do significado do fato relatado. Uma interpretação alternativa diz que o fato demonstra que o teste de QI se aplica apenas a uma cultura e não pode ser usado para comparar populações diferentes.

Os achados sobre raça, gênero e renda que podemos encontrar no censo dos Estados Unidos também não falam por si mesmos. Alguém fala por eles, interpretando seu significado. As interpretações geram mais discussão que os fatos. Podemos concordar com relação aos números que descrevem as relações entre gênero, raça e renda, mas os mesmos dados de um censo poderiam ser interpretados para mostrar a existência de discriminação, a redução da discriminação, o efeito conjunto de duas condições desvantajosas (ser mulher, ser negro) sobre a renda, ou muitas outras histórias possíveis.

Um relato sobre a sociedade, portanto, é um dispositivo que consiste em declarações de fato, baseadas em evidências aceitáveis para algum público, e interpretações desses fatos, igualmente aceitáveis para algum público.

2. Representações da sociedade como produtos organizacionais

As pessoas que coletam fatos sobre a sociedade e os interpretam não começam do zero a cada relato que fazem. Usam formas, métodos e ideias que algum grupo social, grande ou pequeno, já tem à sua disposição como uma maneira de fazer esse trabalho.

Relatos sobre a sociedade (lembre-se de que *representação* e *relato* referem-se à mesma coisa) fazem mais sentido quando os vemos num contexto organizacional, como maneiras pelas quais algumas pessoas contam o que pensam saber para outras pessoas que querem saber, como atividades organizadas, moldadas pelos esforços conjuntos de todos os envolvidos. É um erro que gera confusões enfatizar substantivos em lugar de verbos, objetos em lugar de atividades, como se investigássemos tabelas, diagramas, etnografias ou filmes. Faz mais sentido ver esses artefatos como os restos congelados da ação coletiva, reanimados sempre que alguém os emprega — como pessoas que fazem e leem diagramas ou prosa, fazem e assistem a filmes. Deveríamos compreender a expressão um *filme* como uma abreviatura para a atividade de "fazer um filme" ou "ver um filme".

Essa é uma distinção relevante. A concentração no objeto desvia nossa atenção para as capacidades formais e técnicas de um meio: quantos bits de informação uma tela de televisão com determinado grau de resolução pode transmitir? Um meio puramente visual pode comunicar noções lógicas como causalidade. A concentração na atividade organizada, por outro lado, mostra que aquilo que um meio pode fazer está sempre em função do modo como as limitações organizacionais afetam seu uso. O que as fotografias podem transmitir depende em parte do orçamento do projeto fotográfico, que limita quantas fotos podem ser tiradas e como elas podem ser exibidas, quanto dinheiro será gasto com elas (em outras palavras, quanto tempo de fotógrafo será pago), e da quantidade e do tipo de atenção que os observadores dedicarão à sua interpretação.

Encarar relatos sobre sociedade do ponto de vista organizacional significa introduzir na análise todos os aspectos das organizações em que eles são feitos: estruturas burocráticas, orçamentos, códigos profissionais, características e aptidões do público — tudo isso tem um efeito importante no falar sobre a sociedade. Trabalhadores decidem como fazer representações vendo o que é possível, lógico, exequível e desejável, dadas as condições sob as quais as realizam e as pessoas para quem as expõem.

Faz sentido falar, numa analogia grosseira com a ideia de um mundo da arte,[1] de mundos de produtores e usuários de representações: os mundos do filme documentário ou dos gráficos estatísticos, da modelagem matemática ou das monografias antropológicas. Esses mundos consistem em todas as pessoas e artefatos cujas atividades de produção e uso centram-se num tipo particular de representação: todos os cartógrafos, cientistas, coletores de dados, impressores, desenhistas, corporações, departamentos de geografia, pilotos, capitães de navio, motoristas e pedestres cuja cooperação torna possível um mundo de mapas, por exemplo.

Esses mundos diferem no conhecimento e no poder relativos de produtores e usuários. Em mundos altamente profissionalizados, os profissionais fazem artefatos sobretudo para uso por parte de outros profissionais: pesquisadores científicos elaboram seus relatórios e registros para colegas que sabem tanto (ou quase tanto) sobre o trabalho quanto eles.[2] No caso extremo, produtores e usuários são as mesmas pessoas — uma situação praticamente realizada em mundos tão esotéricos quanto o da modelagem matemática.

Membros de mundos mais diferenciados em geral partilham de algum conhecimento básico, apesar das diferenças em seu trabalho efetivo. É por isso que estudantes de sociologia que jamais se dedicarão ao trabalho estatístico aprendem as mais modernas versões da análise estatística de múltiplas variáveis. Outros profissionais, no entanto, fazem grande parte de seu trabalho para usuários leigos: cartógrafos traçam mapas para motoristas que só sabem de cartografia o bastante para chegar à próxima cidade, e cineastas fazem filmes para pessoas que nunca ouviram falar de *jump cut*. (Claro que esses profissionais em geral se preocupam também com o que seus pares profissionais pensarão de seu trabalho.) Leigos contam histórias, fazem mapas e anotam números uns para os outros também. O que é feito, comunicado e compreendido varia entre essas modalidades típicas de contextos.

Isso torna inútil falar abstratamente de meios ou formas, embora eu já o tenha feito e vá continuar a fazê-lo. Termos abstratos como *filme* ou *tabela estatística* não apenas demandam verbos de ação como *fazer* e *ver* para ter sentido, como são também a abreviatura para formulações mais específicas contextualmente, como *tabelas feitas para o censo* ou *longas-metragens de grande orçamento feitos em Hollywood*. As limitações organizacionais do censo e de Hollywood são mais bem concebidas como partes integrantes dos artefatos produzidos nesses lugares. Assim, meu foco difere de outro mais comum e convencional, que trata o artefato como a coisa principal, e as atividades pelas quais ele é produzido e consumido como secundárias.

A forma e o conteúdo das representações variam porque as organizações sociais variam. Organizações sociais moldam não apenas o que é feito, mas também o que os usuários querem que as representações façam, que trabalho consideram necessário (como encontrar o caminho para a casa do seu amigo ou saber quais são as últimas descobertas em seu campo) e que padrões usarão para julgá-lo. Como os trabalhos que os usuários querem que as representações façam dependem tão fortemente de definições organizacionais, não estou preocupado com o que muitos pensam ser um importante problema metodológico (de fato, *o* problema): dado um trabalho representacional particular a ser feito, qual a melhor maneira de fazê-lo? Se esta fosse a questão, poderíamos estabelecer uma tarefa — comunicar uma série de números, por exemplo — e depois ver qual modo de organizar uma tabela ou um diagrama comunicaria essa informação de maneira mais fiel, adequada e eficiente (assim como comparamos computadores observando com que rapidez conseguem encontrar números primos).

Evitei julgamentos sobre a adequação de qualquer modo de representação, sem tomar qualquer um deles como o padrão de comparação em relação ao qual todos os outros métodos deveriam ser julgados. Nem adotei a posição ligeiramente mais relativista segundo a qual, embora os trabalhos a fazer possam diferir, há uma maneira melhor de fazer cada tipo de trabalho. Isso tampouco é um ascetismo relativístico da minha parte. Parece mais útil, mais favorável a uma nova compreensão das representações, pensar em todos os modos de representar a realidade social como *perfeitos*... para alguma coisa. A questão é: *para que* alguma coisa é boa? A resposta para isto é organizacional: uma vez que a organização dessa área da vida social tenha feito um (ou mais) trabalhos, a representação deve fazer aquele(s) que precisa(m) ser realizado(s), e tanto usuários quanto produtores julgarão cada método segundo sua eficiência e confiabilidade na produção do resultado mais satisfatório — ou talvez apenas de um resultado menos insatisfatório — que as outras possibilidades disponíveis.

Apesar de diferenças superficiais entre gêneros e meios, os mesmos problemas fundamentais ocorrem em todos eles. A influência de orçamentos, o papel da profissionalização, que conhecimento os públicos devem ter para que uma representação seja eficaz, o que é eticamente permitido ao se fazer uma representação — tudo isso é comum a todas as formas de construção de representação. O modo como esses problemas são enfrentados varia de acordo com recursos organizacionais e objetivos.

Essas questões são debatidas em todos os campos que representam. Romancistas preocupam-se com os mesmos dilemas éticos que sociólogos e antropólogos, e cineastas partilham a preocupação dos cientistas sociais com os orçamentos. A literatura relativa a esses debates e observações e entrevistas informais nesses campos proporcionaram-me uma grande quantidade de dados. Considerei também muito úteis trabalhos na sociologia da ciência voltados para problemas de representação e retórica.[3]

Transformações

Os cientistas, como Bruno Latour os descreve, transformam continuamente seus materiais. Começam com uma observação no laboratório ou no campo e transformam isso em matéria escrita num caderno; depois transformam essas anotações em tabela, a tabela em diagrama, o diagrama em conclusão, a conclusão no título de um artigo. A cada passo, a observação se torna mais abstrata, mais divorciada da concretude de seu contexto original. Latour mostra, numa descrição de especialistas em manejo de solo franceses que trabalham no Brasil, como essas transformações ocorrem:[4] um torrão se torna uma evidência científica quando o pesquisador o coloca numa caixa e o integra a uma série de torrões similares, comparáveis, de outras partes do terreno sob estudo. É este, diz Latour, o trabalho da ciência: transformar objetos de modo que possam ser usados para "mostrar" ou "demonstrar" aquilo de que o cientista quer convencer os outros.

Os pesquisadores efetuam essas transformações de maneiras padronizadas, empregando instrumentos típicos para realizar operações típicas sobre materiais típicos e relatar os resultados sob formas padronizadas, destinadas a dar aos usuários aquilo de que precisam para julgar as ideias apresentadas, sem os sobrecarregar com outros materiais de que não precisam. O que é preciso é estabelecido por convenção. Precisamos de tudo que responda a possíveis questões e de nada relacionado ao que ninguém questionará. Podemos procurar operações semelhantes na elaboração de todo tipo de representação da vida social. Com que matérias-primas o produtor começará? A que transformações ele submeterá os materiais?

Latour diz que o destino de um argumento ou achado científico está sempre nas mãos de usuários posteriores: eles decidem se será rejeitado ou acatado e incorporado ao corpo de fatos aceitos por todos nessa ciência.[5] É sempre uma questão relevante quais usuários tomam essas importantes decisões.

Em alguns mundos a representação logo deixa o mundo "interno" dos produtores, especialistas e conhecedores e penetra mundos leigos, nos quais aquilo que os usuários fazem dos objetos pode ser consideravelmente diferente do que os produtores pretendiam. Estes tentam controlar o que os usuários fazem de suas representações, introduzindo nelas restrições que limitam os usos e interpretações possíveis por parte dos observadores. Mas os autores frequentemente passam pela estranha experiência de ouvir os leitores explicarem que sua obra significa algo que eles se esforçaram enormemente para impedir que significasse.

Aqui está uma lista de perguntas interessantes a fazer sobre as transformações pelas quais os materiais passam nas mãos de produtores e usuários em qualquer mundo representacional:

- Que rota o objeto segue depois que deixa os produtores originais?
- Que fazem dele as pessoas em cujas mãos ele cai em cada estágio?
- Para que elas precisam dele ou o querem?
- Que equipamento elas têm para interpretá-lo?
- Que elementos, incorporados no objeto, restringem a observação e a interpretação?
- Como os produtores interceptam interpretações alternativas?
- Como eles impedem os usuários de fazer isto ou aquilo com ele?
- Latour diz que um fato científico é uma afirmação que resistiu a testes que tentaram negar sua existência.[6] Quem aplica quais testes a representações da sociedade?
- Em que arenas típicas de testagem as representações são apresentadas (revistas, teatros etc.), e onde as pessoas interessadas em ver se elas são verdadeiras as testam?

A feitura de representações

Qualquer representação da realidade social — um filme documentário, um estudo demográfico, um romance realista — é necessariamente parcial, é menos do que experimentaríamos e teríamos à nossa disposição para interpretar se estivéssemos no contexto real que ela representa. Afinal, é por isso que se fazem representações: para relatar apenas aquilo de que os usuários precisam para realizar o que quer que queiram fazer. Uma representação eficiente nos diz tudo que precisamos saber para nossos objetivos, sem perder tempo com aquilo de que não precisamos. Como todos esperam que esses artefatos sejam assim adequados, produtores e usuários de representações devem realizar várias operações sobre a realidade que experimentam para obter a compreensão final que querem comunicar. A organização social afeta a feitura e o uso da representação ao afetar o modo como os produtores levam a cabo essas operações.

SELEÇÃO: Cada meio, em qualquer de seus empregos convencionais, exclui grande parte da realidade, de fato a maior parte. Mesmo os meios que parecem mais abrangentes que as palavras e os números abstratos de que os cientistas sociais costumam lançar mão deixam praticamente tudo de fora. Filme (imóvel ou móvel) e vídeo excluem a terceira dimensão, os cheiros e as sensações táteis, e são inevitavelmente pequenas amostras do intervalo de tempo durante o qual os eventos representados tiveram lugar (embora o filme de Andy Warhol *Empire State* durasse as oito horas completas do evento que retratava — uma pessoa dormindo). Representações escritas em geral, mas não necessariamente, omitem todos os elementos visuais da experiência (os leitores ainda ficam surpresos quando um romancista como W.G. Seybald incorpora fotografias à sua história).[7] Todo meio exclui tudo que ocorre depois que cessamos nossas atividades representacionais. Ele descreve o que ocorre até certo momento, e depois para. Alguns sociólogos salientam que as representações numéricas deixam de fora o elemento humano, ou as emoções, ou o significado simbolicamente negociado — esses estudiosos recorrem ao critério da completude para criticar um trabalho de que não gostam. Mas ninguém, nem usuários nem produtores, jamais considera a incompletude em si mesma um crime. Em vez disso, reconhecem-na como a maneira como esse tipo de coisa é feita. Mapas rodoviários, interpretações extremamente abstratas e incompletas da realidade geográfica que representam, satisfazem até ao crítico mais severo das representações incompletas. Eles contêm apenas aquilo de que os motoristas precisam para ir de um lugar a outro (mesmo que por vezes desorientem os pedestres).

Como qualquer representação sempre e necessariamente exclui elementos da realidade, as questões interessantes e passíveis de investigação são estas: quais dos elementos possíveis são incluídos? Quem considera essa seleção razoável e aceitável? Quem se queixa dela? Que critérios as pessoas aplicam quando fazem esses julgamentos? Alguns critérios, para sugerir as possibilidades, relacionam-se a gênero ("se não incluir isto [ou se incluir aquilo], não é realmente um romance [ou fotografia, ou etnografia, ou tabela, ou ..."); ou os *verdadeiros* profissionais ("é assim que estatísticos [ou cineastas, ou historiadores, ou ...] sempre fazem isso").

TRADUÇÃO: Penso em tradução como uma função que transpõe um conjunto de elementos (as partes da realidade que os produtores querem representar) para outro conjunto de elementos (aqueles fatores convencionais disponíveis no meio tal como são correntemente usados). Antropólogos transformam suas observações in loco em anotações de campo, a partir das quais constroem uma descrição etnográfica padronizada; pesquisadores de recenseamento transformam entrevistas de campo em números, a partir dos quais criam tabelas e diagramas; historiadores combinam suas fichas de arquivo em narrativas, perfis de personalidades e análises; cineastas editam e montam filmagens brutas em sequências, cenas e filmes. Usuários de representações jamais lidam com a própria realidade, mas com a realidade traduzida para materiais e linguagens convencionais de um gênero particular.

Maneiras habituais de representações dão aos produtores um conjunto usual de elementos para utilizar na construção de seus dispositivos, inclusive materiais, e suas capacidades: películas com uma sensibilidade particular à luz, muitos grãos de material sensível à luz por centímetro quadrado, um grau particular de resolução, que torna possível a representação de elementos de certo tamanho, mas não menores; elementos conceituais, como a ideia de enredo ou personagem na ficção; e unidades convencionais de significado, como os *wipes* (transição), *fades* e outros truques transicionais de cinema que indicam a passagem do tempo.

Os produtores esperam que elementos típicos tenham efeitos típicos, de modo que os consumidores de representações feitas com esses efeitos respondam de maneiras típicas. E os usuários esperam a mesma coisa em sentido inverso: que os produtores se sirvam de elementos típicos, com que estão familiarizados e aos quais sabem responder. As representações feitas quando essa condição está presente — quando tudo funciona exatamente como é compreendido por todas as partes envolvidas — são "perfeitas". Tudo funciona exatamente como todos esperam. Mas essa condição jamais existe completamente. Os materiais não se comportam como dizem os anúncios. O público não compreende o que o produtor pensou que compreenderia. A linguagem disponível não pode, afinal, expressar a ideia do produtor. Que acontece quando essas representações inevitavelmente inadequadas são apresentadas a um público que não sabe o que deveria saber? Com muita frequência, a maioria das pessoas, tanto produtores quanto usuários — e especialmente aqueles cuja opinião conta, porque são poderosos e importantes —, reage de maneira bastante próxima ao que os produtores originais pretendiam de modo que os resultados sejam "aceitáveis" para todos os envolvidos.

Os critérios que definem a aceitabilidade variam. Consideremos a questão da "transparência" da prosa, das tabelas e figuras que as pessoas usam para relatar resultados científicos. Tanto os produtores quanto os usuários de representações científicas gostariam que as linguagens verbal, numérica e visual que empregam em seus artigos e relatórios fossem os típicos elementos neutros que nada acrescentam ao que está sendo relatado. Como uma vidraça limpa, permitiriam que os resultados fossem vistos através deles, sem serem afetados. Kuhn, como observei antes, argumentou convincentemente que essa linguagem científica descritiva "transparente" não é possível, que todas as descrições são "carregadas de teoria".[8] Mais relevante ainda: claro que até a largura das barras num diagrama de barras e o tamanho e o estilo dos tipos numa tabela, para não falar dos substantivos e adjetivos numa etnografia ou narrativa histórica, afetam nossa interpretação do que é relatado. Barras largas num diagrama fazem com que as quantidades nos pareçam maiores do que pareceriam se elas fossem estreitas. Quando chamamos convencionalmente usuários de drogas ilegais de "dependentes" ou "viciados", comunicamos muito mais que um "fato" cientificamente definido. Mas todos esses métodos de retratar a realidade social foram considerados aceitáveis por públicos científicos e leigos, cujos integrantes aprenderam a aceitar, ignorar ou não levar em conta os efeitos indesejados dos elementos comunicativos que aceitavam como padrão.

Os elementos típicos têm as características já encontradas em investigações de mundo feitas pela arte. Tornam possível a comunicação de ideias e fatos criando uma abreviatura conhecida por todos que precisam do material. Simultaneamente, porém, limitam o que um produtor pode fazer, porque cada conjunto de traduções torna mais fácil dizer certas coisas e mais difícil dizer outras. Para tomar um exemplo contemporâneo, cientistas sociais convencionalmente representam a discriminação de raça e gênero presente nas promoções no emprego com uma equação de regressão múltipla, técnica estatística usual cujos resultados mostram que proporção da variação em promoções entre subgrupos numa população se deve aos efeitos independentes de variáveis isoladas como raça, gênero, educação e tempo de trabalho. Mas como Charles Ragin, Susan Meyer e Kriss Drass mostraram, essa maneira de representar a discriminação não responde às perguntas formuladas por sociólogos interessados em processos sociais gerais, ou tribunais que tentam decidir se as leis contra a discriminação racial foram violadas.[9] Os resultados de uma regressão múltipla não podem nos dizer como as chances de promoção para um homem branco e jovem diferem das de uma mulher negra e de meia-idade; eles só podem nos dizer o peso de uma variável como idade ou gênero numa equação, o que não é em absoluto a mesma coisa. Ragin, Meyer e Drass defendem que se considere outro elemento estatístico típico: o algoritmo booleano,[10] que representa a discriminação como as diferenças em chances de promoção para uma pessoa com uma combinação particular daqueles atributos em relação a taxas médias relativas a uma população inteira. É *isso* o que cientistas sociais e tribunais querem saber.[11]

Algumas limitações ao que uma representação pode nos dizer surgem da maneira como a atividade representacional é organizada. Orçamentos limitados do ponto de vista organizacional — tanto dinheiro quanto tempo e atenção — limitam o potencial de meios e formatos. Livros e filmes são tão longos quanto permitido aos produtores pelas condições que eles têm; além disso, são limitados pela quantidade de atenção que os usuários se dispõem a lhes dar. Se os produtores tivessem mais dinheiro e os usuários se dispusessem a lê-las, as etnografias deveriam conter todas as anotações de campo feitas pelos antropólogos e todos os passos do processo analítico (o que Clyde Kluckhohn pensava ser a única maneira de publicar materiais sobre uma história de vida[12]). Esses elementos ainda podem ser oferecidos, mas não por um preço, em termos de tempo e dinheiro que alguém queira pagar.

ARRANJO: Uma vez escolhidos e traduzidos os elementos da situação, os fatos que uma representação descreve, as interpretações que faz deles, deve ser arranjada em alguma ordem para que os usuários possam compreender o que está sendo dito. A ordem dada aos elementos é ao mesmo tempo *arbitrária* — sempre sabemos que poderiam ter sido ordenados de modo diferente — e *determinada* por maneiras usuais de fazer as coisas, da mesma forma que os elementos. O arranjo faz narrativas a partir de elementos aleatórios. Comunica noções como causalidade, para que os observadores possam ver a ordem das fotografias na parede de uma galeria ou num livro como significativa, interpretando as fotos anteriores no arranjo como as "condições" que produziram as "consequências" representadas nas posteriores. Quando conto uma história (pessoal, histórica ou sociológica), os ouvintes escutarão os primeiros elementos como "explicações" daqueles que vêm depois: as ações de um personagem num episódio tornam-se evidências de uma personalidade que se revela mais completamente em episódios posteriores. Os que estudam tabelas e gráficos estatísticos são particularmente sensíveis aos efeitos do arranjo sobre interpretações.

Nenhum produtor de representações da sociedade pode evitar esta questão, pois, como muitos estudos mostraram, os usuários de representações veem ordem e lógica mesmo em arranjos aleatórios de elementos. As pessoas encontram lógica no arranjo de fotografias, quer o fotógrafo tenha pretendido isso ou não, e reagem a tipos como "frívolos", "sérios" ou "científicos", independentemente do conteúdo de um texto. Cientistas sociais e estudiosos de metodologia ainda devem tratar isso como um problema sério; o que fazer é uma das coisas que são transmitidas como sabedoria profissional (Edward Tufte, no entanto, dedicou muita atenção à maneira como elementos gráficos, tipográficos e arranjos afetam a interpretação de exposições estatísticas[13]).

INTERPRETAÇÃO: Representações só existem plenamente quando alguém as usa, lê, vê ou ouve, completando a comunicação ao interpretar os resultados e construir para si mesmo uma realidade a partir do que o produtor lhe apresentou. O mapa rodoviário existe quando eu o uso para chegar à próxima cidade, os romances de Dickens, quando os leio e imagino a Inglaterra vitoriana, uma tabela estatística, quando examino e avalio as proposições que sugere. Essas coisas alcançam seu pleno potencial na utilização.

O que os usuários sabem fazer interpretativamente torna-se assim uma importante limitação para o que uma representação pode realizar. Usuários devem saber e ser capazes de utilizar os elementos convencionais e formatos do meio e do gênero. Produtores não podem dar por certo esse conhecimento e capacidade. Estudos históricos mostraram que foi só num momento avançado do século XIX que a maioria dos habitantes dos Estados Unidos adquiriu conhecimentos básicos de aritmética, tornando-se capaz de compreender e realizar as quatro operações.[14] Estudos antropológicos mostram que aquilo que críticos literários como Roland Barthes e Susan Sontag insistem ser o apelo universal ao nosso senso de realidade incorporado em fotografias imóveis e filmes é, ao contrário, uma habilidade aprendida. Campos profissionalizados esperam que os usuários se tornem consumidores instruídos de representações pela formação em escolas de pós-graduação ou profissionalizantes, embora o que se espera que seja conhecido varie de um momento para outro. Departamentos de pós-graduação em sociologia esperam que seus alunos adquiram certo grau de sofisticação estatística (o que deve ser entendido, em parte, como "capacidade de ler fórmulas e tabelas"), mas poucos supõem que seus alunos saibam muito sobre modelos matemáticos.

Os usuários interpretam representações encontrando nelas as respostas para dois tipos de perguntas. Por um lado, querem saber "os fatos": o que aconteceu na batalha de Bull Run, onde se situam os bairros miseráveis de Los Angeles, qual é a renda média dos subúrbios habitados por colarinhos-brancos, qual era a correlação entre raça, renda e educação nos Estados Unidos em 1980, como é "realmente" ser astronauta. As respostas a perguntas como estas, em todos os níveis de especificidade, ajudam as pessoas a orientar suas ações. Por outro lado, usuários querem respostas para questões morais: não apenas qual a correlação entre raça, educação e renda, mas por que a relação é como é, por culpa de quem e o que deveria ser feito acerca disso. Querem saber se a Guerra Civil, e portanto a batalha de Bull Run, foi "necessária" ou poderia ter sido evitada, se o astronauta John Glenn era o tipo de homem que merecia ser presidente, e assim por diante. Ao exame mais superficial, quase qualquer questão factual acerca da sociedade exibe uma forte dimensão moral, que explica as frequentes batalhas ferozes ocorridas a propósito de matérias aparentemente pouco importantes de interpretação técnica. Os erros estatísticos de Arthur Jensen na análise dos resultados de testes de inteligência perturbaram aqueles que não eram estatísticos.

Usuários e produtores

Todos nós agimos como usuários e como produtores de representações, contando histórias e ouvindo-as, fazendo análises causais e lendo-as. Como em qualquer outra relação de serviço, em geral os interesses de produtores e usuários diferem consideravelmente, em particular quando, como acontece tantas vezes, os produtores são profissionais que fazem essas representações em tempo integral, em troca de um pagamento, e os usuários são amadores que as utilizam ocasionalmente, de uma maneira habitual e irrefletida.[15] Os mundos representacionais diferem de acordo com o conjunto de interesses dominante.

Em mundos dominados por produtores, as representações assumem a forma de uma *argumentação*, uma apresentação apenas daquele material que constitui os aspectos que o produtor quer tornar claros, e nada mais (o trabalho atual sobre a retórica da escrita científica, mencionado antes, defende esta ideia). Num mundo profissionalizado de feitura de representação, os produtores em geral controlam as circunstâncias dessa feitura, por todas as razões que Hughes mostrou: o que é fora do comum para a maioria dos usuários de seus resultados é o que eles fazem o dia inteiro. Mesmo que outros tenham um poder substancial, os profissionais sabem tão mais sobre como manipular o processo que conservam grande controle. Usuários poderosos que se dedicam à feitura de representação durante um longo período de tempo aprendem o bastante para superar essa incapacidade, mas isso raramente acontece com usuários casuais. Assim, representações feitas profissionalmente incorporam as escolhas e os interesses dos produtores e, de modo indireto, das pessoas que têm condições de contratá-los, e desse modo podem não mostrar os morros de cuja existência um pedestre gostaria de saber.

Os membros de mundos dominados por usuários, por outro lado, empregam representações como *fichários*, arquivos a serem revistados em busca de respostas para todas as perguntas que qualquer usuário competente possa ter em mente e de informação que se preste a qualquer utilização que os usuários queiram lhe dar. Pense na diferença entre o mapa de ruas que você compra na loja e o mapa detalhado, anotado, que desenhei para lhe mostrar como chegar à *minha* casa, um mapa que leva em conta o tempo de que você dispõe para a viagem, seu possível interesse em ver algumas paisagens interessantes e sua aversão a congestionamentos. Representações leigas são tipicamente mais localizadas e mais atentas aos desejos dos usuários que aquelas feitas por profissionais. De maneira semelhante, instantâneos amadores satisfazem a necessidade que seus produtores de documentos têm para mostrar a um círculo de amigos íntimos que conhecem todos nas fotos, ao passo que as fotografias feitas por jornalistas, artistas e cientistas sociais, orientadas para os padrões de comunidades profissionais, pretendem agradar a seus colegas profissionais e outros observadores altamente instruídos.[16]

Alguns artefatos parecem ser *essencialmente* arquivos. Um mapa, afinal, parece ser um simples repositório de fatos geográficos e outros, que os usuários podem consultar para seus próprios objetivos. Na verdade, os mapas podem ser feitos de maneiras diversas, e nenhuma delas é uma simples tradução da realidade, de modo que eles são, num sentido importante, argumentos destinados a persuadir seus usuários de alguma coisa, nem que seja apenas dando tal coisa por certa. Assim, algumas pessoas outrora sem voz afirmam que os mapas que dominam o pensamento mundial são "eurocêntricos", que as escolhas técnicas que os moldaram levam a resultados que fazem, arbitrariamente, a Europa e a América do Norte estarem no centro do mundo. Pode-se dizer que esses mapas corporificam o argumento de que a Europa e a América do Norte são "mais importantes" que aqueles outros lugares deslocados para as margens do mapa.

Argumentos e arquivos, no entanto, não são tipos de objetos, mas tipos de usos, maneiras de fazer coisas, e não coisas. Podemos ver isso quando percebemos que os usuários não são impotentes e, de fato, muitas vezes refazem os produtos que lhes são apresentados para que atendam a seus próprios desejos e necessidades. Estudiosos em todos os campos ignoram rotineiramente os argumentos apresentados pelos artigos acadêmicos que citam e apenas saqueiam a literatura em busca de resultados que possam servir a *seus* objetivos. Em suma, usam a literatura não como o corpo de argumentos que seus produtores pretenderam construir, mas como um arquivo de resultados com que responder a perguntas em que os autores originais nunca pensaram. Esse tipo de utilização rebelde de produtos culturais foi estudado em outras áreas: a sociologia da tecnologia,[17] os usos inventivos de jogos digitais e outros fenômenos da internet[18] e estudos culturais. Constance Penley descreveu um grupo bastante grande de mulheres heterossexuais da classe trabalhadora que tinham se apossado dos personagens de *Jornada nas estrelas* para seu próprio trabalho criativo: histórias eróticas homossexuais envolvendo os principais personagens (o capitão Kirk e o dr. Spock eram um casal favorito) e distribuídas pela internet.[19] Em todos esses casos, usuários refaziam completamente o que os produtores tinham pretendido que fosse uma comunicação de mão única, transformando-a em matéria-prima para suas próprias construções, feitas para seus propósitos e aplicações. Usuários sempre podem se apossar das coisas dessa maneira.

E então?

O que eu disse implica uma visão realista do conhecimento, pelo menos neste grau: o modo como fazemos perguntas e o modo como formulamos respostas podem ser muito diversificados — os vários exemplos que citei atestam isso —, e não há uma forma garantida de escolher entre eles, já que todos são bons para transmitir alguma coisa. A mesma realidade pode ser descrita de muitas maneiras, já que as descrições podem ser respostas para qualquer uma entre as diversas perguntas. Podemos concordar em princípio que nossos procedimentos devem nos deixar obter a mesma resposta para a mesma pergunta, mas de fato só fazemos a mesma pergunta quando as circunstâncias de interação social e organização produziram consenso em relação ao que constitui uma "boa pergunta". Isso não acontece com muita frequência, somente quando as condições em que as pessoas vivem levam-nas a ver certos problemas como comuns, como se exigissem rotineiramente certos tipos de representações da realidade social, levando assim ao desenvolvimento de profissões e ofícios que produzem essas representações para uso rotineiro.

Desse modo, algumas questões são formuladas e respondidas, enquanto outras, igualmente boas, interessantes, meritórias e até cientificamente importantes, são ignoradas, pelo menos até que a sociedade mude o suficiente para que as pessoas que precisam delas venham a controlar os recursos que lhes permitirão obter uma resposta. Até lá, os pedestres continuarão a ser surpreendidos pelos morros de São Francisco.

3. Quem faz o quê?

Representações são feitas num mundo de produtores e usuários que cooperam entre si. O trabalho de elaborá-las é dividido entre vários tipos de produtores e entre produtores e usuários. Caso uma representação demande os quatro tipos de trabalho especificados antes, quem faz cada tipo? O que os produtores não fazem deve ser realizado pelos usuários, para que uma representação seja criada e comunicada de um modo que satisfaça mais ou menos a todos os envolvidos. Assim que estabelecem uma divisão de trabalho, como as várias partes que cooperam entre si coordenam as diferentes tarefas que realizam?

Por vezes o produtor faz a maioria do trabalho, deixando apenas uma margem limitada de autonomia ao usuário. Quando vemos um filme, o cineasta escolheu e ordenou tudo, e nossa atividade se restringe a ver o que podemos compreender daquilo que foi feito, ter uma opinião a seu respeito e dos assuntos de que trata. (Evidentemente, mudanças na tecnologia nos permitem assistir aos filmes numa ordem diferente daquela pretendida pelo produtor, mas não os assistimos assim no cinema.) Mesmo quando nos concedem uma aparente liberdade para interpretar e julgar o que vemos, os cineastas usam todos os expedientes de seu ofício para canalizar nossas reações na direção pretendida. Os autores de artigos científicos, na descrição que Latour faz de suas atividades, pretendem manter os leitores sob controle ainda mais rigoroso.[1] Eles antecipam questões e críticas que seu trabalho poderia suscitar e introduzem respostas e defesas no que escrevem, de modo que parece impossível ao leitor contestar os argumentos. Pelo menos pretendem alcançar esse tipo de controle, embora muitas vezes não o consigam, e se tornem alvo de críticas — e, pior ainda, vejam seus resultados apropriados para usos que jamais pretenderam e talvez não aprovassem.

Em outros mundos de feitura de representação, os produtores deixam aos usuários grande parcela do trabalho de arranjar e interpretar. Alguns artistas que produzem representações da realidade social fazem isso deliberadamente. Recusando-se a pôr em prática as generalizações que parecem saltar do material que apresentam, deixam decididamente esse trabalho para os usuários. Também aqui a liberdade é por vezes mais aparente que real, porque os produtores empregam as ferramentas técnicas e conceituais de seus ofícios para canalizar a atividade e a reação dos usuários.

Suponha que você fez as difíceis escolhas acerca do que incluir no relato (a história, o filme, seja que nome tenha um relato no meio em que você trabalha) que quer produzir sobre os fenômenos sociais que investigou. Você obteve os "dados", a matéria-prima. Engoliu uma pílula amarga, admitiu que não pode incorporar tudo que colheu e pensa ainda em alcançar algo de útil para você ou para as outras pessoas às quais pretende destinar seu relato. Aceita que parte — talvez grande parte — de seu conhecimento e material arduamente conquistados vai acabar, como o pessoal do cinema costumava dizer, no chão da sala de edição. Agora você tem o que sobra depois desse peneiramento, uma pilha de fragmentos: tiras de filme, páginas de números, arquivos cheios de anotações de campo.

Como você pode arranjar todo esse material, reuni-lo de modo que comunique o que você quer comunicar às pessoas para as quais deseja comunicá-lo (e, claro, comunicar o que elas querem que você lhes comunique)? Escritores de textos em ciências sociais (e outros textos acadêmicos) experimentam isso como o problema de construir uma argumentação, dizendo o que precisa ser dito numa ordem que apresente suas ideias de maneira tão eficiente e clara que leitores ou observadores não as tomem por algo que você não pretendia dizer; e de modo que todas as críticas e perguntas sejam antecipadas. Orientadores de dissertação e editores de jornal dizem repetidamente aos autores: "Entenda exatamente o que você quer dizer com seu argumento." E esse conselho se aplica, além do arranjo lógico das proposições, conclusões e ideias, à apresentação de suas evidências, o material que você selecionou a partir dos dados de sua investigação. Como organizar o material, seja qual for sua forma, de modo que ele fale o que sua argumentação formal diz e torne suas conclusões manifestas, inconfundíveis e inescapáveis para qualquer leitor ou observador sensato?

As respostas a perguntas como estas nos levam diretamente à questão da variedade de maneiras segundo as quais produtores e usuários podem dividir o trabalho representacional entre si. Vou me concentrar em dois exemplos muito diferentes: o problema convencional, nas ciências sociais, de apresentar dados estatísticos — números — sob a forma de tabelas, e o problema de organizar as usualmente chamadas fotografias documentais em algum tipo de ordem para apresentação na parede de uma galeria, numa exibição ou num livro.

O problema estatístico

Comecemos com o problema estatístico. Realizei um censo, um levantamento ou um experimento e contabilizei muitas coisas. Num censo, contamos pessoas e descobrimos muitas coisas sobre cada pessoa que contamos: idade, sexo, raça, último ano de escola concluído, renda durante o ano anterior, e assim por diante, dependendo do projeto específico do censo. Num experimento, criamos dois ou mais grupos, fazemos coisas (o "tratamento experimental") com um grupo e nada com o outro (o "grupo de controle"), e medimos uma variedade de aspectos que pensamos resultar desse "tratamento". Levantamentos imitam o experimento, embora o pesquisador não possa controlar quem passará pelo tratamento experimental, já que o que é tomado como variável causal é algo como idade ou sexo, ou algum aspecto da experiência anterior que o pesquisador não pode manipular, mas vai "controlar" estatisticamente.

Realizar qualquer desses experimentos produz grande quantidade de números. Individualmente, eles nada significam nem importam muito. Não interessa a mim nem a ninguém, exceto a família dela e seus amigos, que idade esta pessoa particular tem ou quanto dinheiro ela ganhou no ano passado. Se eu somar todas as rendas de pessoas de certo tipo e encontrar a média, isso pode parecer interessante à primeira vista, mas na realidade não é. A renda média informada por pessoas que vivem nesta quadra particular em Chicago é de 19.615 dólares. Vinte e sete por cento das pessoas que moram numa área particular dizem ao censo ser negras (é assim que o censo dos Estados Unidos avalia a raça), ou 36% dizem ter mais de 65 anos. E daí? Esses números, por si mesmos, ainda não são interessantes.

Por quê? Porque ainda não fizemos a pergunta complementar crucial: em relação a quê? Os leitores de tabelas do censo interpretam os números apresentados comparando-os uns aos outros. Eles consideram dois números e perguntam: são eles iguais ou um é maior que o outro? E se um é maior, a diferença é grande o bastante para ser levada a sério? Para tornar significativo aquele número de 19.615 dólares como a renda média dos habitantes de uma quadra, temos de compará-lo a outro número. A quê? Talvez aos 29.500 dólares (ou 50% a mais) que as pessoas que moram numa outra quadra ganham. Armados desta comparação, podemos concluir que a cidade é caracterizada por uma segregação geográfica de grupos de renda. Ou talvez negros ou pessoas com mais de 65 anos ganhem 25% menos que pessoas de outras raças ou idades, de modo que podemos concluir que há uma discriminação racial ou etária na renda. Agora pensamos saber alguma coisa. A diferença entre os dois números, revelada pela comparação, transmite a informação importante.

Não é apenas a diferença entre dois grupos coordenados (negros versus brancos, pessoas com mais de 65 anos versus pessoas com menos de 65 anos). Poderíamos comparar o grupo que estudamos com o agrupamento maior que o contém — os moradores da quadra comparados com a cidade inteira — ou com algum padrão externo, as pessoas desse grupo racial comparadas com a "linha da pobreza".

O problema de ordenar meus resultados estatísticos, meus números, é tornar visíveis as comparações relevantes. É por isso que o censo dos Estados Unidos não fornece qualquer conclusão. Constituído por arquivos, e não argumentações, ele nada compara explicitamente; fornece apenas a matéria-prima para comparações, razão por que tantas pessoas podem ganhar a vida reordenando o que está gratuitamente disponível para todos nós nas publicações do censo.

Na verdade, em geral o censo imprime dados sob a forma tabular, o que torna algumas comparações fáceis, como na tabulação cruzada de renda por idade que inventei para ilustrar este exemplo. As linhas da tabela estão rotuladas com os grupos etários (0-15, 15-25, 25-35 etc.), e as colunas, com os grupos de renda em dólares (10.000-15.000, 15.000-25.000 etc.). As células dessa grade de linhas e colunas contêm números, o número de pessoas caracterizadas por essa combinação entre idade e renda. Isso torna fácil comparar células adjacentes e observar que há mais pessoas na faixa etária de 25-35 anos no grupo de renda de 15.000-25.000 dólares que pessoas de 35-50 anos (se esse for o caso), mas que a diferença de renda entre os dois grupos etários diminui à medida que a renda aumenta. Basta passarmos de uma célula para sua vizinha para ver que, acima de 40.000 dólares, os números são os mesmos nas células adjacentes. Mas poderíamos querer comparar células não adjacentes — as diferenças de renda entre pessoas na faixa de 15-25 anos e aquelas com mais de 65 —, e nesse caso teríamos de copiar os números que queremos para outro pedaço de papel, colocando-os lado a lado para comparação.

	IDADE					
RENDA (em dólares)	0-15	15-25	25-35	35-50	50-65	65+
0-15.000						
15.000-25.000	400	300	200	100	75	60
25.000-40.000	350	275	225	125	70	55
40.000-60.000	250	250	250	150	50	50
60.000-90.000	50	125	200	200	40	30
90.000+	25	100	175	175	25	35

Em comparações estatísticas como esta, o que estamos cotejando aparece nos cabeçalhos das linhas e colunas de uma tabela. Caso estejamos interessados na relação entre renda média e idade, intitulamos as colunas com os nomes das categorias de idade, e as linhas com categorias de renda. O leitor se encarrega do trabalho analítico de verificar se pessoas com mais de 65 anos ganham menos — se esse for o caso — que pessoas nas outras categorias.

Tabelas de censo são feitas por profissionais altamente especializados para um grande e variado público de potenciais usuários. Esses usuários não têm de criar as categorias de comparação. Idade e renda, ou gênero, escolaridade e todas as outras variáveis estão facilmente disponíveis a partir do site do censo dos Estados Unidos ou em suas publicações. Os produtores da tabela já fizeram o trabalho analítico — criar as categorias — simplesmente rotulando os cabeçalhos das linhas e colunas com essas dimensões (títulos de muitas tabelas do censo). Tornar tais variáveis os cabeçalhos das linhas e colunas — as dimensões da tabela — leva os usuários a fazer comparações deste tipo: as pessoas de 35-50 anos ganham mais que pessoas de 25-35 anos? Ou, com outras variáveis representadas nas linhas e colunas, os negros têm menos escolaridade que os brancos? As mulheres ganham menos que os homens? Os profissionais que projetam tabelas têm o cuidado de arranjar as dimensões e os números de maneira que os leitores possam fazer as comparações importantes com facilidade.[2]

O problema fotográfico

É assim que as coisas funcionam num mundo de produção de representação em que profissionais fazem uma boa parte do trabalho para um grupo grande e heterogêneo de usuários. Agora considere problemas semelhantes tal como surgem no mundo da fotografia documental, superficialmente, que parece muito diferente. E é, mas há semelhanças que nos permitem especificar as diferenças reais de maneira mais precisa. Isso nos mostra outra forma de dividir o trabalho de ordenamento entre produtores e usuários.

Suponha que fiz um grande número de fotografias — um fotógrafo documental sério investigando um tópico importante faria muitos milhares de fotos — e selecionei as imagens que me parecem transmitir melhor as ideias a que cheguei sobre o tema. Tomemos um exemplo do gênero, um dos trabalhos mais discutidos e admirados desse tipo, muitas vezes apresentado como modelo para fotógrafos documentais aspirantes: *American Photographs* ([1938] 1975), de Walker Evans.

Evans criou esse livro com fotografias que fizera ao longo de um período de vários anos, por todo o leste, o sul e o norte dos Estados Unidos (o ponto mais a oeste que chegou foi Baton Rouge): Nova York, Pensilvânia, Mississippi, Alabama, e assim por diante. Nem todas foram tiradas nos Estados Unidos — temos de interpretar o título com generosidade, pois fez três das fotografias em Havana. Ele não tinha absoluta clareza sobre o que estava procurando quando produziu todas essas imagens. Segundo Alan Trachtenberg, um profundo estudioso de sua obra, Evans estava tentando responder às perguntas que a Grande Depressão havia suscitado para um grande número de intelectuais nos Estados Unidos: "O que o povo americano tem de especial? Quais são suas crenças características, sua história popular, seus heróis, seus padrões de trabalho e seu lazer? ... O conceito de Estados Unidos de Evans não pode ser facilmente definido por sua inclusão em qualquer campo particular, mas pode-se dizer que seu trabalho enquadra-se no padrão geral ... da busca de uma cultura americana autêntica e de nossa própria americanidade."[3]

Podemos encontrar outras evidências sobre as intenções de Evans numa carta que escreveu a um amigo quando trabalhava na elaboração dessas fotos, listando o que procurava:

> Pessoas, todas as classes, cercadas por bandos de novos indigentes.
>
> Automóveis e a paisagem automotiva.
>
> Arquitetura, o gosto urbano americano. Comércio, pequena escala, grande escala, atmosfera das ruas, cheiro das ruas, o cheiro detestável, clubes femininos, falsa cultura, má educação, religião em decadência.
>
> Os cinemas.
>
> Evidências do que as pessoas da cidade leem, comem, veem como diversão, fazem para relaxar e não conseguem.
>
> Sexo.
>
> Propaganda.
>
> Muitas outras coisas, você entende o que pretendo.[4]

Sua intuição, guiada por esses interesses, produziu o arquivo de imagens que usaria no livro. Finalmente escolheu 100 fotografias desse arquivo para sua exposição no Museum of Modern Art. Destas, escolheu 80 para serem incluídas em *American Photographs*. Tendo feito essas escolhas, ele teria agora de lidar com um problema aparentemente simples: em que ordem as imagens deveriam aparecer no livro?

Há uma questão preliminar, prática. Não em que ordem pôr as imagens para gerar o efeito que desejamos, mas como conseguir que os observadores ou leitores respeitem a ordem proposta. Não podemos obrigar as pessoas que vão a uma exposição a ver as fotos numa ordem determinada, e observa-se que alguns espectadores passam pela entrada e imediatamente começam a dar a volta na sala seguindo para a direita, enquanto outros, com igual convicção, viram-se para a esquerda. E, para desespero dos fotógrafos, com igual frequência os leitores muitas vezes folheiam um livro de fotos tanto a partir do fim quanto do início. A ordem de imagens numa sequência fotográfica tem importância? Os fotógrafos consideram crucial e difícil essa questão aparentemente simples.

Sejam quais forem os problemas, os fotógrafos, e os programadores de exposições e curadores de museus, querem fazer com que os observadores vejam as coisas numa ordenação específica que, segundo esperam, os instigará a estabelecer certas comparações ao longo de determinadas dimensões, gerando disposições de ânimo particulares. Compreendem que uma única imagem é ambígua e não revela de maneira fácil e inequívoca "o que está em questão". Quando fotógrafos fazem fotos para outras finalidades, como o noticiário ou a propaganda, em geral as compõem de modo a excluir todos os detalhes "irrelevantes", tudo, exceto o "tema" da reportagem ou a característica do produto para a qual querem chamar a atenção. Escolhem os detalhes que envolvem esse tema cuidadosamente, de modo a enfatizar as principais ideias da reportagem, ou realçam os atrativos do produto.[5] Fotografias feitas para fins científicos restringem igualmente seu conteúdo ao que o produtor (em geral o autor do artigo científico) quer que os usuários saibam, e excluem rigorosamente tudo que seja estranho a esse objetivo.

Fotógrafos documentais, como Evans, não reduzem os conteúdos de uma foto de maneira tão impiedosamente abrangente. Buscando verdade fotográfica, eles deixam ali o que está. Por conseguinte, a maior parte das fotografias "documentais" contém de propósito grande quantidade de detalhes, coisas de todo tipo presentes na área quando a imagem foi feita, mesmo que elas não respaldem qualquer interpretação simples do que está se passando. O trabalho decisivo de interpretação é deixado para o usuário, e qualquer controle que o produtor tente exercer permanece implícito. Embora as fotos sejam compostas com cuidado, de modo que os detalhes não sejam apenas um ruído aleatório, os observadores podem interpretá-las de muitas maneiras, dependendo dos detalhes que enfatizam e de como os compreendem.

Uma imagem que contenha tantos detalhes sempre permitirá mais de uma interpretação, e sem dúvida mais do que os roteiros simples que dão forma a reportagens de jornal ou anúncios. Isso suscita a pergunta: uma vez que essa divisão de trabalho deixa a interpretação para os usuários, como estes saberão o que é importante, qual é a ideia, o que o fotógrafo tinha em mente, o que "se espera que extraiam dessa fotografia"? Como podem os fotógrafos arranjar as fotografias de maneira tal que o que têm em mente molde as interpretações das pessoas que veem seu trabalho?

Em geral, uma legenda nos diz o que é importante, aponta aquilo a que devemos dar atenção, nos diz o que podemos ignorar, indica quais são as relações entre os objetos e as pessoas na fotografia. Alguns fotógrafos documentais ajudam os observadores com legendas longas. Dorothea Lange por vezes anexava uma explicação prolixa, como na legenda da imagem (por vezes chamada "Expulsos pelo trator", e reproduzida em muitos lugares[6]) de uma pequena casa de fazenda abandonada num campo arado — o resultado da compra de pequenas fazendas de Dust Bowl por grandes conglomerados agrícolas, que sequer se davam ao trabalho de demolir a casinha dos ex-proprietários — "Casa abandonada numa grande fazenda de algodão mecanizada" (*ver* Figura 3.1). Por vezes os fotógrafos inserem suas imagens num texto.

O livro de Danny Lyons sobre uma gangue de motociclistas mistura fotografias da gangue em ação e longas entrevistas com seus integrantes.[7] Outros

3.1 Dorothea Lange. "Expulsos pelo trator: casa de fazenda abandonada numa grande fazenda de algodão mecanizada."

fotógrafos — Evans é um deles — deixam suas imagens verbalmente desacompanhadas, exceto pela indicação do lugar e da data em que foram feitas, e isso tem o resultado que Trachtenberg descreve:

> Uma sequência de fotografias sem legenda sugere um autor oculto, um autor que se conserva fora do caminho do leitor — como Flaubert ou Henry James —, mas mantém um ponto de vista constante, uma perspectiva física e moral. A analogia não pode ser exata, pois que escolhas o editor de fotografia realmente tem? Exceto por suas denotações — o que está sendo fotografado —, uma foto pode despertar interpretações amplamente variadas, e assim, a menos que um editor ancore a imagem numa legenda sem ambiguidades, seu significado é aberto e indeterminado demais para fornecer um ponto de vista confiável.[8]

O produtor pode, no entanto, indicar o significado da imagem usando o que o diretor de cinema Sergei Eisenstein chamava de *montage*. Trachtenberg novamente:

> Qualquer agrupamento de imagens dentro do livro pode ser tomado como um exemplo da adaptação que Evans fez do expediente da *montage*, que pode ser novamente expresso como um processo dialético de tese dando origem a antítese, e juntas produzindo, como sentimento e/ou ideia, uma síntese não vista, não formulada. Cada fotografia revela uma ligação com a próxima, uma insinuação ou germe de uma imagem antitética a se seguir. Espera-se que o leitor se lembre inteiramente de cada imagem, em todos os seus detalhes e nuances, pois os menores detalhes tornam-se significativos nos ecos e alusões seguintes. As fotografias dizem o que dizem na — e através da — textura de relações que se desdobram — continuidades, duplicações, inversões, clímaces e resoluções.[9]

Isto é, a imagem a que uma imagem sucede, e a imagem que ela precede, e aquelas ainda mais afastadas na sequência de fotografias que o observador vê — todas essas imagens condicionam nossa compreensão da fotografia que estamos olhando neste instante. De fato, cada imagem influencia nossa compreensão de todas as outras. Nathan Lyons distingue uma *série*, em que a ordem das fotografias é importante, de uma *sequência*, em que ela não é. Se o que finalmente importa são as ressonâncias e os ecos entre as fotografias que leitores atentos, como diz Trachtenberg, armazenaram em suas mentes, então a ordem inicial em que as encontramos pode não ser, afinal, tão importante para nossa compreensão última da obra. Seja qual for a ordem, nesta visão, todas as imagens que vimos afetam nossa compreensão de qualquer imagem individual.

Comparação

Como isso acontece? Como usamos os materiais de uma sequência de imagens para criar nossa compreensão do que elas "significam", as ideias que transmitem, mais que uma mera lista do que está ali?

Fazemos isso por comparação, tal como o leitor de tabelas estatísticas interpreta números comparando-os uns com os outros. Para ser explícito, olhamos para duas fotografias juntas e vemos o que têm em comum, e consideramos que essa característica comum talvez não seja tudo o que a foto quer dizer, mas, pelo menos provisoriamente, uma das coisas que ela quer dizer. Usando a linguagem que Leonard Meyer e Barbara Herrnstein Smith, respectivamente, empregaram acerca da música e da poesia, poderíamos dizer que formulamos a hipótese de que aquela característica em comum é o que essas fotos querem dizer.[10] Vamos adiante, claro, para testar a hipótese com fotos subsequentes, como Meyer e Smith sugerem que fazemos ao ouvir música ou ler poesia. Olhamos uma terceira foto, vendo se tem as características que nossa hipótese sobre similaridades sugere. Quando ela não as possui exatamente, mas apenas em parte, revemos nossa hipótese, nossa ideia do que a sequência quer dizer. E assim por diante, comparando cada foto que se segue, repetidamente, com as imagens que vieram antes, usando a compreensão acumulada de similaridades para chegar à nossa compreensão do significado de toda a sequência.

Claro que não encontramos apenas semelhanças, assim como o estatístico não constata que todos os números numa tabela são iguais. O estatístico percebe qual dos números é maior. Mas como fotografias contêm mais detalhes que um simples número, há mais comparações a fazer e mais hipóteses complexas a considerar, e não apenas verificar se dois itens são iguais. Encontramos semelhanças e diferenças, e notamos essas diferenças e vemos como podemos interpretá-las. Sugerem elas um segundo tema? Uma variação do primeiro tema? Percebemos uma ligação entre os dois temas?

Trachtenberg faz exatamente isso com as seis primeiras imagens em *American Photographs*, explicando como as sucessivas referências a câmeras, fotografias e situações de feitura de uma foto levam os observadores a concluir, se sua leitura de similaridades e diferenças coincidir com a de Trachtenberg, que a sequência trata de fotografia e produção de imagem (é útil ler o que se segue com o livro de Evans na mão, procurando os traços e as relações que Trachtenberg descreve):

> O movimento da primeira fotografia para a terceira, passando pela segunda, sintetiza o método do livro: de uma concepção da foto como mera identificação

para uma subversão dessa ideia na segunda imagem (onde "Estúdio" dá uma deixa para nossa reação à sutileza no evento: uma única fotografia feita de muitas pequenas fotos e comentando-as), para uma fotografia sem escritos e cheia de ambiguidade, dos dois meninos olhando em outra direção. Seus olhares para além do limite da imagem nos dizem que o mundo é mais amplo e mais cheio de circunstâncias do que pode ser mostrado por qualquer foto, que fotografias não podem "identificar" apropriadamente porque excluem coisas demais, que a interpretação tem seus limites e deve levar em conta a arbitrariedade do enquadramento da foto: uma administração de contingência ausente das imagens "de estúdio" sugeridas ou mostradas nas fotos anteriores.[11]

A sutileza da análise de Trachtenberg mostra o que um leitor sofisticado pode compreender de uma sequência cuidadosamente arranjada de fotografias. Mas observe duas coisas sobre uma leitura como esta. A primeira é que o leitor deve realmente ser sofisticado, deve saber "ler" fotos de uma maneira sofisticada. A outra torna-se evidente numa comparação com a leitura de tabelas estatísticas.

Um leitor sofisticado de fotografias faz consciente e cuidadosamente o que qualquer leitor comum de fotos faz de maneira irrefletida e descuidada. Uma leitura consciente e zelosa difere de uma leitura "comum", em primeiro lugar, por sua meticulosidade deliberada. Podemos imaginar que todos os observadores de uma foto reagem, quer saibam, quer não, a tudo no quadro. São afetados pelas tonalidades e pela composição, registram todos os pequenos detalhes, mas não sabem que o estão fazendo. Dão uma rápida olhada, esboçam uma avaliação de conjunto e dizem: "Ah, sim, isto é impressionante", ou "isto é triste", ou "isto realmente apreende a essência dessa coisa". Mas não sabem o que contribuiu para sua síntese do que a fotografia apreendeu, nem exatamente como realizaram suas operações interpretativas. O modo como conduzimos essas operações de síntese faz diferença, assim como faz diferença o modo como calculamos uma medida estatística de tendência central; uma média não é uma mediana nem uma moda.

Uma leitura consciente e cuidadosa, por outro lado, demanda tempo. O observador sofisticado examina cada parte da fotografia, registrando explicitamente o que há ali, que ponto de vista ela representa (onde o fotógrafo pôs a câmera para obter aquela visão particular entre as muitas que poderia ter escolhido), a hora do dia, as coisas que foram deixadas de fora, mas que talvez sejam sugeridas pelo enquadramento da imagem, e assim por diante. O observador sofisticado sabe que o fotógrafo poderia ter feito — e talvez tenha feito — muitas outras versões do mesmo material, em que todas essas escolhas fossem exercidas de maneira diferente, e assim interpreta o que está no quadro como resultado das escolhas deliberadas do fotógrafo, que se combinam para produzir o efeito final. Um leitor cuidadoso de fotografias dedica um longo tempo a cada imagem.

O resultado é que uma sequência de fotografias só tem o tipo de significado que Trachtenberg nos ensina a procurar quando o leitor dedica esse tipo de tempo à consideração de cada fotografia e das relações de cada uma com todas as outras. Um livro como *American Photographs* requer, assim, uma leitura tão cuidadosa quanto a leitura de um poema complexo de tamanho semelhante (Trachtenberg compara o livro de Evans com *The Waste Land*, de T.S. Eliot).

A segunda grande diferença entre a tabela estatística e a sequência fotográfica — e a mais importante aqui — é que a divisão de trabalho entre usuários e produtores difere nos dois casos. O produtor de uma tabela faz para os usuários uma grande quantidade de trabalho interpretativo, enquanto o produtor de uma sequência fotográfica requer que eles façam isso para si mesmos. Numa tabela, lembre-se, as linhas e colunas são rotuladas com os nomes das categorias e as subdivisões que devemos levar em conta. O estatístico que preparou a tabela fez esse trabalho analítico para os usuários, dizendo-lhes, naqueles cabeçalhos de linhas e colunas, que idade, sexo, raça, renda, educação e outras variáveis são o que importa, e que elas são classificáveis exatamente nas divisões reconhecidas nos rótulos (25-35 anos de idade, 15.000-25.000 dólares, homem ou mulher). A grade construída ao se colocarem duas ou mais dessas categorias divididas juntas (como coloquei idade e renda juntas, anteriormente, criando o que os estatísticos chamam de tabulação cruzada) mostra todas as combinações possíveis. As entradas nas células resultantes nos dizem quantos casos de cada combinação existem: quantas pessoas de 25 a 35 anos ganham entre 15.000 e 25.000 dólares por ano, e quantas ganham entre 60.000 e 90.000 dólares, e assim por diante para cada combinação de idade e renda.

Podemos pensar na sequência de fotografias em *American Photographs* como algo semelhante às entradas numa tabela ou grade como essa, cada imagem representando uma porção de "dados", e um fato é dado aos usuários para que trabalhem com eles. Quando eles comparam as imagens numa sequência fotográfica, no entanto, não têm o tipo de ajuda oferecido pelos cabeçalhos das linhas e colunas da tabela. Ninguém fez uma tabela nem rotulou as linhas e colunas para eles. Ninguém lhes disse quais são as dimensões importantes para comparação, pelo menos não explicitamente. E, por conseguinte, ninguém descreveu o âmbito de combinações possíveis. O fotógrafo deixa o trabalho para o observador, cujo encargo analítico tem como primeiro passo descobrir quais são, ou deveriam ser, ou poderiam ser as dimensões de comparação. O passo seguinte é descobrir, a partir disso, que tipos de combinações de pessoas, situações e interação contêm o segmento da sociedade sobre o qual o fotógrafo nos fala. O resultado desse trabalho não são os itens a serem encontrados nas células da tabela resultante, mas os próprios rótulos sobre as linhas e colunas, as dimensões que as comparações entre as imagens nos dizem serem importantes.

Que tipo de dimensões podemos encontrar em *American Photographs*, e que aparência teria a tabela resultante? O que se segue é uma possibilidade, uma análise esquemática, meramente ilustrativa, que começa com duas imagens feitas por Evans da experiência de mulheres nas ruas de Nova York. Outras interpretações além da que fiz são possíveis, o que é um dos resultados que decorrem deste exercício.

3.2 Walker Evans. "Uma moça na Fulton Street, Nova York, 1929."

Em "Uma moça na Fulton Street, Nova York, 1929", vemos uma elegante moça branca, desviada de nós de modo que só podemos ver seu rosto do lado esquerdo, de perfil (Figura 3.2).[12] Ela veste um casacão escuro com uma larga gola de pele, segura um regalo da mesma pele e usa um chapéu *cloche* preto sobre o cabelo curto. Tem o que somos tentados a chamar de fisionomia "dura", até "zangada"; talvez quiséssemos dizer que parece "alerta". Ou não. Podemos concordar que ela não parece estar relaxada ou à vontade. É a única figura no quadro em foco nítida. Três homens atrás dela, todos usando chapéus de feltro, estão um pouco borrados, e as figuras além deles ainda mais. Estão numa movimentada rua do centro ladeada por lojas, alguns cartazes publicitários e um guindaste.

A fotografia "42nd Street", separada da primeira imagem por "Interior de Casa de Orações de Negros, Flórida, 1933", mostra uma mulher negra, mais velha e mais corpulenta, bem-vestida num casacão com gola de pele, um fio de pérolas no pescoço e um chapéu talvez um pouco menos elegante que o da mulher branca (Figura 3.3).[13] Ela está perto dos degraus do viaduto de um trem, pelos quais um homem desce, a rua atrás dela é movimentada, há cartazes e os suportes dos trilhos do trem. Os tons são mais escuros que os da fotografia da Fulton Street. A fisionomia da mulher parece mais difícil de descrever: tem as pálpebras caídas, parece um pouco desconfiada do homem que a fotografa, um pouco alerta também.

3.3 Walker Evans. "42nd Street."

Considerando essas duas fotos, poderíamos concluir provisoriamente algo sobre a experiência de mulheres nessas ruas de Nova York, e talvez algo mais geral sobre as vidas das mulheres, tal como corporificadas apenas nesses momentos nas ruas que Evans nos oferece. Quando comparamos as duas imagens, nossa apreensão intuitiva de como elas se parecem nos informa a respeito de algumas das dimensões de comparação. Poderíamos dizer que as mulheres em Nova York ficam tensas e desconfiadas quando estão na rua. E nosso pensamento seguinte é que essas duas mulheres são parecidas nesse aspecto, e a semelhança é enfatizada pela similaridade dos chapéus e das peles, mesmo que elas difiram em idade e raça; mas são ambas muito diferentes da camponesa que apareceu antes no livro ("Mulher do arrendatário de uma fazenda de algodão do Alabama, 1936"[14]) com seu vestido e penteado simples, postada contra as tábuas desgastadas de sua casa (Figura 3.4). Ela não parece alerta, mas também não poderíamos dizer que está à vontade; poderíamos achar que está um pouco tímida e embaraçada por ver aquele fotógrafo de Nova York retratando-a com aquela câmera grande, que talvez esteja pensando

3.4 Walker Evans. "Mulher do arrendatário de uma fazenda de algodão do Alabama, 1936."

no que ele iria fazer com sua foto. Isso nos diz que "alerta" não esgota as possibilidades; há ainda mais aspectos a incluir em nossa reflexão sobre as vidas das mulheres.

Podemos seguir adiante para comparar essas mulheres com os homens que vemos — por exemplo, o garboso homem negro mais velho de terno branco e chapéu de palha branco com uma fita preta em frente a uma banca cheia de revistas e jornais em espanhol, encimada por um cartaz de Coca-Cola ("Cidadão no centro de Havana, 1932"[15]). Ele parece tão à vontade, tão incauto, em outro ambiente urbano, em outro país (Figura 3.5).

3.5 Walker Evans. "Cidadão no centro de Havana, 1932."

O primeiro resultado dessa análise fotográfica, conduzida pelo observador com os materiais que o fotógrafo forneceu, poderia ser que "Uma moça na Fulton Street" nos diz que essa mulher branca e talvez todas as mulheres brancas ou todas as mulheres brancas de certa idade e classe, paradas na rua em Nova York, parecem assim, o "assim" sugerindo talvez uma disposição de ânimo ou uma atitude diante do fato de estar em público e em exibição. Quando vemos "42nd Street" concluímos, provisoriamente, que essa mulher negra parada na rua em Nova York também parece "assim", sua própria versão de "assim". Mas comparamos também as entradas no que agora parecem duas células adjacentes numa grade, uma tabela em construção. Concluímos que as duas têm essa fisionomia em comum, e que o que elas possuem em comum sugere algo sobre o modo como as mulheres sentem que devem se comportar em público em Nova York. Poderíamos concluir, examinando atentamente, que as fisionomias diferem também — o olhar da mulher negra talvez seja mais precavido —, e de maneiras que podem ser atribuídas às diferentes situações sociais de mulheres negras e brancas, ou às diferentes situações de mulheres de idades diferentes, ou às diferentes situações de mulheres de diferentes classes sociais. E levamos essas noções para outras fotografias na sequência, e talvez concluamos que ser uma mulher em Nova York torna a pessoa endurecida, enquanto viver no Alabama não, e vice-versa. E isso acrescenta mais uma dimensão ao quadro de possibilidades. Desse modo, o trabalho do observador produz não apenas uma lista de possíveis combinações de situações de vida, mas a própria grade de comparações, o espaço definido pelas interseções de todas essas possibilidades e suas interconexões.

Sejamos lógicos em relação ao que está se passando. Cada vez que descrevemos alguém como "mulher" ou "branca", ou descrevemos uma situação como "urbana", introduzimos automaticamente outros possíveis rótulos, que poderiam ser simétricos — "homem" —, contudo, mais provavelmente, seriam uma lista de alternativas coordenadas: "branco", "asiático", "indígena", e assim por diante. Se uma situação é urbana, isso aponta para outros graus de densidade populacional: "suburbana" e "rural", talvez "exurbana", talvez outras. O termo que usamos nos alerta para a existência de uma dimensão ao longo da qual há outras posições além daquela que apontamos.

A tabela imaginária a que me referi expressa visualmente a análise lógica. Mostra todas as possíveis combinações das dimensões descritivas que usamos de modo informal. Tendo incluído "mulher" porque as duas nova-iorquinas são mulheres, criamos, para nossa análise, a dimensão de gênero (abrindo espaço assim para a categoria "homem"). A observação de que as duas mulheres diferem racialmente nos deu raça como outra dimensão; ainda não conhecemos todos os subtipos que vamos usar sob este cabeçalho. Vendo que as mulheres se mostram "alertas" ao serem observadas na rua em Nova York, criamos uma dimensão de "reações a ser observado em público". Temos de acrescentar, lembrando a agricultora do Alabama, o contínuo rural-urbano, com qualquer parada ao longo dele que nos pareça apropriada ou necessária.

Desta maneira, fazemos o trabalho que os estatísticos do censo realizam para nós quando planejam uma tabela. Damos nomes às linhas e colunas. Quando as comparamos, rotulando as colunas com termos de gênero e as linhas com o nome de possíveis atitudes ao ser observado em público (reconhecendo que certamente iremos acrescentar mais linhas à medida que encontrarmos novos tipos de reação a "ser observado em público"), vemos um espaço conceitual mais amplo do que o fotografado por Evans, mas sugerido (se você aceitar esta análise) pelas imagens que ele pôs em seu livro. Temos alguma ajuda do fotógrafo, que compôs as imagens de modo a sugerir algumas possibilidades, e não outras, e depois as arranjou de uma maneira que sugere, por meio das comparações que discuti, quais são ou poderiam ser as dimensões e interseções da tabela.

Tendo feito tudo isso, que parece envolver mais trabalho do que de fato envolve, podemos examinar outras imagens, sobre as quais não nos havia ocorrido levantar tais questões, para ver se elas contribuem para nossa compreensão dos casos específicos fotografados, mas também das ideias e categorias gerais sugeridas.

Agora podemos constatar algumas vantagens que o método fotográfico tem sobre o tabular, empregado pelos estatísticos. Eu ia originalmente criar a tabela que a análise do livro de Evans poderia gerar, mas abandonei a ideia quando me dei conta da confusão que isso provocaria. Formas tabulares são muito úteis quando lidamos com um número relativamente pequeno de categorias. Geramos um número manejável de rótulos e células. Mas cada vez que acrescentamos uma nova dimensão, duplicamos o número de células. (Você encontrará uma discussão muito clara do processo em Arthur Danto.[16] Ele usa o exemplo de apreciações de valor artístico, mas também explica a lógica da análise com bastante clareza.) No caso mais simples, duas variáveis, cada uma assumindo apenas dois valores, geram quatro células. Exemplo: idade, dividida em idosos e jovens, numa tabulação cruzada com gênero, dividido em homens e mulheres. (Como um exercício, você pode traçar essas tabelas para si mesmo.) Cada célula contém um fato importante: quantas pessoas têm exatamente essa combinação de características (numa versão ligeiramente mais complexa, que percentagem das pessoas naquela célula tem um valor de *x* numa terceira categoria, como "ricos" em oposição a "pobres"). Se agora acrescentarmos a variável da densidade populacional, dividida em rural e urbana, devemos dividir cada uma das células idade/gênero em duas, uma para rural e outra para urbano, terminando com oito células. Cada subdivisão adicional — se acrescentássemos, por exemplo, uma categoria para suburbano — aumenta o número de subtítulos numa linha ou coluna e o número de células. (Retornaremos ao problema de como expor essa informação numa tabela no Capítulo 5.)

Quando fazemos tabulação cruzada de quatro ou cinco características, a tabela resultante tem tantas células que é difícil — não impossível, mas difícil — encontrar os dois números que a tabela deveria nos ajudar a comparar, e ela será contraproducente. Uma tabulação cruzada com dez variáveis, contendo 1.024 células, é tão difícil de manejar que teríamos dificuldade em publicá-la, e, se o conseguíssemos, os usuários encontrariam dificuldade em manipulá-la fisicamente, que dirá para compreender suas entradas.

A fotografia documental funciona de uma maneira diferente. Contém tantos detalhes que um usuário interessado pode facilmente fazer um grande número de comparações entre quaisquer duas dessas imagens, cada comparação sugerindo uma dimensão de variação e suas possíveis subdivisões e contribuindo para uma lista de perguntas a serem formuladas no exame de imagens subsequentes. Ela contém, em embrião, todas essas possibilidades, e o número é determinado sobretudo pela engenhosidade do usuário em explorar o que há ali. Nem todas as comparações produzirão ideias que podem ser sustentadas no curso de uma longa sequência, hipóteses sobre o tema da sequência que perduram quando confrontadas com as imagens subsequentes. Mas algumas, e não poucas, o farão. Essas ideias não se contradirão mutuamente. Serão complementares, sugerindo hipóteses mais complexas que ligam os subtemas que um observador poderia construir.

Todo esse trabalho, de construir categorias de comparação e suas divisões, de criar hipóteses e checá-las, cabe ao usuário. O produtor fornece o material em estado bruto (na verdade, não tão bruto assim), engenhosamente escolhido e arranjado, sem dúvida, mas depois disso cabe ao usuário construir a análise, com toda sua parafernália. É uma divisão do trabalho representacional muito diferente daquela envolvida na elaboração e no uso de uma tabela do censo.

A multiplicidade de detalhes numa imagem documental dá aos observadores material com que construir mais de uma comparação do tipo a que aludi. Podemos elaborar mais de uma tabela a partir de uma longa sequência de fotografias detalhadas. Há muitas comparações a fazer, muitas dimensões a explorar, muitas histórias a contar. Poderíamos, por exemplo, nos concentrar não nas mulheres paradas na rua, mas nas próprias ruas, no aspecto que têm e no que nos dizem sobre a vida nos Estados Unidos. Isso significa que agora incluímos em nossa comparação todas as imagens de ruas em que nenhuma pessoa aparece, como a inesquecível imagem de automóveis estacionados de frente para o meio-fio na chuva ("Main Street, Saratoga Springs, Nova York, 1931"[17]). O que nos leva a comparações com outras ruas vistas em outras fotos, em Bethlehem, Pensilvânia, Fredericksburg, Virgínia,[18] e uma variedade de outras cidades, grandes e pequenas (Figuras 3.6, 3.7, 3.8).

3.6 Walker Evans. "Main Street, Saratoga Springs, Nova York, 1931."

3.7 Walker Evans. "Rua e cemitério em Bethlehem, Pensilvânia."

3.8 Walker Evans. "Casas com vigamento de madeira na Virgínia, 1936."

Assim, uma sequência fotográfica benfeita suporta um grande número de comparações e um grande número de interpretações, razão pela qual podemos continuar a atribuir cada vez mais significado ao que é, afinal, um pequeno número de imagens. Porque é difícil — de fato, impossível — estabelecer uma interpretação definitiva de uma obra como essa, e porque *American Photographs* suporta leituras repetidas, oferecendo-nos novas possibilidades interpretativas. Evans fez sua parte do trabalho. Tirou e selecionou as fotografias, que contêm as possibilidades, e as reuniu num livro. Deixou o resto para o usuário.

4. O trabalho dos usuários

Algumas representações da vida social exigem que seus usuários realizem uma grande quantidade de trabalho. Quantos usuários têm o conhecimento e as habilidades necessárias para fazer esse trabalho? Que acontece se não puderem ou não quiserem fazê-lo? Como levar os produtores de representações a lidar com a habilidade diferencial e a disposição dos usuários para fazer o trabalho que seus relatos exigem?

*Construing**

Algumas representações parecem revelar facilmente seu significado. Nós as captamos num relance, como colhemos uma laranja de uma árvore no quintal. Outras exigem mais trabalho, mais reflexão, ponderação das implicações. Vamos usar a palavra *construal* para designar o modo como os recebedores da mensagem a compreendem, a interpretam, atribuem-lhe ou extraem dela algum sentido.

Um usuário pode tomar qualquer representação da sociedade de uma dessas duas maneiras: como óbvia, e seu significado está tão "simplesmente ali" que requer apenas uma manipulação mínima e rotineira da mensagem; ou como obscura, densa, exigindo cuidadosa atenção a todos os detalhes. "Óbvio" e "obscuro" não são características naturais de objetos ou eventos. Na verdade, descrevem o modo como decidimos dedicar atenção a essas coisas.

Dedicamos atenção a representações segundo as formas como o aprendemos. Representações parecem óbvias para usuários que já sabem tudo que precisam para entender seu significado, e obscuras quando demandam mais trabalho, quando os usuários não encontraram algo exatamente igual àquilo antes. Todos nós tivemos algum treinamento, desde que éramos crianças pequenas, na interpretação desses objetos, mas nem todos tivemos treinamento e experiência

* *Construing* assume três significados: análise sintática; explicação do significado de algo, ou interpretação; e meio pelo qual as pessoas percebem, compreendem e interpretam o mundo à sua volta. (N.T.)

com todos os tipos de representação. Essas habilidades estão desigualmente distribuídas ao longo de todos os tipos de linhas de divisão social.

Podemos avaliar cada fotografia como óbvia ou obscura (mostrarei como podemos avaliar a mesma foto de diferentes maneiras no Capítulo 10). Muitas fotos lançam mão de convenções bem conhecidas por tantos tipos de pessoas que apenas algumas indicações revelam, a usuários experientes, a pessoas que usualmente entram em contato com elas, toda a história, assim como em geral conseguimos imaginar o texto completo de anúncios de que só vemos fragmentos. Em mundos representacionais bem organizados, os usuários sabem como interpretar as representações com que deparam rotineiramente. Tome como exemplo fotografias de reportagens esportivas — não as fotografias de ação feitas durante o jogo, a partida ou a competição, mas as das outras atividades que envolvem o grande jogo — que são organizacionalmente muito estereotipadas, para que sejam facilmente interpretáveis por observadores experientes.[1] Elas lidam com uma pequena seleção de situações, bem conhecidas pelos leitores de jornais que as veem de hábito.

As imagens mais comuns (sigo estritamente a análise de Hagaman aqui) lidam com um jogador ou um time que está ganhando ou perdendo. Todo jogo que tem um vencedor, claro, tem também um perdedor. A fotografia mostra o vencedor de acordo com a cidade a que serve o jornal para a qual é feita. Fotografias em jornais de Chicago tratam o Cubs e o Sox como "nosso time", cujas vitórias comemoramos, ao passo que os jornais de Nova York tratam os Yankees e Mets como "os nossos". Os leitores não precisam descobrir isso: é parte da bagagem de que dispõem para a atividade interpretativa. (Fotografias feitas para as agências de notícias, que servem a muitos jornais em muitas cidades, em geral incluem uma seleção de fotos a partir da qual os editores locais escolhem aquela apropriada para o time da sua cidade.) Quando o "nosso" time vence, vemos os vencedores radiantes, individual ou coletivamente, braços levantados no ar, cabeças jogadas para trás, bocas abertas, ou trocando abraços. Quando o "nosso" time perde, vemos um perdedor solitário sentado num banco, cabeça baixa, ombros caídos, talvez com outro jogador consolando-o, com um braço em torno de seus ombros. Essas poses estereotipadas aparecem em fotografias de atletas de todos os tipos: amadores e profissionais, mulheres e homens, adultos e crianças.

Americanos bem socializados (e sem dúvida um número crescente de pessoas em toda parte) aprendem essa linguagem de gesto e postura quando crianças e levam apenas um segundo para extrair o sentido pretendido da fotografia de um atleta com os braços estendidos para o céu e um largo sorriso no rosto. Que mais isso poderia significar? Ele venceu! Da mesma maneira, conhecem a linguagem da derrota. Quando veem alguém sentado num banco, sozinho, cabeça baixa, sabem, a partir dos milhares e milhares de fotos como esta que viram antes, que aquele jogador perdeu. Que mais poderia ser? O significado não é óbvio porque tais gestos, apresentados nessa linguagem visual, são inerentemente óbvios. Ele é evidente porque os usuários aprenderam essa linguagem, tal como todas as linguagens são aprendidas, pela repetição constante. Eles *sabem* como interpretar a imagem.

Fotógrafos retratam vencedores e perdedores dessa maneira facilmente interpretável para que os leitores de jornal só precisem dar às imagens um ou dois segundos de atenção quando passam uma vista d'olhos nos resultados dos jogos da véspera. As imagens entregam seu significado essencial rapidamente para aqueles que conhecem o código. Como os usuários conhecem a linguagem e os fotógrafos sabem que eles a conhecem, essas imagens são facilmente feitas, uma vez que seus produtores dominam a linguagem, de modo que possam satisfazer as exigências do editor que enviou fotógrafos para cobrir o jogo de maneira rápida e eficiente.

Imagens de fácil interpretação — feitas numa linguagem visual amplamente conhecida — não aparecem apenas nas páginas de esportes. Os temas clássicos do fotojornalismo sério, importante — guerra, fome, assassinatos —, têm um repertório de fotos canônicas, que usam uma linguagem visual extremamente convencional de fácil interpretação por parte de qualquer usuário bem socializado. A fome produz indefectivelmente a criancinha de barriga inchada. Os assassinatos são registrados sob duas formas: o fotógrafo com sorte suficiente para estar presente na cena quando o crime aconteceu capta o assassino apontando a arma enquanto a vítima cai no chão; os fotógrafos que chegam depois devem se contentar com a vítima deitada numa poça de sangue. E todos que veem uma fotografia assim sabem "o que ela significa".

A feitura de uma imagem tão facilmente interpretável requer habilidade. O fotógrafo deve encher o quadro com a imagem estereotipada, excluindo detalhes que distrairiam os usuários das pistas padronizadas ou borrando esses detalhes "irrelevantes" (o que os editores chamam por vezes de "imagem poluída") usando foco seletivo.[2]

Como vimos no trabalho de Walker Evans, outras fotografias, feitas com igual habilidade, têm a intenção oposta: incluir detalhes cujo significado não é óbvio, que não usam linguagem visual convencional já bem conhecida, detalhes que recompensam o estudo atento e a reflexão. Essas imagens parecem simples ou desinteressantes para aqueles que não as examinam com cuidado.

Elas não empregam os códigos comumente compreendidos, que dizem aos usuários o que significam. Em vez disso, forçam-nos a discriminar materiais relevantes de forma consciente e descobrir suas interconexões, ver como podem ser compreendidas.

Isso é o que torna tão interessantes os artistas que se dedicam ao trabalho de análise social. Eles não querem apresentar o estereotipado e já conhecido nem recorrer à linguagem já muito familiar. Querem mostrar aos que olham suas fotos algo que nunca viram antes. E quando esses fotógrafos usam linguagem visual que todos conhecem, é porque querem fazer o observador ver nela novos significados.

O artista conceitual Hans Haacke exemplifica esta ideia.[3] Haacke descreveu certa vez seu trabalho como o estudo de sistemas: sistemas naturais, como um cubo plástico lacrado que fez no início de sua carreira, que continha uma pequena quantidade de umidade, cuja condensação e evaporação alternadas exibiam o caráter sistêmico desses processos; e, em seu trabalho posterior, sistemas sociais, em peças que exibiam explicitamente o funcionamento do poder político e econômico.[4]

Seu *Guggenheim Project*, por exemplo, consiste em sete painéis de texto impresso contendo grande quantidade de fatos sobre os membros do conselho diretor do Solomon R. Guggenheim Museum na cidade de Nova York: quem são os integrantes do conselho diretor do museu, seus laços de parentesco (quase todos são membros da família Guggenheim, embora muitos tenham sobrenomes diferentes), de que outros conselhos (de companhias e organizações) eles fazem parte, e muitos fatos sobre os crimes cometidos por essas companhias, especialmente sua exploração de trabalhadores nativos nos países do Terceiro Mundo.[5] A obra *Guggenheim Project* não anuncia qualquer conclusão nem faz generalização alguma; não há sugestão de análise marxista ou de qualquer outra variedade de análise política — apenas a recitação de fatos. Haacke não aponta o dedo para indivíduos culpados nem afirma qualquer conspiração. Muito menos diz que esse bastião da arte moderna e do pensamento artístico progressista é sustentado por riqueza baseada na exploração do trabalho em países menos avançados que os Estados Unidos.

Mas alguém que examine essa obra teria de ser muito obtuso e propositadamente cego para não chegar a essa conclusão. Haacke tira partido dos métodos habituais de raciocínio dos leitores comuns usando um formato bem conhecido, uma simples listagem de fatos não questionados: nomes, datas, lugares, cargos oficiais ocupados. Assim podemos saber quem são os membros do conselho do museu, que a maior parte deles pertence à mesma família extensa, que eles participam dos conselhos de várias corporações, que essas corporações se envolvem em atividades de mineração no mundo todo. À medida que vemos cada fato "óbvio", nós o acrescentamos ao que já sabemos e... a conclusão de que o museu é financiado pela exploração de trabalhadores oprimidos no mundo salta aos olhos.

Mas não é só isso; temos de saber como chegar a essa conclusão. Como a maioria dos usuários sabe disso, a conclusão resulta do trabalho que fazem arranjando esses fatos simples e indiscutíveis como silogismos e extraindo as conclusões a que esses silogismos conduzem, de maneira aparentemente inevitável e natural. Haacke emprega a mesma técnica para expor, por exemplo, as conexões políticas (sobretudo nazistas) de um industrial alemão que era presidente da Associação dos Amigos do Wallraf-Richartz-Museum de Colônia, que havia doado a pintura *Feixe de aspargos*, de Edouard Manet, ao museu.[6]

Empreguei a palavra interpretar (*construe*) para designar essa atividade através da qual usuários em comunidades interpretativas (voltarei a essa expressão adiante) extraem fácil e "naturalmente" o significado de uma representação e a compreendem. Procedi assim para deixar claro que o trabalho deve ser feito antes que uma representação entregue seu sentido ao usuário. *Construe* refere-se, em seu sentido original em inglês, à análise gramatical de uma frase, à compreensão dos termos em que ela é expressa e ao modo como estão conectados uns aos outros; o sentido mais amplo de *construe* é "descobrir e aplicar o significado de; interpretar". Vamos levar isso a sério.

Os usuários frequentemente saltam este passo e, de fato, podem ignorar por completo o artefato representacional tão cuidadosamente construído para eles. Não me refiro ao tipo de olhar casual e leitura rápida, a folheada no livro de fotos de trás para diante que tanto irrita os fotógrafos. Tenho em mente a prática que Lawrence McGill descreve em seu estudo sobre a leitura que os estudantes fazem durante um curso de ciência, no qual são solicitados a ler muitos artigos contendo grandes números de tabelas numéricas. Diz ele:

> A postura dos estudantes em relação à leitura desses artigos é que devem "dar cabo deles" para atender aos requisitos de seu curso. Esses estudantes esforçam-se para evitar a conversa fiada, o material alheio ao "ponto central" que o artigo está tentando explicar. Tabelas estatísticas, descrições da metodologia e resultados são vistos como procedimentos sempre iguais que aparecem em praticamente todos os artigos de pesquisa (isto é, estas são as seções que eles veem como se tivessem sido "escritas porque *tinham* de ser"). Seus objetivos são conhecidos e compreendidos, e os estudantes só lhes darão atenção se houver uma boa razão.[7]

Como poucas vezes encontravam essa boa razão, eles praticamente ignoravam as tabelas que constituíam o cerne dos artigos lidos, raciocinando que elas deviam afinal dizer o que os autores declaravam que diziam, do contrário os editores teriam rejeitado o artigo. Memorizavam as conclusões, que a seu ver seriam aquilo que certamente seria perguntado nos testes do curso, confiando que o resto do material de fato corroborava essas afirmações.

Assim, os usuários podem não fazer o trabalho deixado para eles, podem simplesmente não se dar a nenhum incômodo, não olhar para a fotografia; podem dormir durante o filme, mal passar os olhos pela tabela, saltar grandes partes do romance. Isso acontece.

Mas com bastante frequência isso *não* acontece, e, mesmo quando isso ocorre, podemos decidir ignorar as pessoas que ignoram o que fizemos para elas. Vamos manter nossos olhos abertos para os observadores interessados, que estão dispostos a fazer o trabalho necessário para desemaranhar o significado do pacote em que vem envolvido.

Podemos começar a análise da interpretação de representações observando que todas essas representações servem como instrumentos para resumir dados e ideias. Todas as versões de análise das ciências sociais têm de desempenhar a tarefa de abreviar o material, e nesse processo tornam o que foi colhido mais inteligível e assimilável (todo o Capítulo 6 é dedicado a este importante tópico). Latour descreve em detalhe como os cientistas resumem e reduzem seus dados, excluindo do que relatam uma quantidade cada vez maior de detalhes para tornar o que resta mais transportável e comparável. Ele chama essa série de transformações de *cascata.*[8]

O que o leitor tem de fazer é chamado, por vezes, em se tratando de textos escritos, de "desembrulhar" a representação, isto é, desfazer a sintetização que produziu o artefato sob exame. Podemos começar nossa reflexão aqui considerando uma série de exemplos, o conjunto de tabelas e diagramas que reuni para meu seminário sobre o tema. Essas tabelas e diagramas complicados exigiam algum trabalho interpretativo, alguma análise sintática.

Algumas tabelas são bastante simples, mas muito detalhadas, fornecendo um nível de detalhe que a maioria dos leitores hoje consideraria excessivo, exigindo atenção demais ao que informam. É muito possível que, deparando com essas tabelas, que vão além do convencionalmente esperado, os leitores simplesmente as saltem, como faziam alguns dos estudantes entrevistados por McGill, confiando que elas dizem o que o autor diz que dizem.

Considere duas tabelas no estudo feito por W.E.B. DuBois acerca da histórica área negra da Filadélfia, o Seventh Ward, a menor das quais, ocupando apenas meia página, é intitulada "OCUPAÇÕES – HOMENS, 10 A 21 ANOS DE IDADE. SEVENTH WARD, 1896"; a maior, que ocupa duas páginas e meia, tem o mesmo título, exceto quanto ao grupo etário, que muda para "21 OU MAIS".[9]

Essas tabelas exibem uma decomposição das ocupações dos negros, jovens e adultos muito mais detalhada do que o necessário para qualquer pessoa — pelo menos para qualquer um em 1899. Que objetivo teria alguém para uma decomposição das ocupações de meninos por intervalos de um ano de idade? E, para um leitor contemporâneo, alguns dos títulos ocupacionais já nada significam. Muitos estudantes no seminário não tinham a menor ideia do que fazia um "estribeiro", esta sendo uma das muitas ocupações esotéricas e não mais conhecidas que DuBois computou. (Eu sabia que tinha alguma coisa a ver com cavalos, mas tive de consultar um dicionário para aprender a definição completa: "Uma pessoa que cuida de cavalos, como numa hospedaria, cavalariço.") E, principalmente, por que se dar ao trabalho de listar, numa tabela dividida em categorias de idade, ocupações como reparador de porcelana e trançador de vime, cada qual praticada por apenas uma pessoa? Mesmo assim, está tudo lá à disposição, caso queiramos nos deter nesses aspectos.

A tabela contém mais informação do que qualquer um de nós acha que poderia precisar. No entanto, todos os participantes do seminário a que apresentei esse material sabiam como lê-lo. Muitas pessoas, talvez especialmente estudantes de ciências sociais, sabem como fazê-lo. Todos nós sabíamos que a tabela era bidimensional, que as dimensões eram ocupação e idade, e que os números nas células em frente aos nomes das ocupações e embaixo dos cabeçalhos de idade diziam quantos de cada um havia. A célula para "trançador de vime de 31-40 anos" continha "1", significando que havia um destes, assim como o "28" na célula para "barbeiros de 21-30 anos" significava que havia 28 homens dessa idade com tal profissão. E assim por diante.

Muitas pessoas acham tabelas bidimensionais menos óbvias que esses já preparados estudantes de pós-graduação. Descobri isso quando tive de ensinar uma turma de alunos do último ano do bacharelado com especialização em sociologia a dar sentido a um objeto desse tipo (como aquele que expliquei no Capítulo 3), dizendo que a dimensão vertical representava um elemento que tinha diferentes valores; a dimensão horizontal era uma segunda variável que também tinha diferentes valores; e que as células continham o número de casos (pessoas) que atendiam a ambos os critérios.

Os diagramas que frequentemente ilustram relatórios de ciências sociais servem como metáforas, representações bidimensionais de uma realidade social complexa. Analisarei essas metáforas em detalhe no Capítulo 10, observando aqui apenas que diagramas, por mais simples que sejam, demandam interpretação, e que o modo como devem ser compreendidos nunca é óbvio. Olhando-os, temos de dizer conscientemente a nós mesmos: "Vejamos, esta linha significa isto e aquela linha significa aquilo; quando as comparamos, esta linha é mais longa que aquela, portanto, a quantidade representada é maior." Ou, como alguns dos diagramas discutidos mais adiante, eles usam símbolos e formatos criados para a ocasião, específicos para estes dados e esta análise, de modo que o leitor tem de identificar conscientemente os componentes e aprender o que eles representam e o que, portanto, pode ser depreendido do diagrama.

Peças teatrais, romances, filmes e fotografias geram problemas diferentes, em particular quando as pessoas que os fazem são artistas. Os artistas em geral pensam que seu trabalho fala por si mesmo; que já disseram tudo que há para dizer sobre o tópico, seja ele qual for, na própria obra; e que qualquer falta de clareza significa que o observador não fez o trabalho necessário para tornar o significado claro. Isso poderia ser expresso como: "Você não leu com atenção", ou "Você não olhou a fotografia com atenção", ou "Você estava dormindo quando o evento decisivo da peça ocorreu." Em geral, eles alegam que o observador não prestou o tipo de atenção completa que a obra requer.

Quem sabe fazer o quê? Comunidades interpretativas

Se os produtores delegam aos usuários o trabalho de interpretar a obra, deduzindo suas ramificações e consequências por si mesmos, seu significado final repousa naqueles usuários que sabem como proceder com aquela e outras obras semelhantes. O conhecimento de como interpretar o que um produtor faz não está sempre — de fato, nem usualmente — distribuído de maneira uniforme por uma comunidade de produtores e usuários de um dado tipo de representação.

Steven Shapin estava interessado nesse problema tal como se manifestou no início do desenvolvimento da ciência moderna. Queria saber como Robert Boyle, o "filósofo natural experimental" inglês do século XVII, comunicava suas descobertas em ciência física para seus colegas e outros interessados. A análise de Shapin não lida com o falar sobre a sociedade, mas explica como maneiras de "falar sobre" dependem dos modos de compreensão de observadores, e como, portanto, produtores mudam o modo como contam sua história quando querem atingir um novo público.[10] A análise de Shapin nos dá um modelo para a compreensão de como maneiras de falar sobre a sociedade podem mudar de forma semelhante.

Mencionando a relutância de Boyle em pôr suas descobertas em linguagem matemática e sua preferência por uma forma verbal, embora necessariamente mais longa, de relatar, Shapin diz:

> Boyle entendia que a matemática encerra uma forma abstrata, esotérica e privada de cultura. Esta era uma importante razão por que se preocupava com seu lugar na filosofia natural experimental. Se a filosofia experimental devia obter legitimidade e verdade mediante a implementação de uma linguagem pública, a incorporação da cultura matemática poderia ameaçar uma nova privacidade. Ao especificar que a matemática era escrita para matemáticos, Copérnico apenas expressara de maneira preeminente uma compreensão generalizada do lugar da matemática na cultura letrada geral. Como Kuhn observou, apenas as ciências matemáticas não experimentais eram caracterizadas, mesmo na Antiguidade, "por vocabulários e técnicas inacessíveis aos leigos, e portanto por corpos de literatura dirigidos exclusivamente para especialistas". Segundo consta, Boyle comentou a relativa inacessibilidade da matemática. Proceder como os matemáticos era, a seu ver, restringir o tamanho da comunidade praticante. Essas restrições punham em risco sua própria capacidade de produzir verdade física. Sem dúvida a cultura matemática possuía meios muito poderosos de obter *crença* na verdade de suas proposições, ao passo que era pequena a proporção daqueles *crentes* cujo assentimento era dado de maneira livre e adequada. Em contraposição, membros de uma comunidade experimental apropriadamente constituída davam livremente seu assentimento com base no testemunho e no testemunho confiável de outras testemunhas.
>
> ... Boyle procurou tornar as realizações experimentais historicamente específicas vívidas nas mentes dos leitores e tornar moralmente justificável que essas coisas realmente tenham sido feitas onde, quando e tal como descrito. Esse tipo de análise era também considerado mais *inteligível* que estilos alternativos de comunicação. Seu *Paradoxos hidrostáticos* especificou que ele *teria podido* relatar os achados numa forma mais estilizada e matemática, mas *escolhera* não o fazer: "Os que não estão acostumados a ler livros matemáticos tendem a ser tão resistentes a apreender coisas que precisam ser explicadas por esquemas [diagramas]; e eu constatei que a generalidade dos homens instruídos, e até desses novos filósofos, não é versada em matemática", é tão ignorante de teoremas hidrostáticos que se tornava indicada uma exposição mais extensa e inclusiva. Noções desse tipo não podiam "ser exaustivamente compreendidas sem tal explicação clara

> [desses] teoremas que, para uma pessoa não versada em escritos matemáticos, dificilmente seria comunicada de maneira aceitável em algumas palavras". Muitas palavras tiveram de ser usadas. Foi, confidenciou Boyle, "por opção que recusei aquela maneira de escrever rigorosa e concisa". Estava escrevendo, disse ele, não "para me distinguir, mas para instruir os outros", e, por essa razão, "prefiro que os geômetras não elogiem a brevidade de minhas provas a que aqueles outros leitores, aos quais pretendi agradar principalmente, não apreendam inteiramente o significado delas".[11]

Boyle temia que um modo impróprio de representação pudesse ocasionar uma restrição indesejável do público potencial. Temia que os leitores ignorassem linguagem e estilos de raciocínio estranhos, e parte da linguagem da ciência que se desenvolvia em seu tempo era esotérica exatamente dessa maneira, em especial em seu uso de fórmulas matemáticas, diagramas geométricos e formas de dedução de conclusões associadas a eles. Vou deixar de lado a questão de se tal restrição do público capaz de ler o que um analista da sociedade pode escrever é algo que deve ser evitado ou algo necessário para o desenvolvimento do pensamento científico. Este é um debate antigo e não particularmente frutífero.

Em vez disso, vamos aplicar a questão ao nosso interesse pelo falar sobre a sociedade, explorando o problema sociológico menos controverso das diferentes maneiras segundo as quais está distribuído o conhecimento necessário para a feitura e a leitura de representações da vida social. Quem compreende o trabalho que um analista da sociedade apresenta? Num extremo, poderíamos dizer que alguns trabalhos sobre a sociedade apresentam-se "a quem interessar possa": a qualquer membro competente da sociedade que possa estar interessado. No outro extremo, alguns deles são apresentados a um grupo muito pequeno e seleto de pessoas, as únicas de quem se pode esperar que os compreendam e sejam capazes de interpretar sua terminologia e modos de raciocínio enigmáticos, não conhecidos em geral. Os dois tipos podem ser exemplificados, de um lado, por romances, fotografias ou filmes — e mais especialmente aqueles que se destinam ao maior e mais heterogêneo público, o filme de Hollywood —, e, por outro, o modelo matemático.

Quem faz filmes de Hollywood pretende que eles sejam compreendidos por qualquer pessoa (com o diálogo dublado nas línguas apropriadas) no mundo inteiro. Hoje a linguagem do cinema é, como um fato histórico, interpretável por qualquer pessoa. Provavelmente não existem mais pessoas tão isoladas do mercado ocidental que cometam erros tão simples como pensar que o ator morto num filme realmente morreu e portanto só poderia aparecer num filme futuro como fantasma, ou perguntar-se para onde foram os atores quando pisaram fora do quadro. (Consta que povos tribais sem qualquer exposição aos produtos culturais do Ocidente teriam cometido esses erros, mas não consigo encontrar ninguém que tenha dito isso em letra de fôrma. Vamos admiti-lo, contudo, como uma possibilidade.) Não, todo mundo compreende que esses truques simples são apenas isso, truques — e todo mundo compreende assuntos muito mais complexos, como a maneira pelas quais técnicas como *fades* e *wipeouts* (sobreposições) indicam a passagem do tempo ou o movimento da ação do filme para uma locação geográfica diferente. Todos compreendem, também, o significado de cortes de um rosto para outro, indicando que há um diálogo entre dois personagens ou que as coisas agora estão sendo vistas da perspectiva de alguma outra pessoa.

O que não significa que os membros do público "conheçam" esses truques técnicos da mesma maneira consciente e manipulável que um cineasta as conhece. Isso não é verdade. Eles entendem essas coisas quando as veem, mas não as conhecem de modo a poder falar sobre elas, muito menos tentar fazê-las por si mesmos. Assim, há uma separação real entre os produtores dessas representações, os profissionais do cinema que as fazem o tempo todo como um meio de vida durante anos e anos, e as pessoas que assistem a esses trabalhos por diversão e possivelmente por informação (ou talvez apenas recebam a informação com a diversão, sem tê-la pedido e talvez sem realmente querê-la). Um grupo sabe coisas que o outro não sabe. E assim espectadores menos bem informados podem ser "iludidos" ou "induzidos a erro", problemas morais de representação que discuto detidamente no Capítulo 8.

Podemos encontrar o extremo oposto desse conhecimento generalizado de como usar uma representação da vida social no mundo da produção de modelos matemáticos. Esse tipo de modelo cria um mundo artificial de entidades cuidadosamente definidas com algumas propriedades simples, que só podem interagir e influenciar umas às outras de algumas maneiras definidas com igual cuidado e governadas por operações matemáticas específicas (*ver* Capítulo 9 para uma explicação mais ampla sobre modelos matemáticos). A vantagem desse tipo de modelo não é ser uma descrição realista de como a vida social realmente funciona em qualquer lugar, mas deixar claro como o mundo seria se operasse segundo esse modelo. E isso é algo que vale a pena saber. Um dos modelos descritos mais adiante nos diz algo que interessaria a muitas pessoas: em que consistiria o repertório de uma orquestra sinfônica se ela substituísse obras antigas por novas seguindo estritamente certas regras simples (não que alguém faça isso, mas não é esta a questão).

De qualquer maneira, em poucas palavras e talvez um pouco imprecisamente: qualquer pessoa que saiba como ler, interpretar e compreender um modelo matemático também sabe como fazer um. Isto é, a interpretação desses modelos, sua compreensão, requer um conhecimento geral da maneira como os matemáticos raciocinam e uma compreensão substancial da área do raciocínio matemático usado no caso particular. Para compreender a análise do repertório sinfônico feita no exemplo que acabo de dar, e ser capaz de criticá-la apropriadamente, precisaríamos saber alguma coisa, digamos, sobre equações diferenciais; para a análise de sistemas de parentesco de outro exemplo dado mais adiante, teríamos de ter familiaridade com cadeias de Markov. Poucas pessoas conhecem essas coisas, e aquelas que as conhecem em geral (embora não sempre) as conhecem bem o suficiente para fazer modelos para si próprias. (E se tivermos dedicado tempo e esforço para aprender tudo isso, o que poucos cientistas sociais, especialmente sociólogos, fizeram, provavelmente haveremos de querer pôr em prática essas habilidades conquistadas com sacrifício.) Assim, supersimplificando um pouco, a comunidade dos usuários de modelos matemáticos e a comunidade dos produtores de tais modelos são em essência coextensivas e idênticas. Trata-se simplesmente de duas atividades diferentes praticadas pelas mesmas pessoas. Por vezes elas fazem modelos, por vezes consumem modelos feitos por outros.

Boyle, tal como citado acima por Shapin, está falando sobre algo como o mundo dos modelos matemáticos, embora este não seja exatamente o tipo de matemática que tivesse em mente. Suas queixas sugerem algumas das características que é útil comparar ao se discutir o que podemos chamar de "comunidades interpretativas", os grupos que partilham conhecimento suficiente (o quanto compartilham é uma questão, claro) para interpretar as representações comumente feitas e usadas por seus membros.

Observemos, para começar, a generalização empírica com que Boyle está trabalhando, que avança mais ou menos assim: quanto mais complexa e técnica for a expressão dos resultados, menos pessoas serão capazes de lê-las e compreendê-las. Em si mesmo essa não é razão para queixa. Grande quantidade de matérias técnicas não interessa a ninguém fora da comunidade relevante de especialistas, e há muitas outras coisas que especialistas pensam sobre as quais os outsiders não têm necessidade de saber. Mas isso é uma causa comum de queixa, porque pessoas que não são especialistas querem saber o suficiente para não temer que alguém as esteja enganando (queixas sobre médicos muitas vezes assumem esta forma). Aqui estão algumas questões específicas que podemos levantar sobre isso.

A quem os produtores querem alcançar? Em outras palavras, seu mundo está organizado para alcançar a quem, e o que esse objetivo lhes impõe como padrão de inteligibilidade? Pessoas que produzem o mesmo tipo de representação que eu em geral fazem isso porque algum grupo em algum lugar quer algo semelhante, e eu faço o que faço (filme, modelo matemático, o que quer que seja) de modo a que seja inteligível, agradável e útil para elas. Com quem, então, a organização de seu mundo fazem-nas querer se comunicar rotineiramente?

Se conhecemos o público que os produtores querem alcançar, podemos compreender as características de qualquer representação particular como o resultado da tentativa que os produtores fazem para elaborar algo que alcance essas pessoas de uma forma que elas compreendam e aprovem. Elas a compreenderão porque aprenderam a compreender coisas como essa, e as aprovarão porque ela satisfaz os padrões que elas adquiriram como parte desse aprendizado.

Mas o exemplo da prática de Boyle mencionado por Shapin mostra que um produtor poderia de fato escolher os públicos que deseja alcançar, e que a escolha do público implicaria uma escolha de estilo representacional. Assim, Boyle poderia sensatamente ter tido em vista um público de outros estudiosos eruditos para os quais a linguagem abreviada das fórmulas matemáticas e representações geométricas não teria sido problema. Mas ele quis alcançar, além deles, um público mais amplo e variado de cavalheiros instruídos, que compreenderiam as argumentações que tinha de fazer *se* as fizesse na linguagem simples do discurso comum e quase literário da classe alta que todos esses cavalheiros mais ou menos conheciam.

Assim, teve de usar uma forma de representação menos econômica que aquela que teria usado se houvesse se limitado ao público tecnicamente experiente de seus pares científicos. E isso acarretou o uso não apenas de palavras diferentes, mas de um tipo diferente de prova. As provas matemáticas dependiam da força da lógica. O que provamos ser matematicamente verdadeiro é *necessariamente* verdadeiro. Se aceitássemos as premissas e a argumentação fosse lógica, a conclusão era inescapável. Mas o que mostrávamos no mundo da pesquisa empírica era verdadeiro de uma maneira diferente. Aquilo era verdadeiro porque era o que pessoas haviam observado acontecer no mundo real de materiais reais, e sabia-se que era verdadeiro porque sua veracidade tinha sido *observada*. Não por você, porque você, o leitor, não poderia estar lá para observar tudo que os cientistas estavam relatando, mas porque sua veracidade tinha sido observada por alguém digno de crédito. E que tipo de pessoa era digna de crédito? Cavalheiros submetidos a um código de veracidade. Você, como mais um cavalheiro leitor, compreendia o sistema de controles sociais que exigia que dissessem a verdade, e assim podia aceitar o relato como digno do seu crédito, porque compreendia os riscos que essa pessoa correria para sua própria honra se mentisse.

Além disso, esses cavalheiros-filósofos-cientistas precisavam de uma maneira de avaliar a credibilidade que fosse indiscutível. Discussões surgiam quando alguém se recusava a acreditar no relato feito por outrem. Mas cavalheiros, naquele tempo e lugar, não podiam duvidar da palavra uns dos outros sem cometer uma ofensa grave e possivelmente provocar, na pior das hipóteses, um duelo. Um duelo? Por causa de uma descoberta científica? Embora as punições por relatar erroneamente o que observamos sejam muito sérias atualmente — perda de subvenções, de empregos e de reputação científica —, elas não ameaçam a vida. Se eu dissesse que vi X e você dissesse que eu não podia ter visto tal coisa, isso era o equivalente, no tempo de Boyle, ao terrível insulto de acusar o outro de mentiroso. E essa era uma verdadeira ofensa numa cultura da honra, com a qual era preciso lidar da maneira apropriada, a qual, mesmo naquela época tardia, era uma luta potencialmente mortal.

Boyle e seus colegas estavam insatisfeitos com o raciocínio matemático porque ele visava não somente à precisão, mas à certeza, o que levava a "desastres cívicos", disputas que não podiam ser resolvidas sem se insistir, de uma maneira muito cavalheiresca, que, como alguém estava certo, necessariamente outra pessoa não havia dito a verdade. Esses cientistas não queriam lutar por causa de discordâncias. Queriam ter uma conversa civilizada sobre suas descobertas discrepantes. Eles dependiam, afinal, do testemunho uns dos outros como prova, já que não podiam ver tudo por si mesmos. Assim, tinham de aceitar os relatos sinceros de outros homens como possivelmente tão corretos quanto os relatos contraditórios, mas também sinceros, de outra pessoa sobre o que podia ser o mesmo assunto.

Isso conduziu a maneiras de investigar e relatar que eram apropriadamente circunspectas:

> O naturalístico e o normativo estavam sistematicamente unidos. Os profissionais reconheciam os demais como honestos e competentes, e diziam uns aos outros como deviam se comportar, somente em respeito a uma visão partilhada do mundo que investigavam. A cultura experimental partilhava normas na medida em que seus membros compartiam uma visão da realidade. Era essa ontologia a sanção final à conduta do membro. Se você é um genuíno investigador do mundo natural, é *este* o aspecto que seus relatos devem ter e é *este* o status epistêmico que você deve reivindicar para eles.[12]

Somente vendo o mundo como variado, e não necessariamente homogêneo, tal como era exigido pelo tratamento matemático, era possível ter a conversa entre iguais mutuamente confiantes que permitiria à atividade científica empírica prosseguir. Isso leva Shapin a uma especulação:

> *Toda* prática, por mais comprometida que seja com a produção de verdade precisa e rigorosa sobre o mundo, possui meios institucionalizados de dizer aos membros quando uma "razoável concordância" ou "precisão adequada" foi alcançada, quando "basta", quando "deixar passar", quando invocar "fatores de erro" idiopáticos e não investigar com excessiva diligência as fontes de variação no testemunho. A tolerância de certo grau de incerteza moral é uma condição para a produção coletiva de *qualquer certeza moral futura.* Essa tolerância permite que conversas produtoras da verdade sejam continuadas amanhã, por uma comunidade de profissionais capazes e dispostos a trabalhar uns com os outros e a confiar uns nos outros.[13]

A generalização dessa afirmação do que precisamos para a investigação de relatos sobre a sociedade é que qualquer comunidade interpretativa — definida como a rede de pessoas que faz uso de uma forma particular de representação — partilha algumas regras que governam aquilo em que seus membros deveriam acreditar e quando e por que deveriam acreditar nisso. O modo como alguns membros dessa comunidade representam e comunicam o que sabem, e o modo como outros membros interpretam as comunicações que recebem, será governado por regras mais ou menos acordadas, e essas regras corporificarão entendimentos sobre os tipos de pessoas que serão envolvidas em cada uma dessas atividades.

Não precisamos pensar que as definições dos tipos de pessoas envolvidas serão sempre baseadas num código de honra e no respeito mútuo. Pode sem dúvida ser exatamente o oposto: muitos produtores de representações da sociedade não pensam que os usuários saberão muito, ou que merecem muita confiança. Em consequência, as representações que fazem usam convenções pressupondo usuários que não saberão muito, e por isso incluem muitos auxílios — são (como dizemos hoje) amigáveis para o usuário.

Em resumo, o trabalho de fazer representações é dividido entre produtores e usuários. O trabalho que os produtores fazem está lá para que os usuários o utilizem. O que os produtores não fazem, os usuários devem fazer. É possível que nem todos eles saibam o bastante para fazer o que os produtores desejam e demandam, podem saber como fazê-lo, mas não conscientemente, ou podem fazê-lo de uma maneira diferente. Quando o fazem à sua própria maneira, podem de fato produzir resultados diferentes do que os produtores tinham em mente. Diferentes mundos de feitura de representação dividem o trabalho de modos muito diferentes. O que parece inescapavelmente o trabalho dos produtores num mundo — rotular as linhas e colunas da tabela analítica, por exemplo — torna-se o trabalho habitual de usuários no mundo da fotografia documental. Cada tipo de representação oferece a possibilidade, e provavelmente o fato, de uma maneira diferente de dividir o trabalho, com consequências para o aspecto do que é feito e para o fato do que é entendido por ele.

5. Padronização e inovação

Façamos uma avaliação. Representações são produtos organizacionais. As organizações e comunidades que as produzem e utilizam, de diversas maneiras, dividem o trabalho de escolher, traduzir, arranjar e interpretar entre produtores e usuários. Nunca podemos saber ao certo como isso foi feito, porque a divisão de trabalho está sempre mudando. Os produtores escolhem o que incluir e como ordená-lo. Fazem isso "da maneira como sempre fizemos", ou tentam algo novo?

Em geral, os produtores realizam representações de uma forma padronizada que todos compreendem e sabem como fazer e usar. Ocasionalmente, porém, por uma razão qualquer, alguém começa a fazer representações de um tipo particular de maneira diferente, violando alguns dos acordos existentes e provocando discordâncias e conflitos. Essas situações, que põem em questão padrões considerados garantidos, fornecem os melhores dados possíveis para a análise sociológica do trabalho diário de representar a sociedade. A polaridade de padronização e inovação põe em relevo muitas características do processo.

Conflitos ocasionados por inovações em representação frequentemente assumem a forma de discussões sobre qual a melhor maneira de fazer isso. Fazer o quê? Fazer qualquer tipo de representação desejada por nós e outras pessoas que as praticam e utilizam. Representações podem ser e foram feitas e empregadas de diversas formas, e produtores e usuários sempre têm fortes opiniões sobre como fazer isso. Nunca foi fácil ou óbvio saber qual a melhor maneira. Qual a melhor maneira de escrever um artigo científico para publicação numa revista de sociologia? Qual a melhor maneira de usar materiais visuais num relatório? Qual a melhor maneira de apresentar uma análise social num filme documentário? Como devo escrever meu romance, para o qual tenho ambições sociológicas? Produtores e usuários de representações da sociedade formulam perguntas como estas para si mesmos e uns aos outros, e todos os envolvidos devem respondê-las de vez em quando para levar adiante o que quer que estejam realizando. Essas perguntas infrutíferas não têm respostas garantidas. No máximo irritam as pessoas, provocando interminável discussão, dissensão e animosidade.

Uma abordagem mais interessante que a discussão tira proveito das ideias apresentadas nos capítulos anteriores para propor um princípio: *todas as maneiras de fazer coisas são perfeitas*. Todas as respostas para todas as perguntas levantadas acerca de como fazer o filme, escrever a etnografia ou fazer a tabela estatística são respostas perfeitas.

Há um ardil nessa maravilhosa resposta. Esse não é o texto completo do princípio. O texto completo é este: todas as maneiras de fazer coisas são perfeitas — *para alguma coisa*. Isto é, cada maneira é a melhor para realizar algo que alguém quer realizar, em algum conjunto específico de circunstâncias. Assim, o problema muda de qual é a melhor maneira de fazer X para: é X tal que esta forma particular de representação o realiza da melhor maneira? Isso identifica o cerne de qualquer discussão existente: a questão do que as pessoas estão tentando executar ao fazer X da maneira como pretendem. E a resposta para tal questão encontra-se na organização pela qual isso é feito, que apresenta aos produtores os usuários a serem satisfeitos; e, aos usuários, os produtores que fazem esse tipo de trabalho e poderiam não querer satisfazer esses desejos; e apresentam aos envolvidos todos os recursos com que o trabalho é feito e distribuído da melhor forma. Não apenas o dinheiro, embora isso seja importante, mas também as habilidades, o treinamento, as necessidades e os desejos que cada indivíduo leva para a situação.

As situações resultantes assumem inúmeras formas. Mas esses conflitos e resoluções também têm aspectos em comum.

Padronização

Todo mundo representacional desenvolvido trabalha com formas em certa medida padronizadas. O artigo da revista de ciências sociais, uma das representações da sociedade mais padronizadas que existem, exibe as principais características do fenômeno. Cada vez mais, ao longo de um período de talvez 100 anos, esses artigos seguiram um formato estrito: uma exposição do problema e da teoria a partir da qual ele se desenvolve; uma descrição do que as pessoas escreveram sobre a questão no passado, a "revisão bibliográfica" que tanto apavora estudantes de pós-graduação; uma formulação da hipótese a ser testada; uma descrição dos métodos usados para colher e analisar dados; uma discussão que aceita ou rejeita a hipótese à luz das evidências relatadas; e uma conclusão repetindo tudo isso, resumidamente. De modo típico, os artigos relatam dados (de um censo, levantamento ou experimento) em tabelas apresentadas de forma padronizada. Todos os que usam essa forma consideram-na simples, o epítome da janela científica transparente através da qual produtores de representações podem comunicar o que sabem. Isso supõe que os leitores realmente leem e avaliam as evidências contidas nas tabelas. Se tudo funciona exatamente assim, o mundo se aproxima daquele procurado por Boyle e seus colegas, em que podiam apresentar ideias e resultados uns aos outros de modo simples.

Será verdade que os artigos — e as tabelas de que dependem como evidências — funcionam assim? O estudo feito por McGill a respeito dos hábitos de leitura de estudantes levou-o a concluir não só que muitos leitores simplesmente não leem a tabela que contém evidências, mas também que, "quando representações e informação são padronizadas, os leitores podem desenvolver maneiras padronizadas de lê-las, inclusive atalhos padronizados".[1]

A padronização afeta o modo como os artigos são lidos. Poupa tempo aos leitores ao deixá-los ir diretamente ao que pensam ser interessante, sentindo-se seguros de que nada perderão daquilo que necessitam, caso ignorem o resto. Ela os deixa ver se o artigo tem algum interesse para eles. E lhes permite discriminar entre artigos segundo seu nível de conhecimento estatístico e seu interesse. Assim, os leitores muitas vezes saltam as tabelas, confiando que elas demonstram o que o texto afirma dizer, ou descobrindo que o que dizem não valeria o tempo demandado para sua leitura.

McGill distinguiu quatro tipos de leitores de periódicos científicos, segundo o modo como lidam com tabelas. Os teóricos ignoravam as tabelas, indo diretamente às ideias. Pessoas com pouco conhecimento de matemática não sabiam ler as tabelas, por isso as saltavam. Estatísticos interessados examinavam as tabelas cuidadosamente caso julgassem o tópico interessante, e muitas vezes tratavam as tabelas como aquilo que era interessante, ignorando o texto. Puristas estatísticos criticavam rotineiramente as tabelas, que continham, para eles, o essencial. Num extremo, alguns liam um artigo estatístico examinando as tabelas e fórmulas com atenção, dissecando-as e reproduzindo o trabalho realizado pelo autor. No outro extremo, alguns leitores apenas passavam os olhos pelas evidências ou praticamente as ignoravam. Lembremos que alguns tinham certeza de que as tabelas mostravam o que o autor dizia; caso contrário, o editor não teria publicado o artigo: *Q.E.D.*

O que usuários sérios esperam obter de uma exposição de números numa tabela ou gráfico? Estas exposições, lembremos, permitem ao leitor comparar números e ver se um é maior que o outro. Se for, aprendemos que algo (muitas vezes chamado de "variável independente") tem uma consequência que merece ser considerada; se não for, aprendemos que não tem. Julgamos ambos os resultados relevantes para as ideias cuja verdade consideramos, dando-nos uma prova de um deles ou deixando de fazê-lo.

A padronização permite aos leitores desenvolver maneiras padronizadas de avaliar e atalhos padronizados, quando a maneira padronizada é tediosa demais. Permite aos leitores tomarem o caminho rápido, se quiserem; e àqueles que querem seguir pelo caminho lento, cuidadoso, fazê-lo também, alcançando ambos os resultados ao pôr tudo em linguagem padronizada, símbolos padronizados e portanto facilmente reconhecíveis, e formatos bem conhecidos padronizados, que tornam fácil identificar as partes relevantes para nós. Podemos avaliar essas partes de acordo com nosso gosto e saber que o material que lemos ou ignoramos contém exatamente o que pensamos conter, porque é ali que todos o dispõem rotineiramente. Isso significa que os traços do produto acabado devem ser planejados para satisfazer tipos bem definidos de usuários. Devem? Isso é imperativo *se* quisermos que o produto continue a ter a aprovação da variedade de pessoas que o usam hoje, cada uma à sua própria maneira, e assim produza a base para elaboração permanente de produtos como este.

Haveria análogos para essas diferentes maneiras de assimilar conhecimento sobre a sociedade em outras áreas de atividade representacional? Quais são as características padronizadas de qualquer tipo de representação, e quem as conhece e sabe como funcionam? Quais são os atalhos e os caminhos longos para um filme, um romance ou uma peça de teatro?

O atalho para uma dessas representações ficcionais é simplesmente lê-la ou vê-la no momento, talvez com uma pequena análise posterior com seus amigos — "Que tal?" —, e acabou. Você viu a obra, "entendeu o sentido" e acrescentou-a ao repertório de lembranças de materiais semelhantes que consultarão quando virem e conversarem sobre o próximo filme ou livro, quando compararem o modo como a trama se desenvolveu desta vez com o modo como se desenvolveu de outras. É tudo casual, ligado a ocasiões de interação sociável com pessoas que têm interesses semelhantes, embora essa interação sociável possa incluir conversa séria sobre assuntos sérios — intrigas e desmandos governamentais, as atividades perniciosas de grandes corporações, os malefícios das drogas — de que uma dessas obras trate. (Compreenda que todas as afirmações "empíricas" aqui são inventadas, suposições do que poderia ocorrer, coisas a serem verificadas com pesquisa. Elas ilustram a função da comparação, mesmo de dados imaginários, como uma maneira de gerar problemas pesquisáveis.)

A argumentação de McGill sugere, por analogia, que formatos padronizados nos permitem extrair ideias e emoções dessas obras com um mínimo de dificuldade. Os elementos padronizados constituem a linguagem de peças, filmes e romances: personagens, enredos, metáfora, descrição, e assim por diante. E, também, os elementos verdadeiramente primitivos da produção: para filmes, digamos, o ponto de vista da câmera, a natureza das transições de um ponto de vista para outro ("cortes"), a maneira como o corte entre pontos de vista pode criar uma história — tudo que um manual sobre técnica de cinema descreve. (A discussão de David Mamet com estudantes de cinema examina em detalhe como diferentes planos curtos criam o movimento para diante da narrativa de um filme. Também aprendi muito sobre esses assuntos técnicos com Kawin.[2])

Os atalhos padronizados fornecidos pela linguagem de cinema padronizada nos dizem, por exemplo, quem são o mocinho e o vilão, um tópico que invade até as formas mais científicas de representação (como veremos no Capítulo 8). Eles indicam que tipos de pessoas são os personagens e o que provavelmente farão, e nos dão tanto o prazer de confirmar que estamos certos como a surpresa de ver que erramos. Os usuários rapidamente internalizam esses atalhos padronizados, em especial — mas não apenas — no caso de formas populares, como o filme, mas raramente têm consciência de que alguma linguagem está sendo usada, porque tudo parece muito "natural".

Outros observadores, mais cuidadosos e críticos, sabem a cada momento que tudo na obra resulta de escolhas feitas por seus produtores, e que poderia ter sido diferente. Esses usuários sofisticados têm todo o aparato analítico e linguístico de que precisam para fazer distinções e julgamentos críticos, para decidir que tal obra foi benfeita, e outra não. Críticos de cinema veem um filme várias vezes, assim como um estatístico poderia reexaminar tabelas e fórmulas com atenção. Por conseguinte, experimentam um filme como algo composto por sequências de planos, cada uma com sua própria variedade de pontos de vista, iluminação, combinações de planos longos e médios e close-ups etc. Falam sobre como uma sequência de planos produz um resultado emocional e cognitivo para o público. Um espectador sofisticado poderia calcular a duração dos sucessivos planos na cena da caçada em *A regra do jogo*, de Jean Renoir, para ver como cortes rápidos produzem tensão, enquanto um espectador comum de cinema poderia registrar o comprimento dos planos sem pensar sobre isso, sentindo a tensão sem se deter no que a produziu. Alternativamente, uma sequência longa sem corte produz igualmente tensão, como no famoso *tracking shot* de três minutos que acompanha um carro através da fronteira entre o México e os Estados Unidos e termina com a explosão do carro no filme *A marca da maldade*, de Orson Welles.

O público de documentários presumivelmente apresenta tipos semelhantes, embora seja possível que um menor número de pessoas que não se importam tanto os assista com o espírito casual. É mais provável que os espectadores de um documentário tenham opiniões sérias a respeito do material apresentado. Assim, talvez eles sejam mais críticos, desconfiados, defensivos, menos propensos a confiar no diretor. Portanto, talvez sejam mais conscientemente analíticos em relação ao que veem, sobre os expedientes persuasivos empregados e sobre possíveis logros.

Representações padronizadas são fáceis de fazer e usar, mas nem todos as fazem ou usam da mesma maneira. Certas utilizações escapam do controle que os produtores tentam exercer sobre elas. Alguns produtores querem fazer coisas que não podem ser facilmente explicadas pelos métodos padronizados. Como os padrões estão presos à feitura de algo específico da melhor maneira possível, seja qual for essa coisa, os produtores que desejam fazer algo diferente inovam, criando novas possibilidades e novos padrões.

Inovação

Os produtores e os usuários para quem as maneiras padronizadas são boas o bastante não veem com bons olhos as inovações. As maneiras antigas são bastante satisfatórias para eles, e muitos dos mundos representacionais em que estamos interessados aqui experimentam disputas periódicas, por vezes crônicas, sobre como seus produtos característicos devem ser elaborados.

Veja o exemplo de John Tukey, um grande inovador em estatística e representações gráficas nesta área. Seu *Exploratory Data Analysis* (1977) é um clássico, uma mina de ouro de possibilidades que, de certo modo, teve relativamente pouco impacto em meu próprio campo da sociologia. Quando descobri o trabalho de Tukey, perguntei a mim mesmo por que meus colegas que trabalhavam com números não lançavam mão de suas descobertas e invenções.

Num de seus primeiros artigos, Tukey aponta cinco áreas em que inovações nas exposições gráficas de números podiam e deviam ocorrer.[3] Estas incluíam a mistura de texto e números — que em geral são mantidos rigorosamente separados; conceber modos mais eficientes de expor dados cíclicos; a condensação da representação gráfica, de forma que possamos ficar atentos "ao que é mais importante"; maneiras convenientes de dispor variáveis adicionais em tabelas bidirecionais"; e histogramas (diagramas de barras). Ele pretendia que essas invenções tornassem mais visíveis e facilmente disponíveis para os leitores os resultados importantes da pesquisa.

Ele diz, sobre essas inovações: "De uma maneira ou de outra, como seria de esperar de inovações importantes para problemas conhecidos, esses cinco avanços têm todo o sabor da heresia."[4] Em referência à primeira, ele esclarece:

> A mais institucionalizada de todas foi a separação de "tabela" e "gráfico", envolvendo, como envolvia, habilidades técnicas especiais e divisão de trabalho. Qualquer apresentação contendo números tinha de ser impressa por um tipógrafo, e não se podia esperar que ele compreendesse o que devia ser evidenciado, tendo assim pouca escolha além de assegurar que a tabela pudesse fornecer seus fatos, se não suas percepções, àqueles versados na arqueologia dos números. Tudo que fosse gráfico tinha de ser esboçado por um desenhista, de quem igualmente não podia esperar que compreendesse o que devia ser evidenciado e tinha pouca escolha senão desenhar para os olhos de um observador pouco inteligente, cujos pensamentos não deviam ser estimulados.
>
> Quando atravessamos uma era de reprodução fotográfica e xerográfica em direção a uma era de composição controlada por computador, temos a oportunidade de trazer de volta para as mãos e a mente do analista o controle do que deve ser mostrado e como os pontos-chave devem ser enfatizados.[5]

Tukey faz assim uma hábil análise organizacional, vinculando as inadequações da prática atual na representação gráfica estatística à divisão de trabalho entre estatísticos, tipógrafos e desenhistas. Mas *heresia* é a palavra crucial. Não sei até que ponto Tukey falava a sério, mas certamente quis dizer que mudanças como as que propunha não seriam vistas por outros profissionais da estatística e da representação gráfica estatística como simples aperfeiçoamentos. Não. Pelo menos algumas dessas pessoas julgariam suas sugestões inadequadas e provavelmente sequer consideráveis. A prova disso, de certo modo, reside numa simples contagem de quantos artigos nas duas principais revistas de sociologia num período de anos usaram qualquer um de dois expedientes simples que ele recomenda (resultados em um minuto), os quais me parecem (embora eu mesmo não trabalhe em geral com números que precisem ser sintetizados) merecedores de incorporação na prática diária do ofício sociológico: a "disposição de ramo e folhas" e o diagrama *box-plot* (caixa e bigode).*

A "disposição de ramo e folhas" arranja os dados numa forma como a que Tukey dá acerca da altura de 218 vulcões:

---

* Embora o original em inglês use o termo *box-and-whisker*, no Brasil é mais comum o emprego de *box-plot* para designar esse tipo de diagrama. (N.T.)

até			
8	0	98766562	0 | 9 = 900 pés
16	1	97719630	
39	2	69987766544422211009850	
57	3	876655412099551426	
79	4	9998844331929433361107	
102	5	97666666554422210097731	
(18)	6	898665441077761065	
98	7	98855431100652108073	
78	8	653322122937	
66	9	377655421000493	
51	10	0984433165212	
38	11	4963201631	
28	12	45421164	
20	13	47830	
15	14	00	
13	15	676	
10	16	52	
8	17	92	
6	18	5	
5	19	39730	19 | 3 = 19.300 pés

As alturas são dadas em unidades de 100 pés (3m); os números à direita da linha vertical são as alturas de vulcões individuais em centenas de pés; os números à esquerda deles são milhares de pés; e os números na extrema esquerda são a contagem de vulcões que têm pelo menos essa altura. Assim, a terceira linha nos diz que todos os vulcões listados ali têm 2.000 pés mais um número do lado direito da linha vertical: o primeiro tem 2.600 pés (2.000 + 600), os dois seguintes têm 2.900 pés, e assim por diante. O número na extrema esquerda nos diz que quando contamos todos os vulcões nessa linha e acrescentamos aqueles das duas linhas anteriores, acumulamos 39 vulcões do total de 218. Expliquei isso de maneira tão detalhada para evitar o problema para o qual McGill nos alertou (de usuários que não leem os números).

Podemos ver num relance o perfil geral da distribuição num gráfico — é uma espécie de distribuição em forma de sino centrada nas menores altitudes — e simultaneamente ter todos os números individuais que tornam isso imediatamente disponível. O comprimento da linha impressa contendo a lista dos números individuais numa categoria de altitude é simplesmente outra versão de um gráfico de barras; é visualmente equivalente ao número de membros na categoria. Tukey descreve isto, habilmente, como um "semigráfico", que dá "a informação grosseira por posição e [dá] a informação detalhada pelo caractere ou caracteres, o texto numérico, que estão posicionados".[6] Ele demonstra também o uso de uma "lista ligeiramente gráfica", uma tabela com apenas poucos números, colocada de modo a reproduzir os elementos essenciais de uma curva ou diagrama.

Outra inovação de Tukey, o *box-plot* fornece uma grande quantidade de dados sobre uma série de números de uma maneira conveniente, de fácil leitura, e numa forma facilmente comparável. Ela exibe graficamente (e os números relevantes podem ser associados a ela) muitos fatos importantes sobre uma distribuição numérica — a mediana, os pontos principais (os pontos que marcam seus quartis aproximados), a extensão completa da distribuição — e torna fácil identificar os casos afastados para especial atenção. A maior parte dos números foi omitida neste exemplo, mas eles poderiam facilmente ser acrescentados:[7]

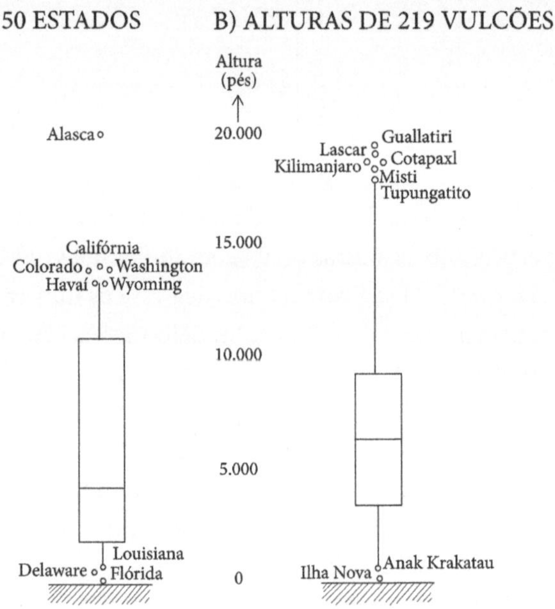

Estas parecem boas coisas para se saber sobre uma distribuição. E tal maneira de comunicá-las resolve o problema que discutirei no próximo capítulo: quantos detalhes incluir. Muitas vezes queremos saber apenas algumas coisas sobre uma distribuição: sua extensão, dispersão e tendência central. Mas queremos saber também sobre os casos extremos. Em geral expomos os primeiros numa tabela e o último num diagrama de dispersão. O diagrama *box-plot* fornece ambas as coisas de maneira econômica. Números adicionais podem ser inseridos ou substituídos: a média em vez da mediana (ou podemos ter ambas), o desvio padrão, e assim por diante.

As vantagens mais óbvias destes diagramas são a quantidade de informação que obtemos num relance, quase intuitivamente, e como é fácil depois comparar distribuições apenas olhando para as figuras.

Os sociólogos fazem objeções às invenções de Tukey? Não, não fazem. Simplesmente as ignoram. Realizei uma pequena e (lamento dizer) muito tediosa pesquisa examinando duas importantes revistas de sociologia, *American Sociological Review* e *American Journal of Sociology*, observando quantos dos artigos publicados no ano 2001 lançavam mão das disposições de ramo e folhas e dos diagramas *box-plot* recomendados por Tukey. Como não tinha razão alguma para pensar que a produção de 2001 diferiria muito da de anos próximos, deixei o tédio me convencer que um ano era suficiente. Nenhum dos 77 artigos publicados nas duas revistas emprega qualquer dos dois instrumentos. (Dos 77 artigos, 68 utilizam dados numéricos aos quais seria possível incorporar as invenções de Tukey.) Críticos poderiam argumentar que os tipos de problemas de pesquisa apresentados nos artigos não eram adequados para essas técnicas. Mas muitos dos artigos apresentavam dados quantitativos exatamente das maneiras que Tukey queria evitar: páginas de números que, em vez de elucidar o que havia sido descoberto, obscureciam os resultados e provocavam exatamente as respostas de atalho que os entrevistados de McGill descreveram. É mais fácil aceitar as afirmações dos autores por seu valor nominal que verificá-las mediante tediosas comparações célula por célula; a maioria dos leitores provavelmente opta pela primeira alternativa.

Alguém acharia — ou acha — as simples formas de exposição estatística de Tukey heréticas? Estaria ele sendo um pouco paranoico? Assuntos tão áridos provocam reações desproporcionais? Latour diz que, embora não pareça, a seção de métodos é a mais polêmica de todas as que compõem um artigo científico, aquela que luta com outros autores e apara seus ataques.[8] Métodos, inclusive métodos para a exposição de dados, comportam uma pesada carga moral. Empregá-los corretamente, de acordo com os padrões aceitos por profissionais honrados no campo, indica a honestidade do pesquisador e respeito por esses colegas e suas opiniões (ecos da discussão que Shapin faz sobre Boyle e seus colegas). Não usá-los corretamente indica arrogância, incompetência, desonestidade ou imoralidade.

Recorrer a métodos padronizados de representação de forma incorreta ou substituí-los por métodos alternativos é um ataque ao modo como as coisas têm sido feitas, e portanto um ataque ao(s) sistema(s) de status do mundo em que esses tipos de relatos circulam. Everett Hughes expôs a lógica desse tipo de raciocínio numa discussão sobre a Action Catholique, um movimento político canadense da década de 1940.[9] Ele começou com duas premissas tomadas de William Graham Sumner — "o status reside nos costumes" e "todas as seitas estão em guerra com os costumes" —, e levou o silogismo à sua conclusão lógica: "As seitas estão em guerra com o sistema de status da sociedade." Sumner e Hughes estavam falando sobre grupos e partidos religiosos, mas o silogismo se aplica aos mundos representacionais também. Quando se atacam métodos padronizados, atacam-se as pessoas que os usam e o sistema que confere grande prestígio àqueles que os empregam.

Assim Tukey estava em terreno sociológico sólido quando chamou suas inovações de heresias. Diz ele sobre suas inventivas variações dos diagramas de barras (histogramas) usuais:

> A ideia de que um histograma deve ter uma área proporcional à contagem parece profundamente entranhada. Por quê? Parece haver algumas respostas claras. Os argumentos de que (1) o impacto é proporcional à área e de que (2) o impacto deve ser proporcional à contagem estão longe de serem irrefutáveis. Todos nós sabemos que um caso a mais nas pontas tem muito mais importância que um caso a mais no meio.[10]

Ele diz que um histograma comum muitas vezes não consegue mostrar o que mais precisa ser conhecido: os desvios em relação a um padrão. Assim, primeiro ele constrói um "diagrama raiz", que traça a altura de cada barra proporcional à raiz quadrada da contagem que ela expressa. No que é ainda mais interessante, depois constrói um "diagrama de raiz pendurado", em que as barras do histograma são ajustadas, no alto, a uma curva normal, e seus desvios em relação à "normalidade" aparecem mais claramente.

Nenhuma dessas inovações produz uma barra cuja área é proporcional à quantidade que representa: é aí que isso se afasta da prática padronizada. Mostra o que tem de mostrar de uma maneira diferente, pela altura da barra acima ou abaixo de uma linha. Mas, segundo o argumento crítico clássico contra inovações, as pessoas em geral (em especial os leigos) veem automaticamente a área da barra como o ponto decisivo, e assim interpretarão, inevitavelmente, uma barra de área maior como simbolizando "número real" maior que uma barra construída da forma usual.

Desse modo, talvez para levar a interpretação mais além do razoável, os conservadores, defensores do status quo, se manifestam para proteger os ignorantes e inocentes, que serão induzidos a erro por essa violação da padronização. Esse é um elemento do status diferencial sobre o qual fala o teorema de Sumner-

Hughes: a divisão em "nós" que sabemos e "eles" que não sabem, cabendo a "nós" o encargo de protegê-"los" daqueles que se aproveitariam deles. (Esta é uma versão do que é discutido no Capítulo 8, com o subtítulo de "Insidioso".)

O outro elemento tem a ver com a hierarquia interna da profissão estatística. Se sempre fizemos isto desta maneira, e agora você diz que devemos fazê-lo de outra, o que fazemos não será mais considerado tão bom, tão importante, tão canônico como costumava ser. Se for aceito, seu modo de representar os dados irá usurpar o lugar de honra ocupado por nosso velho modo. E você será mais importante e respeitado, e nós o seremos, correlatamente, menos, seja qual for o sistema de status da profissão. Ao que uma resposta não incomum é: "Ah, é?" Especialistas não aceitam facilmente ser destronados.

A situação clássica

Mudanças são propostas por pessoas que não gostam das formas de representação disponíveis no momento. Querem fazer outra coisa, ou fazer o que é feito de maneira mais fácil ou melhor que os métodos usuais.

Podemos encontrar essa situação clássica em todos os mundos de representação: uma maneira padronizada, conhecida por todas as pessoas que usam a forma ou pela maioria delas; pessoas cuja insatisfação com esses padrões, por qualquer razão, leva a uma divergência acerca deles; e a uma resolução da divergência, sob a forma de, talvez, uma nova padronização de maneiras representacionais e alguns novos hábitos padronizados, para os usuários, de ler e observar.

O que torna as pessoas insatisfeitas com as representações que têm no momento? Algumas se queixam de que a maneira que todos aceitaram até agora não resolve mais o problema que nosso mundo profissional (incluindo seus usuários) deseja resolver. E descobrimos, ou um de nós inventa, uma nova forma espetacular que faz o que todos queremos, ao mesmo tempo que evita algumas das dificuldades e problemas que a antiga maneira provoca, e aos quais havíamos aprendido a nos ajustar. Agora não precisamos mais nos ajustar a eles. Vamos mudar.

Considere a dificuldade a que me referi antes de expor mais do que algumas dimensões de classificação numa tabulação cruzada. Muitos sociólogos têm oportunidade de fazer isso. A tabela bidimensional é fácil: as linhas mostram as categorias de uma variável (idade, por exemplo); as colunas, as categorias de uma segunda variável (digamos renda).

	RENDA	
IDADE	Ricos	Pobres
velhos	velhos/ricos	velhos/pobres
jovens	jovens/ricos	velhos/ricos

Cada célula contém uma das combinações possíveis das categorias das duas variáveis. Quando acrescentamos uma terceira variável (digamos gênero), temos de repetir categorias.

	RENDA			
IDADE/GÊNERO	Homens	Mulheres	Homens	Mulheres
velhos	velhos/ricos/ homens	velhas/ricas/ mulheres	velhos/pobres/ homens	velhas/pobres/ mulheres
jovens	jovens/ricos/ homens	jovens/ricas/ mulheres	jovens/pobres/ homens	jovens/pobres/ mulheres

Quatro ou mais variáveis usam espaço ainda maior, são mais difíceis de interpretar (porque os dois números que queremos manter em mente estão mais distanciados), e é provável que haja um maior número de células que não registre caso algum. Quais são as alternativas? A tabela de verdade booleana recomendada por Charles Ragin sintetiza esses dados de maneira mais compacta.[11] (X significa que a característica no cabeçalho está presente, 0 que está ausente.)

Velhos (+60)	Ricos (100 mil US$)	Gênero (Homens)	Nº de casos
X	X	X	500
X	X	0	125
X	0	X	800
X	0	0	875
0	X	X	250
0	X	0	175
0	0	X	900
0	0	0	900

Isso mostra todas as possíveis combinações de características e o número de pessoas que as exibem. Assim (em meus dados inventados), há 500 homens velhos ricos (linha 1), 125 mulheres velhas ricas (linha 2), e assim por diante, até as 900 mulheres jovens pobres na última linha. Isso exibe os dados de forma mais econômica e inteligível que as oito células da tabela convencional, tornando muito mais fácil comparar os números e interpretar o que significam. Este método foi adotado por alguns cientistas políticos, mas ainda não é encontrado com muita frequência em sociologia (nenhuma vez nos artigos do ano que pesquisei).

Meu breve exame das principais revistas mostrou que os sociólogos não lançam mão deste expediente, nem daqueles que Tukey desenvolveu em seu volumoso livro. Por que não? Aqui vai uma conjectura. Não é a maneira usual. Assim, algumas pessoas não sabem usar esses expedientes ou ficam mais à vontade com alguma outra coisa que aprenderam no curso de pós-graduação e vêm fazendo desde então. Além disso, essas pessoas poderiam alegar (e talvez tenham razão), os usuários desses expedientes, pessoas que leem diagramas e tabelas estatísticas, poderiam não saber como lê-los e se confundirem, ou serem induzidas ao erro. E isso seria muito ruim, porque a razão de ser do objeto estatístico é dar aos usuários informação correta, utilizável, e não informação que confunda, desoriente. Formatos padronizados do tipo que McGill descreve fornecem informação correta, utilizável, para pessoas que conhecem maneiras padronizadas de lê-los. Mudanças interferem com isso.

Susan Cotts Watkins apresenta um exame detalhado de instrumentos gráficos propostos mas nunca adotados no estudo da população.[12] (O Capítulo 10 considera em minúcia a questão de diferentes tipos de diagramas numéricos e não numéricos.) É fácil ver por que não: complicados e confusos, um emaranhado de linhas sólidas e quebradas, letras maiúsculas e minúsculas ligadas a sinais básicos, disposições tridimensionais — todas excelentes maneiras de apresentar alguma coisa especial, mas que confundem qualquer pessoa que não queira passar muito tempo decifrando-os. Quem estará disposto a fazer esse investimento extra de energia por informação de que talvez não precise, ou que pode obter numa forma menos adequada, embora mais conhecida, e que portanto consuma menos tempo e energia?

As pessoas também ficam insatisfeitas com uma forma padronizada de representação quando ela é enganosa, de algum modo não percebido anteriormente, como no caso do chamado mapa Norte-Sul, que mostra o mundo exatamente como ele é traçado na projeção de Mercator, mas ao contrário, como se tivéssemos virado o mapa na parede de cabeça para baixo. Mude as inscrições e temos o mesmo mapa. Seus proponentes argumentam que isso retifica uma visão eurocêntrica na qual (por considerarmos que "em cima" é mais importante que "embaixo") o hemisfério Norte (incluindo Europa, Canadá, Estados Unidos e Japão) parece mais importante que América do Sul, África e Sudeste Asiático. Isso, afinal, é um julgamento político e não geográfico. (Argumentos mais sofisticados são apresentados contra outras versões de eurocentrismo exibidas em mapas.)

Participantes de mundos como o teatro, o cinema e a ficção consideram a mudança inerentemente boa. Os artistas em geral não querem fazer nem serem pegos fazendo a mesma coisa. A mudança nas artes é o estado natural das coisas. Se cada obra inovasse na forma ou no método de exposição, ninguém se queixaria. A mudança se daria porque o escritor, o cineasta ou o produtor queriam exprimir algo que a velha maneira não permite, e isso é razão suficiente. Claro que pessoas nesses mundos se queixam quando ocorrem mudanças, e ruidosamente, mas sua queixa é de que a nova meta não vale a pena. O caso da ficção hipertextual — ao exigir que autores e leitores aprendam novas maneiras, não lineares, de lidar com narrativa, permitidas pela velocidade do computador pessoal — é um bom exemplo.[13]

Tukey usou a palavra *heresia* para se referir ao que parece uma pequena variação na representação gráfica estatística. Ouvimos muitos vocábulos desse tipo quando produtores de representações discutem a maneira como o conhecimento sobre a sociedade é representado. Isso, por sua vez, indica como essas representações estão estreitamente associadas a importantes interesses e crenças sobre o status relativo de grupos e sobre como participantes dessas relações deveriam se comportar.

Quando os inteligentes estudantes de pós-graduação em meu seminário discutiam o conjunto de diagramas e tabelas que eu havia reunido para provocá-los (e que descreverei em detalhe no Capítulo 10), sua linguagem moralista me surpreendeu (embora eu já tivesse lido Tukey e notado sua menção anômala à "heresia"). Eles se queixaram — acerca de um diagrama que os autores de *Deep South* tinham criado para mostrar como haviam feito e demonstrado sua análise da estrutura de clique e classe na comunidade branca de Natchez, Mississippi — de que os autores não haviam rotulado o diagrama com clareza suficiente.[14] Nenhuma chave em algum lugar facilmente acessível dava o significado dos símbolos do diagrama. Queixaram-se com indignação de que os autores "deveriam" ter feito isso, que "deviam isso a nós". Quando mostrei que haviam fornecido exatamente essa informação ao lado do diagrama, os estudantes abrandaram um pouco, decidindo que, certo, esse "dever" fora cumprido, mas mesmo assim não tão bem quanto deveria.

Pensei ter ouvido um aluno dizer que o autor de outro gráfico "nos havia desapontado", ao não rotulá-lo com suficiente clareza. Eu ouvira mal, mas o erro foi instrutivo. O que o estudante dissera fora que quando ele estava no curso secundário, um professor "nos havia reprovado"* (os estudantes) quando "nós" deixamos de rotular claramente gráficos semelhantes. O mesmo aluno pensava também que o autor cujo trabalho discutíamos nos tinha "desapontado", e a confusão talvez tenha dado uma pista acerca da origem de parte desse moralismo. Talvez seja forçado dizer isso, mas pergunto a mim mesmo se aprender sobre representações na situação autorizada (e autoritária) da escola, em que um professor adulto pune crianças por "fazer errado", não é parte daquilo que dá tamanha força a tais regras.

Não pretendo tratar a perturbação dos estudantes levianamente, mas sua preocupação devia-se em grande parte ao seguinte: como as tabelas e os diagramas que lhes dei não estavam numa forma usual, eles tiveram dificuldade em lê-los, e por isso poderiam ter dificuldade em memorizá-los e reproduzir o que diziam em um exame. Isso significava que os autores não haviam executado o trabalho que deveriam ter levado adiante para tornar sua obra clara. Os estudantes se queixavam, em outras palavras, da divisão do trabalho: de que tinham de fazer muito do que não lhes cabia, que não era responsabilidade deles quebrar a cabeça para decifrar um diagrama complexo; era responsabilidade do autor tornar esse trabalho desnecessário apresentando o diagrama da maneira padronizada que podiam reconhecer e compreender sem reflexão excessiva.

Usavam a linguagem moral da responsabilidade, atribuindo culpa pelo que era, afinal, um fracasso mútuo: o fracasso conjunto das duas partes (autores e estudantes) de se comunicar com sucesso sobre o assunto em pauta. Os estudantes queriam dizer: "É culpa do autor"; os autores, por outro lado, certamente poderiam ter dito: "Ora, estamos tentando explicar algo complicado, não há qualquer forma padronizada de fazê-lo, esforcem-se um pouquinho, pelo amor de Deus!" Como somos apenas analistas, e não participantes dessa situação, não temos de atribuir culpa; podemos apenas observar que a atribuição de culpa é o que está em questão.

O mesmo problema surge num outro contexto, muito diferente, em que leitores se queixam de que a prosa de um autor é "difícil de ler". Muita gente na minha geração queixava-se de que os trabalhos teóricos de Talcott Parsons eram de leitura excessivamente difícil (como se queixam hoje dos de Pierre Bourdieu). A palavra *excessivamente*, com que resumi suas queixas, é ela própria um juízo

* Em inglês, o mesmo verbo, *to fail*, significa "desapontar" e "reprovar". (N.T.)

moral, significando que eu, o leitor, não deveria ter de trabalhar tão arduamente para recuperar o significado que (ou não) estaria oculto nessas complicações. As mesmas queixas foram feitas nos anos 1990 sobre a prosa "pós-moderna", alguns de cujos praticantes insistiam, de maneira igualmente moralista, que a dificuldade é necessária e posta ali propositadamente, porque os usuários não deveriam ser capazes de extrair significado de maneira fácil demais. E a sociologia em muitas representações artísticas de conhecimento sobre a sociedade exige que os usuários trabalhem para extraí-la, como vimos no caso da fotografia. Harvey Molotch suscita a pergunta especialmente instrutiva sobre os custos de oportunidade: "Se precisamos de sete horas para ler um artigo do pensador X, talvez nunca leiamos três artigos de outros pensadores (ou aprendamos alguma coisa num bar). Pode ser que X seja maravilhoso, mas será três vezes mais maravilhoso? Parsons era muito inteligente, mas era dez vezes mais inteligente que Mills? Ou Goffman? Ou Merton?"[15] E, se não era, estaria eu no direito de não lê-lo? (E eu acrescentaria uma pergunta: a que tribunal você iria para recuperar sua perda?)

Os participantes do seminário deram um excelente exemplo disso, pondo-se na posição dos estudantes entrevistados por McGill, posição que disseram honestamente muitas vezes ocupar quando estavam diante de um grande número de artigos para ler ao se preparar para um exame ou para uma ritualista e medonha resenha de alguma literatura. Só podemos fazer a tarefa usando os atalhos que McGill descreveu, e só podemos usar os atalhos habituais se o artigo tiver usado os expedientes representacionais comuns. Se o autor vai além disso em dificuldade, eles gostariam de ser isentados de ter de saber o que ele disse. (Certa vez, nos anos 1960, um estudante de pós-graduação de Harvard me contou que, para se proteger das frequentes correções que Parsons fazia em suas teorias, ele e seus colegas haviam combinado não ler nada que o autor escrevera após 1953, pelo menos até terminarem suas dissertações. Gostaria de poder assegurar a veracidade dessa história.)

A linguagem de meus estudantes também expressa a moralidade de eficiência. Leitores geralmente explicam por que alguma coisa deveria ser feita de uma maneira particular dizendo que isso torna as coisas "mais fáceis", muitas vezes usando a reveladora palavra *simplesmente* como intensificador. "Essa maneira simplesmente torna a leitura mais fácil." O *simplesmente* diz que a coisa é tão óbvia que não requer justificação; o "mais fácil" invoca a lógica da eficiência, segundo a qual tudo que faça uma coisa avançar mais rapidamente e sem esforço é necessariamente melhor. Usuários de representações muitas vezes sentem que seu tempo é valioso demais para que o desperdicem aprendendo novos métodos; querem ir direto ao conhecimento que podem pôr em uso. Formas experimentais de investigação social literária e artística — as obras de pessoas como David Antin (Capítulo 9) e Hans Haacke (Capítulo 4) — pedem, contudo, por vezes com sucesso, que seus usuários, talvez mais acostumados a pagar esse tipo de preço, façam o esforço extra.

A resolução desses conflitos assume provavelmente algumas formas genéricas. Uma nova forma pode suplantar completamente a antiga. C.P. Snow falou de uma mudança assim num de seus primeiros romances, *The Search* (1959), sobre cristalografia. Nele, uma forma altamente matemática de representação suplantou outra forma mais antiga e deixou sem vez todos os veteranos, que não conheciam a matemática necessária para a nova forma.

Outra resolução — provavelmente o que aconteceu com a modelagem matemática em sociologia — é que a inovação se torne uma especialidade que tem apenas uma relação tangencial com o campo mais amplo. Ela nada substitui: acrescenta algo de novo que algumas pessoas usam, mas a maioria ignora. Como os modelos matemáticos parecem mais úteis a mim do que a muita gente, uma parte do Capítulo 10 é dedicada a eles.

Alguns campos nunca resolvem essas questões. As discussões prosseguem interminavelmente. Filmes documentários parecem ser assim. O que é permissível? Até que ponto vão os cineastas para evitar contaminar a realidade que querem filmar? Como isso compromete o resultado? (A relação entre realidade e representação é discutida no Capítulo 7.)

Quem está envolvido?

Examinamos disputas internas entre produtores de tipos particulares de representação. Os produtores raramente, ou nunca, têm controle completo sobre sua situação de trabalho ou seus resultados. Os usuários também desempenham um papel, mencionado por produtores, que temem que "eles" sejam desorientados. Mas os usuários poucas vezes são tão passivos e estúpidos quanto isso sugere (como deixam claro os estudos de consumidores da cultura digital relatados em Karaganis). Eles participam ativamente do processo, escolhendo aquilo a que devem prestar atenção e interpretando o que encontram, independentemente das intenções dos produtores.

Os usuários têm uma escolha entre "produtos representacionais" (uso essa expressão desajeitada para enfatizar o papel dos usuários como consumidores num mercado de ideias). Podem ir assistir a este ou àquele filme, ler este livro em vez daquele, preferir este gênero a outro. Nas ciências, podem acreditar e fazer uso de material apresentado desta maneira e não daquela. Os usuários limitam-se às suas próprias utilizações.

Assim, a resolução de uma discussão entre profissionais — naqueles campos em que há a possibilidade de os usuários escolherem — talvez não dependa em absoluto de "opinião especializada". A questão pode ser decidida pela escolha entre alternativas feita por usuários finais, que os profissionais podem julgar excessivamente ignorantes para decidir a respeito de como usar ou não as inovações gráficas de Tukey. É lícito dizer que foi feita assim a escolha sobre inovações estatísticas. Os sociólogos simplesmente não as usam e até agora não tiveram razão alguma para explicar a alguém por que não o fazem. Foi dito que é assim que a maioria das disputas "teóricas" na sociologia é resolvida: não por lógica ou evidências, mas pela livre escolha dos usuários, que se limitam a seus próprios casos, interessando-se por esta ideia e não por aquela, mesmo que eles sejam apenas profissionais comuns e não especialistas em teoria.

Muitas vezes os usuários também empregam o que é apresentado de maneiras que os produtores nunca pretenderam, e que poderiam deixá-los horrorizados. Criei minhas representações como a corporificação de uma argumentação, arranjando cuidadosamente problema, hipóteses, métodos, resultados e conclusões de forma padronizada para fornecer uma conclusão legível de maneira padronizada; depois descubro que os leitores estão usando os dados de modo que jamais pretendi, como um arquivo a saquear, em busca de evidências que corroborem conclusões com as quais não concordo, ignorando por completo minha cuidadosa construção. Isso acontece o tempo todo nas ciências naturais, mas também, claro, nas artes, em que cada uma das muitas camadas de pessoal profissional envolvido, bem como o público leigo, pode fazer algo diferente do trabalho (editores editam, diretores encenam, públicos fazem o que querem do resultado).

6. O resumo dos detalhes

Toda forma de representar conhecimento sobre a sociedade reduz a quantidade de dados com que os usuários têm de lidar. Latour descreve isso como o processo de produzir descrições de enésima + 1 ordem, combinações de descrições mais detalhadas que tomam mais espaço — sendo que as combinações representam o todo, assim como uma equação representa todas as combinações de números que atendem às suas exigências.[1] Entrevistadores de recenseamento registram muito pouco do que aprendem sobre os entrevistados, e seus chefes logo misturam o pouco que registraram com as respostas de outros entrevistados e as resumem na célula de uma tabela, que é por sua vez condensada num sumário estatístico como uma média, ou, combinada a outras células, um coeficiente de correlação. E tudo isso é finalmente reduzido a uma conclusão que seria corroborada por todas essas evidências. A maior parte das evidências que poderiam ter sido usadas ou consideradas interessantes foi eliminada.

Não estou zombando do processo. A redução dos dados não é uma insensatez cientificista. É uma necessidade ao mesmo tempo teórica e prática. Tente este experimento mental. Não reduza o que encontrou em seu lugar de observação. Traga tudo de volta, todos os conteúdos físicos, biológicos e sociais. Que conseguiria? Poderia ser mais fácil chegar aos dados sobre os quais você quisesse trabalhar — não haveria necessidade de viajar milhares de quilômetros, ou centenas de anos em sua máquina do tempo. Bastaria levantar-se de manhã, tomar um pouco de café e entrar no mundo que guardou à mão e observá-lo.

Você nada consegue de útil com isso se quiser contar para alguém o que sabe sobre aquilo que estudou. Você é Funes, o Memorioso do conto de Jorge Luis Borges, que se lembrava de tudo, nada esquecia e não era capaz de separar o que era importante do que não era. Saber tudo significa nada saber.[2] O conhecimento resulta da eliminação de detalhes irrelevantes e da exposição da estrutura básica, a parte em que estamos interessados. Nem tudo é interessante ou útil para nós.

Assim cortamos o que sentimos que podemos cortar e combinamos os fragmentos de informação agora sintetizados, o que nos dá maior controle sobre o que sabemos. Como fazemos isso? Como Latour — quando estudou cientistas trabalhando sobre um problema de ciência do solo — deixou para trás os cientistas do solo e os botânicos, a floresta brasileira onde eles trabalhavam, com suas árvores, macacos, calor, chuva, solo e plantas, e produziu um artigo numa revista científica que propõe uma questão de interesse científico e filosófico?[3] Os cientistas resolveram seu problema transformando a floresta num laboratório, desvencilhando-se das "outras coisas" que os confundiam, ocultando a "história essencial" que queriam conhecer. Numeraram partes da floresta e assim a transformaram numa grade de lotes de um metro quadrado, cada um dos quais podia ser representado por um pequeno torrão de terra. Esta e sucessivas reduções terminaram finalmente no diagrama de um artigo. Latour fez o mesmo, transformando o que viu e ouviu em fotografias e anotações de campo, que resumiu como uma história, a qual transformou depois em algumas reflexões sobre como se passa do significado para o significante, e escreveu... um artigo científico.

Como os trabalhadores reduzem o que observam nos vários meios de comunicação e gêneros que descrevem a sociedade? Como Marcel Proust reduziu o emaranhado de detalhes que sabia sobre algumas partes da sociedade francesa no final do século XIX a uma história com um enredo sobre alguns personagens? Como o dramaturgo Caryl Churchill reduziu os resultados de várias semanas de entrevistas e observação na Romênia pós-comunista à peça em três atos *Mad Forest* (1996)? Há princípios? Há técnicas passíveis de descrição?

O exemplo dos mapas

Reduzir os detalhes do que sabemos e transformá-los numa representação formalizada constitui um problema insolúvel. Bernard Beck observou muitas vezes que a sociologia estuda o modo como as pessoas fazem o que em princípio não pode ser feito: resolvem problemas insolúveis flexibilizando algumas das restrições a que estão sujeitas. O cartógrafo John P. Snyder explica as inevitáveis distorções da elaboração de mapas:

> Por cerca de dois mil anos, o desafio de tentar representar a Terra redonda numa superfície plana gerou problemas matemáticos, filosóficos e geográficos que atraíram inventores de muitos tipos. ...
>
> Logo ficou claro que preparar um mapa plano de uma superfície que se curvava em todas as direções levava a distorção. Esta podia assumir muitos modos — área, forma, distância, direção e interrupções ou lacunas entre porções. Em ou-

> tras palavras, um mapa plano não pode representar corretamente a superfície de uma esfera.
>
> Um globo também apresenta inconvenientes, apesar de estar basicamente livre de distorções. Um globo é volumoso, de pequena escala e desajeitado para medidas; menos da metade de sua superfície pode ser vista de uma vez. ...
>
> A representação sistemática de toda a superfície de um corpo redondo, ou parte dela, em particular a Terra, numa superfície chata ou plana é chamada uma *projeção de mapa*. Literalmente, um número infinito de projeções de mapa é possível, e várias centenas foram publicadas. O desenhista de uma projeção de mapa tenta minimizar ou eliminar algumas das distorções, à custa de distorções de outro tipo, preferivelmente numa região do mapa em que a distorção seja menos importante.[4]

Não é possível. Não podemos transformar uma esfera numa superfície plana sem distorção. O preço de ter algum mapa é uma distorção com a qual o usuário aprende a conviver.

Mas uma superfície plana, por ser facilmente transportável e superposta a outros documentos planos,[5] é o que os usuários desejam para fins científicos e práticos, em especial para a criação das cascatas de representações cada vez mais abstratas que lhes dão controle sobre o que é representado. Adam Gopnik descreveu o mapa da cidade de Nova York que os burocratas empregam para compor outros mapas que podem ser sobrepostos, permitindo-lhes ver a relação de ruas, canos de água, fios elétricos e outras características da paisagem, de modo que diferentes departamentos metropolitanos possam coordenar seu trabalho.[6] Não conseguimos fazer isso com um globo, mas é perfeitamente possível com uma representação plana de computador.

Todas as maneiras de fazer uma representação plana são boas para mostrar algumas coisas e ruins para outras. Se estivermos interessados numa área particular, podemos fazer dela o centro de um mapa que maximiza um tipo desejado de precisão ali e ignora a distorção em lugares menos importantes para nós (embora possam ser importantes para outros).

> O principal objetivo de Mercator ao desenvolver a projeção [de 1569] foi a navegação. Todas as linhas de rumo constante (loxodromias) são retas. A projeção tornou-se valiosa para os marinheiros, que podiam seguir uma única posição da bússola (ajustada para a declinação magnética, ou a variação do alinhamento em relação ao norte magnético) baseada no rumo ou azimute da linha reta que conectava o ponto de partida e de destino no mapa.[7]

Segundo o próprio Mercator:

> "Neste mapeamento do mundo tivemos três objetivos em vista: primeiro, desdobrar de tal maneira a superfície do globo num plano que os lugares fossem apropriadamente localizados em toda parte, não só com relação à sua verdadeira direção e distância, um em relação ao outro, mas também de acordo com sua devida longitude e latitude; e ademais, que a forma das terras, como aparecem no globo, fosse tão preservada quanto possível."
>
> Mercator explica ainda como sua projeção fará aquilo de que os marinheiros precisam e querem que seja feito, e por que as distorções resultantes não interferem com a navegação em alto-mar, a despeito de quaisquer outras confusões que causem. De maneira semelhante, alguns usuários de mapas estão interessados sobretudo em áreas pontuais muito pequenas. Projeções estereográficas distorcem grandes áreas circundantes, mas a pequena, de interesse para usuários especializados, fica perfeita.[8]

À medida que a cartografia se desenvolveu numa especialidade profissional independente, seus produtos adquiriram muitas outras utilizações (por exemplo, para a administração de entidades políticas), e os cartógrafos passaram a lançar mão de métodos matemáticos cada vez mais complexos. Isso levou à invenção de projeções cuja maior virtude era — sendo de feitura muito difícil — agradar a um público profissional que percebia os obstáculos técnicos que estavam superados.

> Desenvolvimentos de projeções mais complexas foram em alguns casos levados a cabo pela razão muitas vezes apresentada para escalar montanhas: porque representavam um desafio. Além da façanha de colocar um mapa-múndi num triângulo, por exemplo, há pouco a dizer em favor desse tipo de projeção. Os inventores de muitas dessas inovações matemáticas em geral não promoveram seu trabalho além de uma publicação científica modesta.[9]

Resumindo

Qualquer representação da realidade social, portanto, tem de fazer um pouco a partir de um muito. Como colhemos uma grande quantidade de material sobre alguma coisa e fazemos dela algo menos material, de modo que possa ser entendida de maneira confortável e prática pelo leitor ou observador a que se destina?

Os estudantes da sociedade dão vivas a novos desenvolvimentos tecnológicos porque eles nos permitem tornar nossas representações "mais completas". Hoje (escrevo isto no início de 2006, mas quem sabe o que será possível quando você estiver lendo?) podemos registrar todas as vozes numa sala, sem distorção, em nossa fita de gravador. É possível fazer vídeos de nosso ambiente durante horas, sem ter de parar para colocar uma nova fita na câmera. Podemos pôr cada palavra da literatura sobrevivente da Grécia e da Roma antigas num só CD-ROM. Impressionante!

Qual a vantagem dessa capacidade? Ela não resolve um problema. Ela agrava o problema. Levemos a premissa a um extremo. Imaginemos ser possível finalmente reproduzir, em toda a sua complexidade, em tamanho natural, detalhe por detalhe de uma situação social. Agora temos tudo isso.

Ariane Lodkochnikov, a heroína do romance cômico de Eric Kraft *What a Piece of Work I Am* (1994) personifica o problema. Ela transformou sua vida numa obra de arte que consiste em... sua vida. Vive no palco de um teatro. As pessoas compram ingressos e vão vê-la viver, vê-la receber convidados, comer, ler, assistir à televisão, dormir. Ela está lá há anos e tem fãs devotados que aparecem regularmente para saber das novidades.

Mas o que ela criou não é mais uma representação de coisa alguma. É a própria coisa. Se fizermos — se pudéssemos fazer — uma duplicata exata do que queremos compreender, uma duplicata da qual nada do original foi subtraído, o que temos, afinal, é a própria coisa. E não estamos em nada mais próximos de compreender essa coisa do que antes de construir sua réplica. Isso enfatiza que o sentido de fazer a representação era nos desvencilharmos de grande parte dessa realidade, de modo a podermos ver claramente e focalizar com exatidão aquelas coisas sobre as quais queremos saber algo, sem nos distrairmos com o que não nos interessa. (É por isso, lembre-se, que editores de jornal dizem aos fotógrafos para "se livrar de toda aquela poluição" numa fotografia, talvez borrando intencionalmente tudo que não é o "tema principal".)[10]

Mas, ao resumir, sempre corremos o risco de perder algo que realmente queríamos. Resuma demais, e você não terá o suficiente. O suficiente para quê? Isso depende do que o autor de uma representação deseja realizar. O que é demais para mim não é suficiente para você. Não apenas porque temos gostos diferenciados, mas porque os empreendimentos em que nos envolvemos exigem diferentes tipos de informação. "Quanto é suficiente?" tem sempre de ser compreendido no contexto de um grupo particular que deseja a representação para uma finalidade específica, situacionalmente baseada.

O problema de resumir na medida certa se revela em muitos lugares. Dois deles, muito diferentes, se destacam: estatísticas-sumários e relatos etnográficos.

Os métodos estatísticos têm por objetivo reduzir o volume de dados com que temos de lidar, transformar uma série de medidas num diagrama, ou numa média, ou em algum outro tipo de tendência central (mediana, modo). Mas não reduzi-lo demais. Uma média, afinal, não nos diz muito sobre a coleção de números que ela resume, além de representar de certas maneiras e para alguns objetivos (mas não todos os objetivos importantes) o aspecto que essa coleção tem. As pessoas que empregam números muitas vezes querem saber algo mais: quanta variedade a coleção contém — ou, em outras palavras, quanto seus membros se diferenciam? Uma resposta é dizer os valores extremos que sua coleção de casos contém, talvez o maior e o menor, a extensão da distribuição. Outra resposta diz em que medida os membros se concentram em torno da média, o que é resumido num número chamado desvio padrão.

Quando queremos descrever como é estreita a relação entre duas ou mais coisas — altura e peso, ou renda e escolaridade —, lançamos mão de medidas que produzem um número, que pode ser comparado a outras medidas similares, e assim podemos dizer que as duas variáveis estão mais ou menos estreitamente associadas nesta população do que em alguma outra. Os estatísticos inventaram muitas dessas medidas de associação que diferem no que enfatizam ou naquilo a que dão peso. Entre elas, não há duas que exibam exatamente a mesma medida de como e com que frequência as duas variáveis se acompanham, ainda que resumam os mesmos dados.

Todas essas medidas perdem informação. Depois que reduzimos uma coleção de medidas a uma média, não podemos manipulá-la para recuperar a série completa de medidas individuais que a produziram. Elas desapareceram (a menos que você as tenha guardado em algum outro lugar).

Cada maneira de resumir perde informações diferentes. Métodos de correlação transformam casos em escores sobre itens individuais e depois calculam a relação entre itens. A unidade dos casos individuais, a variedade de maneiras como esses dois itens se conectam um ao outro em casos particulares e com o resto de seu contexto, desaparece. Outros métodos preservam as conexões no caso individual.

Quando decidimos reunir certos tipos de informação e apresentamos isso de certo modo, decidimos simultaneamente não colher e exibir alguns outros tipos de informação. Para cada maneira de resumir dados, podemos perguntar: o que é usualmente excluído? E podemos recuperar parte do que foi perdido e reconsiderá-lo? Cientistas sociais têm ideias muito convencionais sobre o que deve ser incluído numa descrição de sua área e o que pode ser ignorado com segurança. Pense em toda a informação que observadores participantes reúnem quando estão no campo, e que nunca usam. Suas notas de campo contêm tudo que se passou em sua presença.

Quando ensinava trabalho de campo, eu exasperava os alunos nas primeiras semanas do curso insistindo em que escrevessem "mais". Um aluno que passava quatro horas numa oficina mecânica me dava uma página de anotações, e eu dizia que não era suficiente. Eles levaram semanas para entender que eu realmente queria dizer que deviam anotar "tudo", pelo menos tentar fazê-lo, e muitas outras semanas para perceber que não podiam fazê-lo; e para compreender que eu desejava que refletissem sobre aquilo que realmente queriam saber e anotar tanto quanto pudessem sobre o assunto. Isso apenas adiou a pergunta difícil: o que queriam saber? Porque o truque na observação é ficar curioso em relação a coisas que não tínhamos notado antes.

Mesmo assim, havia limites até para minha curiosidade pedagogicamente inspirada, e poucas vezes eu pedia que fizessem um inventário completo dos cheiros no lugar em que realizavam sua pesquisa, mesmo que não precisemos ser Georg Simmel para reconhecer a possibilidade de uma sociologia dos cheiros — de onde eles vêm, como as pessoas os interpretam, como a vida social é organizada para percebê-los ou ignorá-los, maneiras legais e informais de tirar proveito de cheiros desejáveis e livrar-se de indesejáveis, e todas as outras coisas em que qualquer pessoa criativa pode pensar em alguns minutos.

Tente outro experimento. Diga a um cientista social que lhe será revelado apenas um pequeno número de fatos sobre algumas pessoas cujo comportamento deve ser explicado (condição não muito diferente das restrições reais que entrevistas de recenseamento típicas impõem àquilo que pode ser descoberto; mas aquilo sobre o que estou falando não se limita a esse método). O que irá ele colher, qualquer que seja sua convicção teórica ou metodológica? Idade, sexo, raça, renda, escolaridade, etnicidade — as causas (ou "variáveis independentes") habituais. Um cientista social se envergonharia de não saber essas coisas, no entanto, há muitas outras cujo direito à inclusão poderia ser defendido. Que dizer sobre a razão altura-peso? Ou a cor do cabelo? Ou o "atrativo geral", como quer que fosse medido? Ou a "agressividade/timidez"? Ou a habilidade física, em contraposição ao desajeitamento? Para não mencionar as variáveis específicas a uma ocupação, ou a um bairro, ou a uma região do país. Se estou estudando músicos que tocam em casamentos, bnei mitzvahs e outros eventos sociais, ou em bares e restaurantes de bairro, a variável de quantas músicas eles conhecem e sabem tocar sem partitura seria certamente mais importante que qualquer outra lista usual.[11]

Em que medida resumir e em que medida relatar por completo surgiu como questão no trabalho etnográfico nos anos 1980, correlacionada a problemas similares.[12] Nos anos 1920, os antropólogos, seguindo o exemplo de Margaret Mead, Bronislaw Malinowski e A.R. Radcliffe-Brown, haviam desenvolvido e padronizado, ao menos em parte, uma maneira de fazer e relatar o trabalho de campo antropológico que Clifford caracterizou assim: (1) um trabalhador de campo profissional com habilidades especiais (2) "usava" em vez de "dominava" a língua nativa, (3) confiava mais em observações visuais que na fala, (4) recorria a abstrações científicas e métodos nelas baseados, (5) focalizava instituições particulares (Margaret Mead, por exemplo, a infância) e relatava seus resultados no "presente etnográfico". Isto, entre outras coisas, permitia às pessoas escrever longos livros baseados em permanências relativamente curtas no campo. Era, como diz Clifford, "uma etnografia eficiente fundamentada em observação participante científica". Essa combinação baseava a autoridade do trabalhador de campo num "amálgama de intensa experiência pessoal e análise científica". A observação participante consistia em "uma contínua alternância entre o 'interior' e o 'exterior' dos eventos: por um lado apreendendo empaticamente o sentido de ocorrências e gestos, por outro recuando para situar esses significados em contextos mais amplos".[13]

Como esses trabalhadores de campo podiam fazer um resumo coerente combinando o que haviam aprendido a partir de suas próprias observações e o que tinham acrescentado como interpretações do material que haviam colhido? Pois estas eram coisas diferentes. A experiência permitia aos trabalhadores de campo afirmar, como autoridade definitiva para o que relatavam, "eu estava lá". A experiência tornava os trabalhadores sensíveis para sinais e significados que, embora de difícil especificação, não deixavam de ser reais. Esses materiais, contudo, não surgiam em diálogo, sendo assim subjetivos, não intersubjetivos — e portanto discutíveis.

Os antropólogos compreendiam que quem fazia trabalho de campo voltava para casa com algo mais que sua experiência bruta. Eles retornavam com cadernos, escritos que gravavam certas coisas a partir do fluxo da experiência, nomeava-as e descrevia-as, e assim as transformava em objetos de trabalho etnográfico. Eventos tornavam-se anotações de campo. No caso típico, essas textualizações, combinadas e resumidas, produziam a "cultura" que o trabalho relatava, ou uma porção dela.

Todos esses escritos reduziam inevitavelmente a experiência de campo, omitindo detalhes que o pesquisador em campo julgava dispensáveis (ainda que outros pudessem discordar) ou simplesmente não pensara incluir (assim como ninguém pensa em incluir odores em seus relatos de campo). No que é mais importante, excluíam a conversa com nativos, a partir da qual os antropólogos destilavam as descrições generalizadas da "cultura" em que o relato de pesquisa antropológica consistia. Os antropólogos resumiam o que haviam aprendido a partir de observação e entrevistas em declarações como esta: "Os nuer pensam X" ou "os samoanos fazem Y".

Alguns antropólogos começaram a se sentir insatisfeitos com esses resumos, e isso levou à importância da questão de como incorporar as vozes de outros além da do antropólogo no relato antropológico. Um estilo polifônico de relato revelaria e reconheceria o caráter cooperativo do trabalho etnográfico e deixaria serem ouvidas as múltiplas vozes das pessoas que haviam cooperado com esse trabalho. Já nos anos 1940 Clyde Kluckhohn preocupou-se com o modo como materiais biográficos — longas histórias pessoais contadas por alguém para um antropólogo — deviam ser relatados.[14] Sua conclusão maravilhosamente utópica, que de certa forma parecia menos exequível na época do que agora, era publicá-los em três versões: uma transcrição das notas do antropólogo exatamente como haviam sido redigidas ou gravadas em fita sonora, embora haja questões sobre a precisão disso também;[15] uma versão editada que removesse as "irrelevâncias" da conversa comum (as quais poderiam ser consideradas essenciais por analistas da conversa); e uma versão reduzida num estilo menos preso à coloquialidade, para leitores leigos. Sugerir semelhante série de produções é ver o quanto isso seria realmente impraticável.

De qualquer maneira, resumir descobertas e compreensões antropológicas é muito complicado, suscitando em particular a questão de quanto do que realmente aconteceu deve ser incorporado ao relato. Clifford descreve várias formas experimentais de relato, não destinadas pelos autores unicamente ao consumo por antropólogos, mas também a serem lidas por não profissionais, em especial, talvez, pelas pessoas cujo próprio testemunho constitui parte do trabalho. Isso pode levar, diz Clifford, a publicações que parecerão antiquadas, no sentido de que conterão sinopses de materiais indígenas não interpretados, de pouco uso para não indígenas, mas de grande interesse para os indígenas que os forneceram.

Até agora falei somente sobre que pessoas incluir. Que dizer das situações em que o comportamento em que estamos interessados ocorre? A tentativa de descrever situações leva ao problema de representar o que alguns cientistas sociais gostam de chamar de "experiência vivida".

Algumas representações da sociedade pretendem dar aos usuários uma impressão de como são as vidas e as experiências das pessoas e organizações descritas. (Algumas outras formas, claro, nada prometem de semelhante, procurando em vez disso uniformidades de comportamento que levem a afirmações no formato de leis sobre relações invariantes.) Essas representações querem ir além do relato das regularidades e dos padrões de comportamento, das afirmações sobre regras e normas sociais e outros fenômenos coletivos. Elas querem que o leitor ou observador experimente, sinta pessoalmente, como seria estar ele mesmo nessas situações como participantes.

Representações de "experiência vivida" — esse material impreciso de sentimento e sensação — podem ser baseadas em observações muito atentas, em entrevistas detalhadas, ou num acesso a documentos privilegiados como cartas e diários. No caso extremo, a representação pode ser baseada, implícita ou explicitamente, na experiência dos próprios repórteres, que podem pertencer à mesma categoria social (negros, gays, músicos ou membros de qualquer categoria social relevante) das pessoas que estudaram — e assim ter partilhado essas experiências, por acaso ou por coincidência, ou porque se expuseram deliberadamente a elas ao fazer sua pesquisa. Assim, Mitchell Duneier compartiu os dias de 16 horas dos vendedores de rua que estudou, e muitos antropólogos partilharam orgulhosamente as dietas e as moradias pobres de "sua gente".[16] Pesquisadores e artistas que fazem isso sabem exatamente, de uma maneira que outros não sabem, o frio que se sente passando uma noite inteira sentado numa rua de Nova York em novembro, ou como é ser golpeado por um policial que lhe imputa nomes degradantes relacionados à sua raça ou orientação sexual. Alguns cientistas sociais e artistas que afirmam retratar a experiência dos outros viveram-na em primeira mão, mas não muitos.

Suponha que temos esse tipo de conhecimento íntimo de como é estar, como se diz, na pele de outras pessoas. Como transmitimos a plenitude dessa experiência para outros que não a tiveram? De que vale saber tantas coisas se a maior parte disso se perde na tradução?

Diferentes formatos representacionais variam quanto ao grau em que a plena experiência das vidas que descrevem é efetivamente transmitida. Alguns dão muito pouco e não têm qualquer intenção de oferecer mais que isso: um mapa de ruas, por exemplo, que nunca informa coisas tão simples sobre como é íngreme a subida de uma rua particular de São Francisco, muito menos que tipo de construção ela contém, que tipo de gente mora nela, como ela é à noite ou sob a chuva, qual é o cheiro das árvores. (A explicação do sr. Bixby para seu aprendiz de piloto de barco a vapor, Mark Twain, do que um piloto de barco no rio Mississippi devia saber sobre o rio continha muito mais informação do tipo colhido ao subir e descer o rio que qualquer mapa fluvial.)

Um mapa de ruas é o máximo da abstração: apenas os simples fatos relevantes para a orientação geográfica, e tudo o mais é eliminado. Tabelas e diagramas estatísticos são assim também: um número limitado de coisas descritas num vocabulário limitado. Não critico essas abstrações. Elas são úteis por sua capacidade de descrever um grande número de coisas de uma maneira sistemática e comparável. Com o preço, claro, da perda de detalhes. Um preço muito conhecido.

A prosa histórica, biográfica e etnográfica tenta nos aproximar da própria experiência. Autores nesses estilos em geral têm um pouco desse conhecimento mais detalhado, experiencial, e muitas vezes consideram que ele é a essência do que vale a pena saber e querem partilhá-lo com seus leitores. Desejam que conheçamos os detalhes da vida diária das pessoas, o que elas vestiam, quanto frio e fome passavam, os detalhes de sua atividade sexual e, acima de tudo, o que pensavam e sentiam quando experimentavam tudo isso. Como transmitir esse conhecimento? Não simplesmente os fatos da história, mas o mundo interior dos participantes, em especial o mundo da emoção.

Muita prosa histórica e antropológica tenta transmitir esses aspectos sutis da experiência social humana. As listas de termos de parentesco, as descrições de tecnologia e as listas de encantamentos mágicos e crenças religiosas nas monografias antropológicas alternam-se com tentativas longas, por vezes poéticas e em geral conscientemente literárias de uma prosa que produza uma resposta emocional compreensiva nos leitores. O mesmo ocorre com relatos históricos e biográficos que intercalam "fatos" entre blocos de interpretação autoral baseada em material de cartas, diários, observação e entrevistas por ele corroborada.

Autores como esses, insatisfeitos com a prosa acadêmica comum, usam todos os artifícios literários que conhecem e têm a coragem de tentar arrastar os leitores para um mundo distante no tempo, no espaço ou na cultura. Inventam os pensamentos das pessoas sobre as quais falam. Escrevem ficção, como no "romance antropológico" de Carter Wilson, *Crazy February* ([1965] 1974). Experimentam com múltiplas vozes, representadas por múltiplas fontes tipográficas, como o relato de Richard e Sally Price das vidas de povos multiétnicos do Suriname.[17]

Caso se queira que os leitores experimentem o que as pessoas estudadas de fato experimentaram, todas essas tentativas têm um defeito irremediável. No fim, não dão aos usuários mais do que eles podem aprender lendo numa poltrona em casa. Eles não experimentam o que viveram as pessoas sobre as quais o livro lhes conta. O leitor não pode ver o que elas viram, apenas imaginá-lo com base numa descrição verbal.

Isso leva ao uso de fotografias e filme para suplementar ou substituir o texto. Estes têm muitas vantagens e criam muitos problemas que este livro não pode evitar por muito tempo. O principal aspecto sobre as fotografias, por enquanto, é que elas nos permitem ver a aparência das coisas; dão-nos uma grande quantidade de detalhes visuais que se assemelham ao que assistiríamos se estivéssemos lá. Não fazem realmente isso, claro, pois o fotógrafo e o autor selecionaram o que vemos de modo a defender as ideias que eles, como produtores da representação, querem que compreendamos. Puristas se queixam desse crivo entre o usuário e a experiência viva. Apesar disso, em obras etnográficas definitivas como *Balinese Character*,[18] aprendemos e temos disponível para estudo muita coisa que a prosa não poderia nos dar, ou não nos daria de maneira tão econômica. O livro, consistindo em 100 páginas de fotografias, de cinco a oito ou mais numa página, com a página ao lado de interpretação antropológica, mostra ao leitor atento, para tomar um pequeno exemplo, detalhes de postura e toque entre adulto e criança que podem afetar o desenvolvimento da personalidade (como Bateson e Mead pensavam e queriam transmitir). As fotografias frequentemente mostram sucessivos estágios no desenvolvimento de algum evento, pequeno ou grande — uma dança, um transe, um acesso de raiva de uma criança —, tudo mostrado em grande detalhe, mas com grande economia. É difícil imaginar a prosa necessária para transmitir o que uma dessas páginas de fotografias nos diz.

As mesmas vantagens e problemas existem para filmes. Eles acrescentam aos detalhes visuais da fotografia imóvel a continuidade da ação contínua e a possibilidade de uma narrativa progressiva direta e da fragmentação dessa narrativa pelo emprego de *flash-forwards* e *flashbacks*. Mas nenhum desses meios vai realmente muito longe na transmissão da "experiência vivida". Mesmo a apresentação acadêmica mais vanguardista acaba resumindo essa experiência a partir da existência. O que não significa que isso não possa ser feito. Os artistas, que não se sujeitam às restrições da padronização acadêmica, têm algumas coisas importantes para nos mostrar.

Todos nós "vivemos experiência" nas situações. Essas situações são físicas. Todos nós sabemos que a materialidade é importante para nossa compreensão do que ocorre nelas, mas as representações das ciências sociais quase nunca dão aos usuários uma maneira de experimentá-la. Os produtores de representações, mesmo aqueles profundamente empenhados em nos apresentar uma "experiência vivida", não propõem em geral que experimentemos sua realidade física.

Mas poderíamos oferecer essa experiência aos nossos usuários, pelo menos em princípio. Não nos formatos convencionais que de hábito consideramos (e muitas vezes tomamos como paradigmáticos neste livro), como o cinema ou o teatro, muito menos a prosa etnográfica. Os filmes tornaram o som mais "realista", contudo, tentativas de acrescentar algo tão elementar quanto cheiro às apresentações de filmes não passaram de truques publicitários: cartões do tipo "raspe e cheire", a serem usados em momentos específicos, ou odores enviados pelo sistema de ventilação do cinema simplesmente não funcionam. E as mesmas dificuldades surgiriam em encenações teatrais.

O teatro encenado em lugares específicos, no entanto, consegue vencer esse desafio até certo ponto, incluindo muitos dos detalhes físicos que outros modelos de representação excluem. Do que se trata? Encenações teatrais em lugares que não são teatros convencionais, muitas vezes salas ou lugares parecidos com aqueles em que os eventos a que assistimos realmente ocorreram (e que, por vezes, *são* essas próprias salas). A companhia Antenna Theater de Sausalito, Califórnia, especializou-se há muito nessas encenações. (Não tenho conhecimento de outras companhias que produzam eventos similares, mas provavelmente há algumas; a Antenna é aquela cujo trabalho acompanho há anos.) *High School* teve lugar na Tamalpais High School, em Mill Valley, Califórnia (e desde então foi encenada em outras comunidades e escolas, com a colaboração de estudantes e professores locais). Os membros do público usavam um walkman e, um de cada vez, seguiam orientações gravadas que os conduziam através de salas, ginásio, vestiários, sala de reunião e banheiros, à medida que ouviam uma colagem sonora de entrevistas com estudantes dessa escola e sons das atividades escolares diárias. As salas tinham o cheiro que as escolas secundárias costumam ter, e por que não teriam? *Era* uma escola secundária. As paredes ecoavam conversas, exatamente com numa escola secundária real. E por que não o fariam, já que se tratava de uma escola secundária real? Os meninos tinham até a emoção de entrar no banheiro das meninas. Finalmente você chegava à área de reunião externa para a sua formatura e recebia um diploma de um ator silencioso postado exatamente onde o diretor estaria se a ocasião fosse real. O site da Antenna descreve muitas de suas produções, inclusive as que discuto aqui (www.antenna-theater.org/productionheadings.htm).

As produções da Antenna não usam atores que falam, e por vezes não empregam ator algum, recorrendo a entrevistas e som ambiente gravado para preencher as fitas. Se você já fez alguma vez uma excursão do National Park Service a Alcatraz, a antiga prisão federal na baía de São Francisco, ouviu uma fita gravada, pela Antenna, dos prisioneiros e guardas conversando sobre os espaços enquanto os percorria e teve uma noção da impressão que essas produções provocam.

On Sight (In Sausalito), uma produção da Antenna ao ar livre, contava a história daquela cidade litorânea na boêmia década de 1960, descrevendo personalidades originais que viveram ali — Jean Varda, o artista, e Sterling Hayden, o ator, entre outros — nas palavras de pessoas que os conheceram, enquanto a plateia perambulava pelos arredores das casas flutuantes e dos velhos canais onde essas pessoas tinham vivido e feito as coisas que estavam sendo contadas.

Essas produções proporcionam exatamente as experiências físicas que o gênero representacional típico menospreza porque ninguém poderia pensar numa forma prática de levá-las a um público. A maneira da Antenna pode não ser prática para um grande número de objetivos, mas é perfeita para oferecer uma experiência como essa a cerca de 90 pessoas por noite.

Os membros da plateia muitas vezes "experimentam" diretamente aquilo sobre o que se está falando. Em *Artery*, um drama policial, os espectadores caminhavam por um cenário simples, composto por 17 salas, enquanto ouviam diálogos e seguiam instruções gravadas. A certa altura a voz chamava a atenção para uma figura de madeira recortada que apontava uma arma para você do outro lado de uma salinha, depois para uma arma de madeira recortada pendurada na parede a seu lado, e lhe dizia que o outro sujeito iria lhe dar um tiro. Depois a voz comandava: "Pegue o revólver! Pegue-o! Agora! Atire nele! Antes que ele atire em você!" O que eu fiz, assim como outros espectadores a quem interroguei mais tarde. Numa outra sala, a voz gravada o instruía a "roubar" um colar (uma bugiganga) de um estojo de joias numa estante, o que fiz, e mais tarde "depositá-lo" num cofre (o que permitia que fosse devolvido ao lugar de onde eu o roubara). Tudo isso parece brincadeira infantil, mas eu e outras pessoas com quem conversei tivemos a estranha sensação de ter realmente cometido "crimes".

Em *Etiquette of the Underclass*, você se deitava no que poderia ser uma mesa de cirurgia e era empurrado através de uma porta para um espaço escuro, ouvindo médicos numa sala de emergência conversarem sobre sua morte por ferimentos recebidos num acidente automobilístico. Depois era empurrado para um espaço iluminado, "nascendo" assim na pobreza, na classe baixa. Você passava um tempo numa cela de prisão e numa clínica hospitalar, e por fim sofria uma morte violenta. A excursão a Alcatraz proporciona a experiência emocionalmente penosa, à qual nem todos se disporiam, de ser trancado numa solitária por um curto período. A porta se fecha, e ficamos na escuridão e no silêncio completos por cerca de um minuto, percebendo como devia ser passar dias ou semanas ali. A sensação física é imediata e vale muito mais que um milhar de palavras de descrição.

Alguns estudiosos fizeram experiências desse estilo, tentando acrescentar algo que as formas convencionais de ciência social excluem. Victor e Edith Turner descrevem muitas dessas performances, inclusive a ocasião em que eles e outros membros do Departamento de Antropologia da Universidade de Virgínia — estudantes, professores e funcionários — encenaram um casamento na classe média norte-americana (os Turner representaram a mãe e o pai do noivo).[19] Dwight Conquergood estudou os aspectos performativos da sociedade e corporificou o conhecimento que adquiriu em performances de rituais que estudara (como a prestação de juramento por membros da Latin King, uma gangue de Chicago).[20] Não insisto em que aspiremos a esse nível de realismo ao falar aos usuários sobre a sociedade. Mas não fazê-lo é uma escolha. Poderíamos fazê-lo se considerássemos isso importante, e ter conhecimento dessa possibilidade nos leva a perceber que toda escolha do que incluir ou excluir é, de fato, uma escolha, não uma necessidade imposta a nós por impossibilidades teóricas ou práticas. (Examinarei mais longamente as possibilidades de representações dramáticas no Capítulo 12.)

7. A estética da realidade
Por que acreditamos nisso?

Por duas vezes ministrei, com Dwight Conquergood, um curso na Universidade Northwestern chamado "Ciência social performática" ("Performing Social Science"). Queríamos explorar as possibilidades de comunicação de ideias das ciências sociais por meio de performance pública (diferentes das performances rotinizadas de uma "palestra" acadêmica). Vinte de nossos alunos vinham do departamento de Dwight, Estudos da Performance, e do departamento afim, de Teatro, e metade de ciências sociais, sobretudo sociologia. Nem Dwight nem eu tínhamos muita ideia sobre como representar ciências sociais, e contávamos com a inventividade dos estudantes para nos fornecer alguma coisa com que trabalhar. Demos a eles uma tarefa simples: representem qualquer coisa que poderia, numa interpretação muito frouxa do termo, ser chamada de "ciência social".

A criatividade dos estudantes superou nossas esperanças. Tive a impressão de que todos tinham feito a única coisa em que tinham conseguido pensar — mas não houve duas representações semelhantes. Uma performance suscitou o problema deste capítulo de maneira aguda e interessante.

A turma havia discutido longamente sobre a importância da verdade do material a ser apresentado nas performances. Importava que fosse algo que tivesse realmente acontecido? E se enfeitassem um pouco os detalhes para tornar a coisa mais "dramática"? Ou apresentassem um resultado que fora refutado? Como não é de surpreender, os estudantes de ciências sociais insistiram em que o material representado devia ser verdadeiro; se não fosse, como se poderia chamá-lo de *ciência* social? E os estudantes de teatro e performance pensavam que a verdade do material não importava se as pessoas respondessem a ele como a uma obra estética. As discussões foram acaloradas. Traidor de meu próprio pessoal, eu disse que a verdade poderia não importar.

Para as performances de muitos dos estudantes, essa questão nem se colocou. Um estudante simplesmente leu um artigo da *American Sociological Review* que relatava correlações entre gastos com educação, raça e renda em algum sistema escolar. Fez algo simples, mas eficaz: leu o artigo "com sentimento".

Quando o texto dizia que havia nada menos que 12% de diferença entre gastos educacionais com negros e brancos, ele disse: "Há *nada menos*! que uma diferença *de 12%*!" Sua voz se elevava numa exaltada indignação enquanto acusava as variáveis "correlacionadas com" (pelas quais o autor havia claramente pretendido que entendêssemos "culpadas por") os resultados discriminatórios. A leitura emocional expunha o subtexto ideológico do sóbrio relatório acadêmico. O mais interessante é que, embora parecesse um pouco tola, a recitação do estudante não soava "errada". Ele não havia posto a emoção no lugar errado, nem desvirtuado o que o autor pretendia; simplesmente trouxera isso para a superfície e o tornara evidente. Ninguém questionou a verdade dos achados ou de sua asserção de que um artigo na revista continha realmente as palavras que pronunciou.

Mas algumas performances de fato suscitaram a questão da verdade. Tom, um engenhoso e buliçoso estudante de teatro, entrou na sala e entregou cartões de 8×5cm para todos. Em cada cartão havia um nome de mulher. Ele disse a todos que olhassem seus cartões e depois lhe perguntassem o que quisessem. "Quem é Mary Jones?" "Foi minha professora no primeiro ano primário." "Quem é Betsy Smith?" "Foi a primeira garota que eu beijei." "Quem é Sarah Garfield?" "É minha tia. É casada com o irmão da minha mãe." E, depois de uma pausa, e no mesmo tom displicente: "Ela e meu pai vêm mantendo um caso nestes últimos quatro anos." Alguém imediatamente perguntou: "Isso é verdade?" Tom considerou a pergunta judiciosamente, depois disse: "Acho que não vou responder a essa pergunta", e sorriu. A sala veio abaixo. E, muito curiosamente, os estudantes de teatro e performance insistiram, muito mais que os cientistas sociais, em que a verdade, com os diabos, importava, sim. Insistiram em que lhes respondesse, e ele se recusou. Essas eram as mesmas pessoas que, dois dias antes, tinham dito que a verdade não importava.

Apontei a incoerência e insisti em que esses defensores do "não importa se é verdade" haviam simplesmente provado para nós que ela importava, sim, mesmo no caso de uma obra estética, e que o melhor a fazer era nos empenhar em compreender como ela importa e como comunicar a verdade do que representamos.

Os usuários importam-se com a verdade do que lhes é contado, mesmo que a mensagem venha sob a forma de um gênero artístico, e sem dúvida quando é ciência; e os produtores incorporam em sua obra razões para que os usuários aceitem o que apresentam como verdade. Mas todos estes termos são ambíguos.

Verdade: perguntas e respostas

Isso é verdade? A pergunta, tão cheia de ciladas filosóficas, torna-se mais tratável se a formulamos mais simplesmente como um problema de perguntas e respostas. Vou recorrer ao exemplo da fotografia documental para manter a discussão realista, e começo com estas premissas:

1. Toda fotografia pode ser interpretada como a resposta a uma ou mais perguntas.
2. Importa-nos que a resposta que a fotografia dá para nossa pergunta seja verdadeira.
3. Toda pergunta que fazemos sobre uma fotografia pode ser formulada, e portanto respondida, de mais de um modo.
4. Diferentes perguntas não são a maneira certa ou errada de perguntar (ou de responder); são apenas diferentes.

Dizer que podemos interpretar fotografias como respostas para perguntas não significa que sempre o fazemos, apenas que frequentemente o fazemos, em princípio sempre podemos fazê-lo, e essa é uma maneira útil de pensar sobre fotografias. Podemos fazer simples perguntas descritivas: que aspecto tem o Yosemite? Que aspecto tem o candidato republicano à Presidência? Que aspecto tinham nossos parentes e amigos em 1957? Ou perguntas históricas e culturais: como as pessoas faziam fotografias em 1905? Como os iorubás as fazem? Que aspecto tinha o campo de batalha em Gettysburg? Por vezes fazemos perguntas científicas: este pulmão está tuberculoso? Que acontece quando bombardeio um núcleo atômico desta maneira? Ou perguntas psicológicas: qual é o verdadeiro caráter do candidato republicano à Presidência? Às vezes perguntamos por uma abstração: diga-me a essência da inocência virginal, ou da vida camponesa mexicana, ou da experiência urbana.

Diferentes pessoas podem fazer diferentes perguntas sobre a mesma foto, e nem sempre aquela que o fotógrafo tinha em mente. Algumas perguntas interessam a muitas pessoas, que a formulam da mesma maneira. Fotografias de jornal respondem a perguntas comuns sobre eventos correntes. Fotos científicas respondem a perguntas que surgem dos interesses comuns de uma comunidade profissional mais estrita. Seus membros fazem as mesmas perguntas e encontram as mesmas respostas em fotografias oferecidas como evidências.

Outras perguntas interessam a um círculo muito pequeno, porque dizem respeito a relações pessoais e eventos pessoalmente experimentados sem qualquer interesse para a maioria das pessoas. Uma foto minha em frente à Torre Eiffel interessa unicamente a mim mesmo. Mas fotos que outrora tinham unicamente um interesse pessoal podem, anos mais tarde, responder a perguntas de interesse para um público mais amplo: instantâneos de infância de pessoas que mais tarde se tornam famosas ou de lugares em que tiveram lugar eventos de interesse geral.

Importa-nos que as fotografias que nos falam sobre a sociedade deem respostas críveis a nossas perguntas. Pessoas diferentes fazem perguntas diferentes sobre a mesma fotografia. (O Capítulo 11 mostra como isso pode ser feito a partir das perspectivas da fotografia documental, do fotojornalismo e da sociologia visual.) Portanto, não há resposta geral para "Isso é verdade?". Podemos dizer apenas que sua resposta para uma pergunta particular é mais ou menos crível.

Quando interpretamos uma fotografia como se dissesse algo sobre algum fenômeno social, sugerimos uma resposta a uma pergunta que pode ter uma resposta diferente. Isso suscita o problema da verdade. Como perguntas sobre a sociedade envolvem interesses e emoções, pessoas podem discordar das respostas, muitas vezes sugerindo que elas não são críveis porque as fotografias são tendenciosas, enganosas, subjetivas, ou uma amostra parcial.

Muitos problemas surgem a partir dessa ambiguidade: uma série de fotografias sugere que X é verdadeiro; não negamos isso, mas pensamos que Y é verdadeiro também. As fotografias sugerem que X e somente X é verdadeiro, ou admitem a possibilidade de que, embora X seja verdadeiro, Y seja verdadeiro também? Especificamente: muitas pessoas pensam que o livro de Robert Frank, *The Americans* (1969: uma sequência de 84 fotografias feitas nos Estados Unidos inteiros nos anos 1950) nos diz que a vida americana é triste, desagradável, inculta e materialista — nada além disso. Sem nos tornarmos apologistas do *american way of life*, podemos citar imagens feitas por outros fotógrafos apresentando uma visão diferente. O livro de Frank sugere que a vida americana se resume unicamente àquilo? O tamanho do livro, longo o bastante para permitir a inclusão de uma variedade maior de imagens, inspira essa interpretação. Se ele sugere que não existe nada além daquilo, podemos dizer que a afirmação é errônea, porque existem outros tipos de evidências. (Os ensaios fotográficos podem ser vistos como um tipo de *generalização especificada*. *Ver* minha discussão de *A Seventh Man*, de John Berger e Jean Mohr [1975/1982].[1])

Ceticismo e o critério do "bom o suficiente"

Suponhamos acreditar em parte do que nos é contado. Alguns céticos não aceitarão isso e chamarão a atenção para a incerteza de todo conhecimento sobre a sociedade, lembrando-nos de que todas as afirmações que pretendem comunicar tal conhecimento repousam numa base de "fatos" escolhidos e interpretados de forma que distorcem os resultados tão irremediavelmente que não podemos acreditar em nada. Nesse caso, nada há sobre o que falar e podemos cancelar o resto.

As pessoas que falam assim não querem realmente dizer que não acreditam em representação da realidade social alguma. Acreditam, por exemplo, no catálogo telefônico, que se apresenta como uma listagem mais ou menos precisa de quem está do outro lado quando discamos um número? Os céticos poderiam apontar os inevitáveis erros cometidos pelos digitadores da informação original, ou os erros que surgem em decorrência de mudanças ocorridas entre o momento em que a informação é colhida e impressa e aquele em que consultamos a lista e a recusa de algumas pessoas a serem listadas, ou listadas sob seu verdadeiro nome. Mas esses céticos provavelmente, como o resto de nós, usa essa lista e seus números, na falta de coisa melhor. Os dados não são precisos, mas são "bons o suficiente" para a finalidade para a qual os usaremos, que é telefonar para alguém.

A mesma coisa aplica-se provavelmente a um mapa das ruas de uma cidade, que pretende nos dizer como ir daqui até ali usando ruas de superfície com nomes e números. Com todas as suas imprecisões e omissões, é bom o suficiente para satisfazer as finalidades da maioria das pessoas. Quando um motorista de táxi acende a luz do teto do carro e consulta um mapa de ruas à procura de um endereço, este provavelmente está lá, e a maneira de chegar a ele sem dúvida é mais ou menos clara. Se queremos ir de carro de Seattle a São Francisco, e depois para um endereço particular nesta cidade, alguns mapas estaduais e um mapa urbano nos mostrarão o caminho. Os mapas não mostrarão onde estão os morros numa cidade (embora indiquem a altura de várias montanhas e passagens em montanhas atravessadas pela rodovia), mas me levarão aonde quero ir. "Bom o suficiente", conhecimento satisfatório para o que quero fazer com ele.

E quanto ao censo dos Estados Unidos? Isso é mais complicado, porque muitas pessoas usam o censo para inúmeras finalidades, e embora ele seja bom o bastante para algumas pessoas e algumas finalidades, não é bom o suficiente para outras. Não foi bom o suficiente para várias finalidades quando a enumeração de 1960 errou gravemente na contagem de homens negros jovens, subestimando-os em até 20%. Essa contagem errada não foi boa o suficiente para a distribuição de assentos no Congresso e de votos eleitorais. Não foi boa o suficiente para o cálculo de taxas de crimes, porque a redução errônea do denominador de uma fração como a taxa de crimes infla a taxa acima de seu valor real. Se não contamos todas as pessoas numa categoria particular da população, tal como "jovem, negro e homem", mas contamos todos os criminosos que recaem nessa categoria, a proporção resultante será maior do que se tivéssemos uma contagem precisa do denominador. Essa contagem errada teve consequências políticas, além de prejudicar o pensamento e a pesquisa nas ciências sociais com dados defeituosos.

Esses achados errôneos podem outrora ter sido bons o suficiente, pelo menos para quem estava em condições de fazer esse julgamento de uma maneira efetiva. Mas agora novas pessoas começaram a fazer suas próprias estimativas, e os dados não são bons o bastante para elas. A aceitação de um número que afeta a representação congressional porque "é bom o suficiente" tem um componente político.

Isso não quer dizer que a ciência seja "inteiramente política" ou que todas as questões epistemológicas possam ser resolvidas por meios políticos. Significa que quando consideramos uma operação tão científica quanto o censo, parte do que foi feito não tem qualquer garantia "científica", repousando num acordo entre partes interessadas para tratar algo como bom o suficiente para alguma finalidade, apesar das falhas. Os usuários aceitam a descrição resultante não porque ela tenha uma base epistemológica inquestionável, mas porque é melhor que nada para algo que querem fazer.

Assim, todos nós acreditamos em algumas dessas representações durante todo o tempo ou na maior parte dele, e alguns de nós acreditamos em uma parcela do que nos é dito em uma parte do tempo. Ninguém descrê em tudo o tempo todo. Mesmo com todas essas dificuldades, os usuários tratam as representações como "essencialmente corretas", que é a maneira como os médicos falam sobre os achados de laboratório que, como eles sabem perfeitamente bem, envolvem muitos erros, mas são "bons o suficiente" para os objetivos em que serão empregados.

Mas as comunidades de usuários formulam diferentes perguntas e utilizam as respostas para diferentes fins, e o que é bom o suficiente para um não o será para outro. Meu mapa não precisa ser extremamente preciso, porque lanço mão dele apenas para chegar à casa de meu amigo. Se o estivesse usando para decidir uma disputa sobre propriedades, precisaria de outro tipo de conhecimento geográfico expresso de maneira diversa. Os dois usos e os dois pares pergunta-resposta não competem entre si para ver qual é o mais preciso ou o "melhor"; são animais diferentes num ambiente diverso.

Como juízo epistemológico, "bom o suficiente" não tem qualquer justificação filosófica. É um acordo social baseado em outro tipo de justificação. Isso não torna, porém, todo conhecimento completamente relativo. Depois que fazem esse acordo, os usuários podem chegar e chegam a conclusões confiáveis seguindo as regras acordadas de evidência.

O acordo social em acreditar

Que justificação tem o "acordo social" como maneira de criar conhecimento social "bom o suficiente"? Em primeiro lugar, todos aceitam esses acordos, e muito trabalho no campo particular baseou-se neles sem efeitos desfavoráveis aparentes. A parábola de Latour do incrédulo que questiona um resultado científico explica esse mecanismo.[2] O incrédulo chega ao laboratório do cientista exigindo evidências para o que todos os demais ali aceitam, recusando-se a "acreditar" no que já está bem atestado na literatura e pelo uso de instrumentos e técnicas aceitos — e suas questões tornam-se tão absurdas que ninguém o leva a sério, e ele acaba por escapulir furtivamente, de maneira vergonhosa. O que leva à regra metodológica de Latour: acredite em resultados científicos tanto quanto os cientistas, mas não mais que eles.

Isso também não é um julgamento epistemológico, é o julgamento prático de que, se começarmos a duvidar daquilo em que todos os demais acreditam, é provável que sejamos completamente eliminados do diálogo como malucos. Mas podemos duvidar do que os outros aceitarão como possivelmente duvidoso.

Além disso, o acordo social permite que o trabalho científico (ou qualquer tipo de atividade coletiva) avance, o que não é pouco. Thomas Kuhn defendeu a ideia em conexão com episódios de progresso científico: qualquer ciência só chega alguma vez a ser realizada quando trabalhadores num campo concordam em se concentrar em um problema ou em alguns problemas relacionados, que todos abordam da mesma maneira.[3] As premissas da abordagem podem ser falsas, mas o trabalho pode avançar quando todos concordam, e não avança quando todos trabalham com problemas diferentes, idiossincraticamente definidos. O acordo em relação a um paradigma permite que os pesquisadores façam coletivamente qualquer coisa que devem fazer.

De maneira mais geral, podemos dizer que as pessoas que fazem e usam um tipo particular de representação (um filme, uma tabela, um romance ou um modelo matemático) chegaram a um acordo quanto ao que será "bom o suficiente" para seus objetivos. Bom o suficiente para os objetivos dos produtores, quem quer que sejam eles e quaisquer que sejam seus interesses, e bom o suficiente para os usuários, quem quer que sejam e quaisquer que sejam seus interesses.

Não perfeito, não tão bom quanto todos gostariam, mas bom o bastante, dadas as circunstâncias, para servir de orientação.

Participantes de um mundo representacional concordam com relação a um objeto que todos os envolvidos sabem como fazer, ler, usar, interpretar, descontar. É o que John Hersey, como veremos no próximo capítulo, afirma sobre o jornalismo, quando diz que não há dúvida de que os jornalistas deixam fatos relevantes fora de suas matérias, mas, como todos sabem que fazem isso, ninguém se importa. Os leitores simplesmente descontam essa fonte de erro quando leem.

Quando tal acordo existe, acreditamos nas afirmações feitas por um objeto que exiba as marcas de ter cumprido o que foi combinado. Se ele mostra, em sua apresentação, que foi feito do modo como usuários e produtores concordaram ser a maneira de fazer coisas desse tipo, os resultados serão bons o suficiente para os objetivos combinados. Se for um filme documentário, não há ficção nele. Se for uma tabela estatística, segue os procedimentos sob acordo que garantem ao usuário a adoção de salvaguardas apropriadas, sinalizando que foram evitadas as práticas potencialmente enganosas (por exemplo, a área das barras num histograma é proporcional aos números que elas representam). Se for um romance "realista", não inclui material factual que, se examinado, se revela não factual.

Minha caracterização da atividade representacional é ela própria verdadeira? Os mundos representacionais funcionam dessa maneira? O tempo todo? Parte do tempo? De vez em quando? A resposta não é "o tempo todo", porque cada profissão que produz relatos sobre a sociedade é em geral sacudido por algum tipo de conflito ligado exatamente ao que descrevi, alguns parágrafos atrás, como questões de acordo pacífico e consenso harmonioso.

Critérios de credibilidade

Acreditar ou não no que nos contam e por que são questões de acordo. É razoável. Mas que critérios de credibilidade, em especial, as pessoas aceitam e usam na vida cotidiana?

Muitas vezes comparamos o que nos dizem com nossa própria experiência de vida. Isso é algo que todos nós temos em abundância, e em geral relutamos em acreditar em qualquer coisa que nos digam que a contrarie, pelo menos até que nos deem razões bastante boas para mudarmos de opinião. Se o que nos dizem se assemelha à nossa experiência, nós o aceitamos. As pessoas que usaram drogas para fins recreativos rejeitam os contos de fadas exóticos em que pessoas sem qualquer experiência de primeira mão acreditam. Sua própria experiência lhes diz que fumar maconha não as enlouqueceu.

Avaliamos o que nos dizem à luz de outros conhecimentos que temos de um tipo mais acadêmico ou de segunda mão. Se lemos muito sobre a Rússia e o que lemos aqui é congruente com aquilo, certo, acreditaremos nisso também.

Imaginamos o método que o produtor provavelmente usou para chegar ao que está sendo dito e depois criticamos esse método. Não acreditamos no que alguém sem conhecimento algum de primeira mão sobre um evento ou atividade diz sobre ele.

Como os produtores nem sempre dão essa informação, os usuários a reconstroem, se necessário, a partir de fragmentos. Um amigo queixou-se para mim das descrições feitas por David Remnick da política russa e, por extensão, da escola de reportagem da *New Yorker*, que descreveu assim: "Eles simplesmente entram com um gravador e escrevem tudo o que lhes dizem e que se destina a um público norte-americano, e depois concatenam tudo." Discordei, tendo certeza de que, por exemplo, Remnick falava russo fluentemente, embora não pudesse dizer por que achava isso; e julgava que tinha importância para a credibilidade do que ele escrevia que parecesse versado em literatura e história russas.

Também reconstruímos os métodos que tornam um relato digno de crédito a partir de nossa compreensão do que alguém teria de fazer para obter "bom material". Desconfiamos de pessoas que visitaram um lugar por alguns dias, não falam a língua e têm uma explicação para tudo. O proverbial fotógrafo da *Life*, que cai de paraquedas onde quer que seja, fica alguns dias e depois parte, alçado no ar, não é um documentarista digno de crédito, para alguns de nós, do modo de vida naquele lugar.

Avaliamos a credibilidade a partir da coerência do que vemos e ouvimos. Anna Deavere Smith descreveu situações de grande distúrbio no Brooklyn e em Los Angeles com base em longas entrevistas com participantes, que reencenou para uma plateia.[4] Compomos um quadro do evento caótico a partir dos fragmentos que ela nos dá, os pedacinhos de testemunho oferecidos por muitos participantes diferentes. Pouco a pouco adquirimos conhecimento suficiente para confrontar informações, ainda que de modo grosseiro, lembrando que, se *este* disse que as coisas aconteceram de tal maneira, então há um conflito com o que *aquele* disse, e devemos ficar cautelosos. (O dramaturgo Caryl Churchill, como veremos no Capítulo 12, emprega método semelhante para criar o relato teatral de um importante evento político a partir de fragmentos de entrevistas.)

Aprovação em testes

Em todos esses procedimentos, os usuários comparam a representação com alguma outra coisa em que já acreditam e verificam se ela se sustenta: é congruente com o que já sei e com aquilo em que acredito? A representação tem de se provar verdadeira em confronto com o que já está na lista aceita. Esta é uma versão de um processo que consiste, segundo Latour, em passar por "provas de força".[5] Da seguinte maneira: se a representação sugere uma conclusão ou fato que não é congruente com o que sei ou com aquilo em que acredito, ela tem de passar por muitos testes e encontrar aliados em outros relatos e fontes antes que eu acredite nela.

Muitas representações conseguem nos convencer a aceitar fatos que não aceitávamos antes. Portanto, esse feito pode ser realizado assim como, apesar dos obstáculos à aceitação que Latour descreve, novos fatos científicos ganham aceitação. Mas um produtor não consegue isso simplesmente anunciando a nova ideia, fato ou interpretação. Usuários céticos insistem em testes.

Os produtores podem construir representações para provocar o efeito de obstáculos superados e testes feitos. O típico artigo de revista científica faz isso fornecendo todos os fatos convencionalmente exigidos num formato padronizado, permitindo aos céticos convencerem-se de que todas as fontes potenciais de erro foram evitadas e todas as fontes potenciais de informação, investigadas. A ideia de que os pesquisadores deveriam se proteger contra "ameaças à validade de suas hipóteses", formulada e propagada por Donald Campbell e colegas,[6] é uma maneira sistemática de listar aquilo que deve ser enfrentado.

Podemos também produzir o efeito de obstáculos superados e provas convincentes apresentadas usando dados tão amplamente aceitos que afastem a possibilidade de que sejam falsos. O *Guggenheim Project* de Hans Haacke, mencionado antes, repousa em fatos facilmente verificáveis sobre os membros do conselho do Guggenheim Museum de Nova York, inclusive seus nomes e endereços, os laços de parentesco (são em sua maioria da família Guggenheim, qualquer que seja o sobrenome) e as outras organizações a cujos conselhos pertencem (grandes corporações mineradoras multinacionais). Finalmente, somos inteirados de que o presidente Salvador Allende, do Chile, que logo morreria (assassinado ou por suicídio), havia cometido o erro de confiscar propriedades pertencentes a uma dessas companhias.

Não há nada a discutir no tocante aos fatos. Qualquer usuário pode facilmente verificar tudo que é afirmado nesses painéis numa biblioteca bem guarnecida ou usando o Google. Mas o usuário não precisa verificá-los, porque é óbvio que, se os fatos não fossem tais como Haacke os expõe, alguém já teria dito. As pessoas que acharam a obra de Haacke repugnante (houve muitas) teriam gostado de contestar quaisquer fatos discutíveis. O apoio no que está publicamente disponível desarma a desconfiança e a suspeita. Podemos criticar o raciocínio, mas isso é tudo. Aqui Haacke usa o estratagema discutido antes, deixando todo o raciocínio e a extração de conclusões para os usuários, que fazem o trabalho retórico, convencendo-se de que a conclusão é justificada.

Cientistas naturais ficam muito contrariados quando lhes dizem que eles apenas "acreditam" em coisas, em vez de ter "descoberto a verdade". Acham que isso significa que suas provas não têm justificação epistemológica real; que qualquer pessoa pode em princípio acreditar no que bem entende; e que essa atitude, abrindo a porta para um misticismo furioso, é a morte da ciência real.

O matemático George Polya afirmou que a prova categórica, como as que os cientistas gostam de pensar que são fornecidas quando a natureza fala,[7] só está disponível nos campos da lógica e da matemática, que não fazem qualquer referência ao mundo empírico e cuja verdade repousa na lógica demonstrativa; o que é verdadeiro o é por definição e por dedução lógica a partir dessas definições.[8] Para tudo o mais nas ciências empíricas — e não apenas nas fracas ciências sociais, como também das fortes ciências naturais —, podemos somente avaliar graus de credibilidade e confiabilidade, e isso apenas de modo muito grosseiro.

Polya ilustra, com uma breve história policial, como as conclusões científicas dependem de evidências. Um iate explode. Descobrimos que o genro do proprietário, com quem ele não se dá muito bem, comprou um pouco de dinamite uma semana antes, e assim pensamos que "foi ele". Mas depois descobrimos que o genro usou toda a dinamite que comprara para explodir um toco de árvore no quintal. Isso faz com que tudo indique que "não foi ele". E assim por diante: cada nova evidência muda nossa avaliação de sua culpa.

A ciência empírica, diz Polya, funciona assim. Por mais bem comprovada que uma afirmação possa parecer, novos fatos podem sempre nos levar a reconsiderar nossa crença. Latour chama as conclusões bem estabelecidas de "caixas-pretas", como aquelas da ciência da computação, cujo funcionamento não mais investigamos, aceitando simplesmente seus *outputs* (derivados de nossos *inputs* de maneiras que não inspecionamos e podemos não compreender em absoluto) como bases confiáveis para trabalho adicional.[9]

Em vez de conhecimento definitivo, a ciência empírica nos dá graus de credibilidade e procedimentos para chegar a um acordo em relação a eles. Polya fornece uma coleção de diagramas mostrando como diferentes resultados empíricos produzem diferenciados graus de credibilidade.[10] Quando os inspecionamos, vemos que eles codificam as práticas de nosso próprio raciocínio. Os cientistas não precisam ficar contrariados com isso porque a análise de graus de credibilidade mostra que eles podem empregar esses procedimentos exatamente como usam o critério de verdade. Nada muda no mundo rotineiro do trabalho da ciência se fizermos isso; de fato, *é assim* que os cientistas trabalham, falando sobre "verdade" de modo a lidar com o resto do mundo e convencer não cientistas de que a ciência, afinal, merece comprovação.

Assim, quando discutimos formatos alternativos para a apresentação de ideias, conclusões e achados de pesquisa nas ciências sociais, deveríamos procurar os procedimentos que as pessoas usam e que as levam a considerar diferentes tipos de relato mais ou menos críveis.

Estética

O significado de "estética" não é claro quando consideramos representações como objetos que transmitem informação e ideias sobre a sociedade. De um ponto de vista puramente "artístico", a palavra poderia referir-se ao que é em geral visto como aspectos formais do objeto: a harmonia ou o equilíbrio exibidos pelas relações entre suas partes. Muitas vezes usamos simplesmente palavras vagas como *bonito*, tendo em mente coisas como um pôr do sol magnífico ou paisagens naturais que nos atraem de uma maneira tão óbvia que não requer explicação; basta apontar e dizer "Oh!", para registrar nossa reação. Outros saberão o que queremos dizer. Esse tipo de julgamento nunca satisfaria os requisitos de estudantes sérios de estética, que exigem uma justificativa mais filosoficamente defensável de nossas respostas e critérios de julgamento.[11] Consideremos os critérios que produtores e usuários aplicam a representações da realidade social que poderiam de alguma maneira ser tomados como "estéticos".

Mesmo a representação mais implacavelmente realista, como vimos, resulta da seleção e redução do material a ser representado, da tradução da matéria-prima da experiência para a linguagem do meio de comunicação do produtor e o subsequente arranjo dos itens traduzidos. Há maneiras melhores e piores de realizar essas operações? Há técnica envolvida e, se houver, está ela sendo exercida tão bem como poderia e deveria? Esse é o tipo de coisa que as pessoas discutem como questões estéticas da representação da sociedade. Consideremos alguns critérios comuns de valor estético.

Padrões técnicos influenciam os julgamentos, talvez mais entre produtores que entre usuários, e certamente mais do que qualquer pessoa gostaria de admitir.

O autor escreve uma prosa elegante? Os críticos desaprovaram os romances sobre os Estados Unidos urbanos de Theodore Dreiser por seu fracasso em corresponder a esse padrão. As fotografias têm foco e estão apropriadamente impressas? Críticos de fotografia dos anos 1950 queixavam-se de que as imagens em *The Americans* ([1959] 1969), de Robert Frank, não exibiam uma gama tonal completa, de um preto puro a um branco puro, com todas as gradações de cinza que entre os dois — critério estético que Ansel Adams, o fotógrafo do Yosemite, havia estabelecido com sucesso no mundo da fotografia de arte. O artigo de revista científica não citava "a literatura pertinente"? Muitos estudos deixam de ser publicados nas melhores revistas apenas para chegar a seus usuários sob a forma de livro, a qual não requer o preenchimento desse conjunto restritivo de padrões (falo por experiência própria). Podemos encontrar exemplos semelhantes em todas as formas artísticas e acadêmicas.

O problema surge de maneira esclarecedora nas dificuldades de fazer filmes num estilo *vérité*. Esse estilo requer que o cineasta evite controlar demais as pessoas filmadas, deixando-as fazer o que fariam espontaneamente no tipo de situação filmada, se ele não estivesse lá, e filmar o que acontece o melhor possível, dadas essas restrições. Mas as tomadas resultantes são muitas vezes mal iluminadas, fora de foco e não estão à altura de "padrões profissionais" em vários aspectos.

Os montadores, pessoas que têm de dar sentido cinematográfico a filmes documentários, queixam-se de que os resultados de filmagem *vérité* não lhes dão o material de que precisam para criar a impressão de continuidade, ou o fluxo inteligível contínuo da ação que caracteriza um filme propriamente editado. Como os cineastas usaram apenas uma câmera, ou não previram o que poderia ser necessário, talvez o editor não tenha material para um *cutaway* — a interrupção de uma tomada contínua de alguém falando, por exemplo, utilizando-se apenas partes dela, seguida de uma tomada de outra coisa que cubra a descontinuidade que o salto de uma parte para outra poderia criar. Ou o diretor pode não ter feito um "plano geral", que evita a confusão do espectador mostrando-lhe onde ocorre a ação. Charlotte Zwerin, que montou *Salesman*, documentário clássico sobre vendedores de Bíblias feito por David e Al Maysles, explica a um entrevistador:

> R: Quando comecei a montar, vi que precisava de alguns planos gerais, e Al voltou e os fez para mim. Acho que essas tomadas incluíam algumas coisas como o exterior do motel em Boston e outras em torno do motel Flórida.
>
> P: *Estou interessado na questão da continuidade na montagem de filmes no estilo* vérité. *Isso constituiu um grande problema para você em* Salesman?

R: Sem dúvida, foi terrível. Al vai a um lugar e tem tantas coisas em que pensar — iluminação, ângulos de câmera plausíveis, como mudar de posição sem tropeçar em todo mundo — que não pode realmente considerar como tudo isso vai ser montado de maneira fluente...
P: *Pode me dar um exemplo de uma sequência que foi difícil montar?*
R: Uma das cenas mais engraçadas, mas também mais difíceis, foi quando Charlie e Rabbit vão vender uma Bíblia para uma velha senhora irlandesa e sua filha em Boston. As duas mulheres são personalidades maravilhosas e muito divertidas, mas a sequência me deixou maluca durante alguns meses porque Charlie e Rabbit não paravam de se mexer de um lado para o outro, entre o piano, a mesa de centro e a porta; eles andavam pelo lugar todo, e Al nada fez a respeito. Obviamente ele não podia lhes dizer para sentar ou ficar plantados num lugar, mas cada vez que Al fazia um corte, parecia que Charlie e Rabbit tinham ido para outra casa. A iluminação da casa também foi de enlouquecer e não ajudou nos cortes. Os vendedores estavam num canto escuro da sala e vestiam roupas escuras, enquanto as duas mulheres estavam sentadas no sofá usando roupas muito claras num local muito claro. Não havia possibilidade de voltar lá e obter uma tomada de plano geral. Depois de olhar os copiões fiquei com a impressão de que os dois grupos sequer estavam na mesma sala.[12]

Como o estilo *vérité* produz esses resultados, as próprias "imperfeições" tornam-se atestados da "autenticidade" do filme e convencem os espectadores a tomá-lo como "verdadeiro", mesmo quando os borrões e sacudidelas não resultam na verdade das condições da filmagem. *A Batalha de Argel*, filme feito por Gillo Pontecorvo em 1966, era uma ficção cinematográfica, eventos habilmente ensaiados com atores e extras pagos. Mas imitava tão perfeitamente as imperfeições das sequências documentais que o público tinha muita dificuldade em admitir que não assistia às sequências de jornal cinematográfico sobre incidentes reais da insurreição que levou os franceses a deixar a Argélia.

Críticas baseadas em padrões técnicos permeiam a produção de quase todas as representações da sociedade. A maioria delas é feita por pessoas que pertencem a alguma comunidade profissional. Essa comunidade mantém padrões de nível técnico aceitável, e seus membros criticam produtos que não os alcançam. Os produtores de representações aceitam esses padrões e os aplicam a seus próprios produtos, sabendo que seus colegas de trabalho criticarão qualquer fracasso em alcançá-los. E eles partilharão esse julgamento. Tentam alcançar os padrões mesmo à custa de algum outro valor que querem maximizar, como "verdade documental". Usuários que querem verdades sobre a sociedade, não apenas um filme divertido, temem que os cineastas possam sacrificar a verdade, como quer que ela seja definida, a padrões técnicos.

Como essas considerações afetam o valor de verdade da obra? Tornar uma cena dramaticamente convincente torna impossível fazer com que ela diga algum tipo de verdade?

Quando consideramos representações que, ao menos em parte, descrevem a vida social e eventos sociais — na esfera da "arte", isso inclui fotografias, filmes, romances e peças teatrais —, vemo-nos lidando com um critério diferente da perfeição das relações formais mencionada antes. Nestes casos, estamos interessados nas relações do que a obra descreve para o "mundo real", na verdade ou precisão do que a obra nos diz sobre a realidade social. Levamos a obra a sério, em parte porque ela pretende nos dizer algo que não sabíamos antes sobre algum aspecto da sociedade.

A prosa de Dickens é magnífica, seus enredos, complexos e absorventes, seus personagens, memoráveis. Mas uma parte importante do efeito de seus romances mais tardios repousa em nossa crença de que eles nos dizem a verdade, ainda que caricaturada, sobre as instituições sociais e econômicas da Inglaterra vitoriana. Imagine, como experimento, que historiadores, trabalhando com grandes quantidades de registros de tribunais, descobrem que as ações judiciais não se arrastavam por anos, como Jarndyce & Jarndyce em *A casa abandonada*, até que os advogados tivessem devorado todo o dinheiro envolvido em seus honorários. Nós nos sentiríamos de maneira diferente em relação ao romance, passaríamos a vê-lo como uma fantasia, não um relato realista de eventos que poderiam ter acontecido, e provavelmente o julgaríamos uma realização menor. Não poderíamos tomar o que lemos ali como um tipo de fato sobre o qual basear uma resposta às condições sociais, não poderíamos responder a perguntas sobre instituições vitorianas de maneira digna de crédito, e o enredo e os personagens não nos pareceriam tão comoventes. Seria um livro diferente, mesmo que as palavras fossem todas as mesmas.

Dickens aparentemente temeu que alguns leitores, recusando-se a acreditar que os tribunais britânicos podiam se comportar tão mal, pudessem pensar que ele tinha inventado sua história. Orgulhoso da precisão de seu relato (afinal, tinha sido jornalista), ele se defendeu, num prefácio de *A casa abandonada*, contra tal acusação e insistiu na verdade substancial da história, o que evidentemente considerava necessário para o sucesso estético do livro:

> Tudo que é relatado nestas páginas com relação ao Tribunal do Lorde Chanceler é substancialmente verdadeiro. O caso de Gridley não diverge em nenhum

> aspecto essencial de um caso realmente ocorrido, levado a público por uma pessoa desinteressada que foi profissionalmente inteirada de toda a monstruosa iniquidade do princípio ao fim. No presente momento (agosto de 1853) há uma demanda perante o tribunal iniciada quase 20 anos atrás, em que se sabe que de 30 a 40 advogados apareceram em certo momento; em que foram feitos gastos no valor de 70 mil libras, que é UM PROCESSO AMIGÁVEL, e que não está (estou convencido) mais perto de seu término agora do que quando começou. Há uma outra demanda muito conhecida no Tribunal do Lorde Chanceler, ainda não decidida, que foi iniciada antes do final do século passado, e em que mais do que o dobro da quantia de 70 mil libras foi devorada em custas. Se eu quisesse outras bases para Jarndyce & Jarndyce, poderia encher estas páginas com elas, para o constrangimento de um público parcimonioso.

Adam Hochschild lida com *Coração das trevas*, de Joseph Conrad, uma indagação clássica das relações entre os europeus e os "outros", isto é, os povos indígenas de países que outrora foram colônias europeias. Na história, o sr. Kurtz, agente de uma organização comercial, rebelou-se e estabeleceu um feudo pessoal ao longo do curso do rio Congo, no então Congo Belga, mais tarde Zaire e, no momento em que escrevo, República Democrática do Congo. Hochschild recorda uma imagem particularmente horripilante do romance:

> Algo de que nos lembramos em especial é a cena de Marlow [o narrador] no barco a vapor olhando com seus binóculos para o que pensa serem bolas ornamentais no topo das estacas da cerca perto da casa de Kurtz; descobre que são "pretas, secas, encovadas, com as pálpebras fechadas — uma cabeça que parecia dormir no alto daquela vara, e com os lábios secos e contraídos mostrando uma estreita linha de dentes brancos". Mesmo pessoas que não leram o romance se lembram das cabeças decepadas porque Francis Ford Coppola incluiu algumas quando transferiu *Coração das trevas* para a tela em *Apocalypse Now*.[13]

Isso incomoda Hochschild porque hoje o livro é lido, rotineiramente, como se não tratasse em absoluto da realidade da África, uma realidade que Conrad conhecia de primeira mão, como Hochschild documenta com meticulosidade.

> Escritores e acadêmicos consideraram o romance em termos de Freud e Nietzsche, de inocência vitoriana e pecado original, de patriarcado e gnosticismo, de pós-modernismo e pós-colonialismo e pós-estruturalismo. Mas, enquanto brotam centenas de monografias e teses de doutorado, com títulos como "O olho e o

> olhar em *Coração das trevas*: uma leitura sintomatológica", é fácil esquecer que o romance baseava-se fielmente num lugar e num momento reais. É também fácil deixar passar, como fizeram todos os diversos biógrafos de Conrad, certas pessoas reais: vários modelos prováveis para a figura central do romance, que é um dos vilões literários mais notórios do século XX — o sr. Kurtz. ...
>
> Quando os estudiosos falam sobre os aspectos mais sanguinários de Kurtz, muitas vezes supõem que Conrad os inventou, ou os tomou emprestados de práticas indígenas na região. ... Norman Sherry escreve: "Quanto às cabeças encolhidas em varas em torno da casa de Kurtz, essa talvez tenha sido uma transferência macabra feita por Conrad do destino de Hodister [um belga que atuava no comércio do marfim, na época, massacrado por negociantes rivais que o decapitaram] e seus homens."
>
> Sabemos por outras testemunhas que os déspotas militares locais ao longo do rio nessa época de fato exibiam as cabeças decepadas de suas vítimas. Mas teria Conrad precisado fazer uma "transferência macabra" para imaginar Kurtz fazendo o mesmo? Sherry e outros optaram por ignorar vários outros protótipos que partilham uma característica de Kurtz que os críticos preferem conceber como fantasmagórica: eram homens brancos que colecionavam cabeças africanas.[14]

Hochschild não admitia que essa fosse simplesmente a maneira como os estudiosos procedem em relação a tudo. Para ele, há nisso uma motivação política oculta:

> Europeus e norte-americanos têm há muito sido relutantes em encarar a conquista da África com a mesma escala genocida que os feitos de Hitler e Stálin. Por essa razão, parece-nos mais confortável pensar na coleção de cabeças de Kurtz como uma "transferência macabra", e situar as fontes dessa sanha assassina na imaginação de Conrad. Soltamos ansiosamente *Coração das trevas* de suas amarras históricas e o transformamos numa parábola universal. A transferência mais macabra de todas é nossa insistência em retirar o romance da África. [Ele cita as versões para o cinema ambientadas na Espanha e no Vietnã.] Não nos pareceria estranhamente evasivo se um diretor filmasse *Um dia na vida de Ivan Denissovitch,* mas não o ambientasse na União Soviética, ou filmasse *A noite*, de Elie Wiesel, mas não o ambientasse em Auschwitz?[15]

O que está em jogo aqui? Hochschild quer ver o livro como descritivo, dizendo a verdade sobre uma prática particularmente cruel em que o personagem central europeu se envolve. Apresenta evidências para comprovar sua afirmação e explica por que outros ignoraram esse aspecto crucial do livro. Ele tomou algo em geral visto como uma invenção esteticamente motivada e a transformou no simples relato factual de algo que o autor viu. E, embora ele não o diga, poderíamos tomar isso como um elemento na experiência estética de um leitor que sabe — ele nos choca ao dizer que este é um modo como pessoas parecidas conosco realmente se comportaram quando tiveram a oportunidade, e ninguém cuja opinião importasse estava observando.

A queixa de Hochschild sugere um aspecto geral. Muitas obras de arte podem ser consideradas — e seus produtores muito provavelmente pretenderam isso — descrições literais de algum fato social, a descrição verificável de uma organização social particular em tempo e lugar particulares.

Podemos ir mais longe. A verdade presumida da representação artística de um fato social é um elemento essencial em nossa apreciação da obra como arte. Isto é, arte e verdade não têm objetivos conflitantes, de modo que poderíamos ter uma ou outra, mas não ambas. Num grande número de obras, podemos apenas ter ambas ou nenhuma: não haverá arte sem verdade. A verdade das asserções da obra sobre a realidade social contribui para seu efeito estético. Foi por isso que a turma ficou tão irritada com Tom. Se a história sobre sua tia e seu pai fosse verdadeira, ela nos perturbaria e desconcertaria. Se não, era apenas uma brincadeira boba. Sem verdade, sem arte.

8. A moralidade da representação

A representação da sociedade suscita questões morais para participantes, produtores e usuários. Essas questões se apresentam sob inúmeras variedades: a má representação como um erro moral; a forma como técnicas comuns moldam nossos juízos morais; as questões correlatas de atribuir mérito e culpa pelos resultados da ação e de atribuir a participantes de uma ação social os papéis de herói e vilão.

"Má representação"

Os sociólogos da minha tradição buscam compreender as organizações sociais procurando distúrbios, situações em que as pessoas se queixam de que as coisas não se passam como deveriam. Podemos descobrir com facilidade as regras e os entendimentos que governam as relações sociais quando ouvimos as pessoas se queixarem de sua violação. Campos de atividade representacional são periodicamente objeto de debates violentos, bastante moralistas, sobre a feitura e o uso de seus produtos característicos. Os gritos de "Não é justo" e "Ele trapaceou" lembrariam as brincadeiras de crianças de cinco anos se as apostas não fossem muito mais altas e os assuntos envolvidos tão mais sérios. O problema da *má representação* nos convida a iniciar nossa análise procurando esses conflitos.

Estudantes de antropologia da Universidade de Papua-Nova Guiné queixaram-se, no programa *Nova*, no episódio "Papua New Guinea: Anthropology on Trial" (1983), de que *Growing Up in New Guinea*, de Margaret Mead, era "injusto" porque ela repetia as histórias depreciativas que seus informantes haviam lhe contado sobre os ancestrais dos estudantes, pelos quais os dos informantes tinham um tradicional desdém. Os estudantes não se queixavam de que Mead relatara imprecisamente o que lhe fora dito; concordavam que aquelas pessoas tinham falado tais coisas. Também não se queixavam de que Mead apresentara as histórias como fato; ela não o fizera. Não, eles se queixavam porque seus próprios ancestrais, que Mead não havia estudado, costumavam dizer coisas igualmente terríveis sobre o povo dos informantes, e Mead não lhes dera oportunidade igual.

Essas queixas exemplificam o tipo de queixa surgido do interesse pessoal: "Você me fez parecer mau!" O médico que trabalhava como primeiro assistente no hospital psiquiátrico que Erving Goffman estudou e sobre o qual escreveu em *Asylums* queixou-se (na nota de rodapé que Goffman lhe concedeu) de que, para cada "coisa má" que o livro descrevia, ele poderia ter apresentado uma "coisa boa" que a contrabalançasse: para as vitimizações de pacientes relatadas por Goffman, ele poderia ter falado sobre o refeitório recém-pintado.[1] De maneira semelhante, os cidadãos e políticos de Kansas City, Missouri, queixaram-se de que o censo de 1960, dos Estados Unidos, subtraiu alguns milhares de pessoas da população da cidade, impedindo-a, assim, de auferir os benefícios concedidos por uma lei estadual a cidades com mais de meio milhão de habitantes (lei cujo objetivo fora ajudar St. Louis a sair de dificuldades financeiras alguns anos antes). Quase todos cuja organização Frederick Wiseman filmou queixam-se de que não sabiam que ficariam com aquele aspecto.

A prática de reportagem mais ou menos ficcionalizada, tal como exercida por Norman Mailer, Truman Capote e Tom Wolfe, entre outros, provocou uma queixa mais geral. O conhecido jornalista John Hersey mostrou que esses escritores não apenas inventavam coisas, mas insistiam no direito de inventá-las em nome de uma verdade mais elevada.[2] Afirmou que um autor pode criar detalhes e incidentes em escritos rotulados como ficção, cujos créditos esclarecem "ISTO FOI INVENTADO!", mas não no jornalismo. Ali,

> o escritor não deve inventar. A legenda nos créditos deve dizer: NADA DISSO FOI INVENTADO. A ética do jornalismo, se podemos conceder tal regalia, deve se basear na verdade simples de que cada jornalista conhece a diferença entre a distorção que resulta da subtração de dados observados e a que resulta do acréscimo de dados inventados.

Curiosamente, Hersey acrescenta que a distorção por omissão é aceitável porque

> o leitor admite a subtração [de dados observados] como inevitável no jornalismo e procura instintivamente a distorção; no momento em que suspeita de que há acréscimos, a terra começa a tremer sob os seus pés, pois a ideia de que não há como distinguir o que é real do que não é torna-se terrificante. Mais terrificante ainda é a ideia de que mentiras são verdades.[3]

Muitos críticos, porém, queixaram-se de que o jornalismo impresso e transmitido por rádio e televisão excluem exatamente aquelas coisas de que as pessoas precisam para avaliar as questões da forma adequada.[4] E é fácil imaginar que muitos leitores "procurariam instintivamente" acréscimos, assim como Hersey procura subtrações, se soubessem que deveriam fazê-lo; é provável que muitos dos leitores de Wolfe, assim como leitores de jornais e espectadores de televisão, façam isso.

Hersey, quer aceitemos ou não seus julgamentos, identifica o âmago sociológico dos conflitos referentes às representações da realidade social. Nenhum relato em qualquer meio ou gênero de comunicação, seguindo as regras mais estritas concebíveis, resolverá todos esses problemas, responderá a todas as questões ou evitará todos os problemas potenciais. Como vimos, pessoas que criam relatos de qualquer tipo entram num acordo com relação ao que é "bom o suficiente", que procedimentos deveriam ser seguidos para se alcançar essas condições boas o suficiente, e concordam que qualquer relato feito em conformidade com esses procedimentos é confiável o suficiente para objetivos comuns. Isso protege interesses profissionais e assegura a continuidade do trabalho das pessoas que usam esses procedimentos, garantindo os resultados como aceitáveis, críveis e prontos para suportar o peso posto sobre eles pelo uso rotineiro segundo os objetivos de outras pessoas. Os padrões acordados definem o que se espera, de modo que os usuários podem descontar as deficiências de representações praticadas com sua anuência e pelo menos saber com o que estão lidando. A análise de Hersey aceita esse estado de coisas como normal, corrente e adequado. Era isso que eu tinha em mente antes, quando disse que toda maneira de fazer uma representação é "perfeita", boa o suficiente para que os usuários aceitem o resultado como o melhor possível nas circunstâncias e aprendam como trabalhar com suas limitações. Os críticos afirmam que as más representações ocorrem quando alguém não segue os procedimentos de praxe e induz os usuários a pensar, de modo equivocado, que um contrato está em vigor, quando ele de fato não é honrado.

Disputas entre os diretores de filmes documentários muitas vezes giram em torno de métodos cuja diferença em relação a um padrão anterior parece criar a possibilidade de confusão sobre o que o filme alega ser verdadeiro. Michelle Citron provocou uma tempestade de críticas ao incluir passagens "ficcionais" em *Daughter Rite* (1979), filme que, sob outros aspectos, é factual. Alguns diretores mais conservadores queixaram-se de que o público seria enganado, induzido com astúcia a pensar que assistia a algo que realmente ocorrera. Citron, não sem razão, contestou que seu filme exibia uma "verdade" mais genérica.

Usuários e críticos também afirmam que houve "má representação" quando o uso rotineiro de procedimentos padronizados aceitáveis prejudica seus interesses, deixando de fora algo que, se incluído, mudaria não só as interpretações do fato, mas, o que é mais importante, os juízos morais que as pessoas fazem com base na representação. Isso acontece com frequência quando alguma mudança histórica torna novas vozes audíveis. As pessoas que Mead estudou não liam monografias antropológicas, não podendo assim criticá-las. Mas seus descendentes, estudantes da Universidade de Papua-Nova Guiné, podem fazê-lo — e o fazem.

Em ambos os casos, o problema da má representação é de organização social, um problema que se manifesta quando um acordo suficientemente bom para todos é redefinido como inadequado. Muitos problemas "morais" que atravessam gêneros e meios de comunicação também podem ser analisados como produtos organizacionais, inclusive a ética da representação e o problema da autoridade de uma representação.

"Insidioso": a comunidade moral de produtores e usuários

O filme de Frederick Wiseman *Titicutt Follies* (1967) descreve, sem julgamentos e inflexões, a vida cotidiana no Hospital Bridgewater (Massachusetts), um manicômio judiciário. Nenhuma descrição fará justiça a esta obra complexa, mas aqui está uma curta versão. Montado na maior parte em tomadas longas, sem cortes, ele retrata cenas da vida na instituição que — ficamos convencidos — se repetem frequentemente para o pessoal e os internos: reuniões em que os funcionários discutem sobre os pacientes e decidem seu tratamento; funcionários do hospital alimentam pacientes recalcitrantes à força, por meio de um tubo intranasal; um paciente grita sem cessar coisas sem sentido durante vários minutos; um espetáculo, num feriado, encenado por funcionários e internos; Vladimir, um paciente, explica para funcionários aparentemente inatingíveis por que deveriam deixá-lo sair. É fácil ver como um lugar assim enlouqueceria qualquer um, mas também é fácil para a maioria das pessoas ver que muitos dos internos provavelmente já estavam muito loucos quando chegaram ali. Contudo, o filme leva quase todo mundo a concluir que aquela instituição é um lugar terrível, que deveria ser fechada, e que o pessoal é cruel e insensível. Ao contrário da maioria dos documentários de sua era, *Titicutt Follies* não tem letreiro ou comentário em off dizendo aos espectadores o que pensar. Apesar disso, tal como na obra *Guggenheim*, de Haacke, a seleção e a montagem do filme conduzem qualquer espectador sensato a concluir que esse hospital é um lugar horroroso.

Uma estudante do seminário "Falando sobre a sociedade" objetou que o filme de Wiseman, que eu apresentara para a turma como um maravilhoso trabalho documental, era "insidioso", querendo dizer (esclareceu ela, quando lhe pedi que explicasse o que tinha em mente) que usava toda espécie de artifícios cinematográficos ("truques") para levar os espectadores a acreditar que o que viam era "verdadeiro": a iluminação, o ruído desagradável, incessante, a nudez frequente dos homens (não comentada por ninguém no filme), as tomadas muitos longas, que levavam os espectadores a pensar que esse material não era simplesmente uma colagem de breves momentos montados com engenhosidade que poderia esconder uma realidade maior e diferente. Ela não sabia ao certo por que isso era "insidioso", mas pensei na hora e ainda penso que foi uma palavra maravilhosa.

Por quê? "Insidioso" sugere que um efeito foi alcançado por meios de que você, espectador, não estava plenamente ciente e em relação aos quais, portanto, não podia ser crítico. Quando uma voz em off num filme nos diz algo, sabemos que esse alguém nos fala em frases inteligíveis, e muitos de nós, se não a maioria, aprendemos que, na maior parte do tempo, devemos desconfiar de vozes peremptórias. Mas podemos não compreender do mesmo modo que, quando a câmera aponta para alguém a fim de filmá-lo de baixo para cima, essa pessoa parecerá maior e mais aterrorizante ou amedrontadora; e, inversamente, que alguém filmado de cima, com a câmera apontada para baixo, parecerá menor, menos poderoso e mais infantil. Quando sabemos o que está sendo feito, ficamos alertas, procuramos razões para não aceitar as ideias que estão tentando nos incutir, reconhecemos os truques e ficamos cautelosos. Quando não sabemos o que está sendo feito, quando isso é insidioso, não ficamos alertas, não tomamos as devidas precauções intelectuais, e provavelmente seremos "enganados" ou "logrados", levados a aceitar uma afirmação ou ideia que não aceitaríamos se estivéssemos com todas as nossas antenas ligadas para detectar embustes.

As pessoas deixam-se enganar por truques diferentes. Essas forças insidiosas podem ter menor probabilidade de afetar os profissionais do que os amadores ou o público em geral. Podemos conjecturar, de maneira bastante plausível, que as pessoas que fazem filmes para ganhar a vida sabem o que está se passando e tomam cuidado para não se deixar enganar. Alguns truques de apresentação são tão conhecidos que deixam de ser capciosos — e talvez fosse isso que Hersey tivesse em mente ao distinguir a prática jornalística comum que é não incluir tudo numa reportagem — algo em que não via problema, porque "todo mundo" sabe que os jornais fazem isso — da invenção de diálogos nunca ocorridos, contra a qual leitores comuns poderiam não estar acostumados a se precaver.

A distinção é importante. A imprecisão, a simplificação ou outras práticas "ilegítimas" presumivelmente não enganam aqueles usuários que sabem que os produtores lançam mão dessas práticas. Esses usuários alertas consideram previsíveis as distorções introduzidas por essa atividade rotineira e são céticos com relação a conclusões baseadas em material produzido segundo formas que contenham esses "erros" ou "distorções" rotineiras. Mas as pessoas que não têm conhecimento dessas distorções ou omissões rotineiras podem aceitar conclusões e ideias que jamais aceitariam se conhecessem os truques habituais que as conduzem para esse caminho.

Se esses usuários ingênuos conhecessem como o truque foi feito, saberiam que esses métodos "inválidos" não produzem "evidências reais" capazes de resistir a testes decisivos. E saberiam que a conclusão não seria "boa", porque foi "impropriamente justificada". Ponho todas essas palavras entre aspas para indicar que os leitores informados que inventei no parágrafo anterior poderiam adotar essa opinião, e que não estou querendo dizer que eu mesmo aceito todos esses critérios e todo esse raciocínio.

Isso sugere uma generalização. Para todos os meios de falar sobre a sociedade, haverá algum grupo para o qual esse meio se justifica mediante um pacto moral entre produtores e usuários; que especifica maneiras permissíveis de persuadir usuários de que o que se alega é válido, podendo, portanto, ser publicamente reconhecido como aceitável; e identifica maneiras furtivas e inaceitáveis. Pessoas que usam maneiras furtivas serão vistas pelas partes desse pacto como trapaceiras, violando o acordo moral estabelecido por usuários e produtores. Os usuários que participam desse pacto moral serão bem informados, dentro dos limites estabelecidos pelo acordo, e por isso não serão facilmente enganados; esperam que os produtores sejam fiéis ao acordo e evitem meios de persuasão não acordados antes. ("Insidioso" sugere o que pode não ser verdadeiro, aquilo sobre o que os usuários não desejariam, se soubessem, ser persuadidos por meios a respeito dos quais têm pouco ou nenhum conhecimento.)

Não precisamos imaginar que esse pacto foi estabelecido de uma maneira consciente, pela assinatura de um documento, ou mesmo do modo como os acordos são evocados quando compramos um software de computador (abrindo o envelope que contém o disco, aceitamos todos os termos de algum contrato). É possível simplesmente supor que as pessoas concordam em aceitá-lo da maneira como tantas coisas são combinadas e aceitas na atividade social comum, continuando a participar da atividade, mesmo quando tomam conhecimento de todos esses entendimentos tácitos. (Tenha em mente a advertência etnometodológica usual: participantes muitas vezes honram acordos depois do fato, imaginando, em cada ocasião, o que poderiam ou deveriam ter pensado quando disseram que concordavam com uma coisa qualquer.)

Outros usuários não envolvidos em tal pacto talvez não saibam o que esperar, e, assim, podem ser facilmente enganados pelos inescrupulosos. Mas é possível dizer que esse tipo de usuário não deveria estar utilizando coisas sobre as quais não tem conhecimento suficiente, que não é culpa dos produtores se ele insiste em se meter em coisas que não compreendem nem podem avaliar devidamente.

Podemos dizer tudo isso — se insistirmos em tomar partido numa disputa potencial como esta, o que não precisamos fazer. Eu preferiria não tomar partido com relação a essas questões e apenas observar quem discorda de quem sobre o quê — tratá-las como um fenômeno sociológico a estudar, e não como um caso judicial que nos caberia decidir.

Para todas as formas de falar sobre a sociedade, deveríamos procurar (como possibilidade, não como inevitabilidade) uma comunidade moral de produtores e usuários cujos membros conhecem e aceitam alguns métodos padronizados de comunicar ideias e conclusões sobre a sociedade e de convencer os outros da validade do que é comunicado, mesmo que esses métodos estejam crivados de defeitos e falhas. Os usuários sabem tudo sobre o que os produtores fazem. Não ocorre qualquer persuasão "insidiosa". Os produtores não estão fazendo coisas secretas para enganar os usuários; não há segredos. (O mundo altamente profissionalizado e esotérico dos modelos matemáticos, discutido no Capítulo 9, é assim. As únicas pessoas que consomem esses modelos são em geral as que poderiam fazê-los, e talvez os façam.)

Podemos formular as perguntas sociológicas habituais sobre essas comunidades representacionais. Como elas recrutam seus membros e os socializam de um modo que funcione? Quais participantes sabem tudo sobre os meios persuasivos que os produtores usam? Onde aprenderam isso? Que usuários sabem menos e estão mais propensos a serem iludidos por meios insidiosos? Que processo de seleção dividiu os usuários em instruídos e não instruídos? Será que aqueles que não sabem tiveram uma chance de aprender, mas não a aproveitam (como posso imaginar que muitas pessoas que estão lendo este livro poderiam recusar um curso grátis de dez semanas sobre modelagem matemática)?

Em muitos desses mundos, um pequeno grupo de produtores faz representações vistas por um grande grupo de usuários não muito instruídos. A maioria das pessoas que vê filmes no cinema ou na televisão não saberia fazer um.

Não saber como fazer um filme, claro, não é o mesmo que não saber como assistir a filmes criticamente. Por outro lado, as tabelas e os diagramas estatísticos apresentados em jornais e revistas populares podem, sem dúvida, enganar pessoas não treinadas para detectar embustes. Elas podem saber que as estatísticas mentem, mas não ter conhecimento sobre que tipo de mentira é contado, nem como detectá-la, algo que só os especialistas sabem. (Isso produz livros como *Damned Lies and Statistics*, que visa a corrigi-las.[5])

Estariam todos os participantes menos instruídos sendo enganados? Muitas pessoas poderiam não se importar muito com o fato de terem sido enganadas por meios de comunicação "insidiosos". Suponha que você contou aos espectadores que os produtores de *Titicutt Follies* tinham manipulado suas emoções e conclusões pela montagem e regulação do ritmo das tomadas, de modo que eles tinham passado a acreditar no que podia ou não ser verdadeiro. Muitos deles poderiam responder (ou não, claro) que não se importavam, que acreditavam nas evidências de seus sentidos, no que tinham visto e ouvido, independentemente de tais influências; que nenhuma influência desse tipo poderia mudar seu julgamento a respeito da incapacidade do médico em levar a lógica de Vladimir tão a sério como terminamos por levá-la; que nenhuma instrução sobre o uso ardiloso da montagem, do ângulo da câmera, da iluminação ou da gravação do som poderia alterar suas conclusões de que o tratamento que as pessoas recebem em hospitais como esse acaba por matá-las; saber que houve decisões quanto ao sequenciamento e à montagem não pode amenizar a desumanidade dos métodos de encarceramento e do modo como os guardas zombam dos internos.

Assim, "insidioso" sugere o que poderia não ser verdade: que os usuários iriam objetar, se soubessem, a ser convencidos por meios dos quais não têm conhecimento. Isso chama atenção para um outro nível de acordo moral envolvido nas relações produtor-usuário. Vou especular aqui sobre possibilidades, não relatar resultados de pesquisa.

Alguns usuários poderiam certamente estar interessados sobretudo nas "grandes" conclusões da obra, para as quais há uma abundância do que parecem ser evidências diretas, para as quais os meios insidiosos são apenas "incidentais", como a música de fundo de um documentário ou filme pode estar ali só para estabelecer um clima. Esses usuários poderiam dizer que o elemento incidental apenas os ajuda a compreender a mensagem; não são enganados por ele, recebem-no com prazer, como um leitor poderia receber com prazer uma tipologia de leitura fácil. Leitores poderiam ver com bons olhos um expediente gráfico de que mal tomam consciência e o qual enfatiza algum elemento de uma tabela mais do que ele "merece" (usando um artifício que estatísticos profissionais consideram enganoso), porque isso os ajuda a ver o que é importante para eles. Críticos poderiam dizer que isso apenas mostra como estão sendo realmente enganados.

Quem pode decidir que alguma outra pessoa não sabe o suficiente para fazer julgamentos sobre questões sérias por si mesma? Em geral supomos que isso é verdade acerca de crianças abaixo de certa idade, provavelmente sem pensar muito acerca do que nos dá o direito de pensar isso. Podemos presumir também que sabemos mais que adultos menos instruídos que nós sobre a matéria em questão?

Questões sobre quem pode e deve proteger os usuários menos instruídos nos levam a considerar as variedades de organização social que envolvem a produção e o uso de representações e a aprendizagem da moralidade que cerca essas atividades. Uma maneira de aprender o que é essa variedade seria indagar sobre diferentes métodos e organizações de socialização envolvidos na feitura e no uso de representações.

Aprendemos a respeito de algumas representações como parte de nosso desenvolvimento: como ver filmes ou ler livros, por exemplo. Outras exigem aprendizado especializado: ler uma tabela estatística complexa ou um mapa técnico. Muitas representações assumem uma variedade de formas, algumas legíveis por membros comumente bem socializados de uma sociedade, outras apenas por especialistas e pessoas especificamente formadas. A dificuldade não é uma propriedade intrínseca de uma representação, ela depende do que as pessoas foram preparadas para fazer. Se todos numa comunidade aprendem, como algo natural, a ler cartas meteorológicas complexas (como pode acontecer numa comunidade de marinheiros ou numa base aérea), isso é socialização comum, embora em outros lugares apenas os altamente instruídos saibam fazer o mesmo. Isso varia historicamente também. O que era esotérico numa geração é agora matéria da escola primária. Inversamente, menos pessoas hoje têm habilidade para fazer um vestido a partir de um molde comprado numa loja — isso era mais comum outrora.

Hersey afirmou que não precisamos temer que os usuários sejam enganados pela prática jornalística habitual de não nos dizer tudo de que precisamos porque os leitores sabem se proteger contra esse tipo de embuste. Eles farão, pensava ele, o trabalho de se proteger lendo cuidadosamente, pensando sobre outros materiais possíveis que o jornalista poderia estar excluindo, avaliando o que esses materiais poderiam conter e decidindo sobre a possibilidade de esses materiais alterarem seu julgamento sobre a questão em pauta.

Essa é uma responsabilidade pesada para um leitor comum, e ela nos leva de volta à questão da divisão do trabalho. As pessoas fazem realmente esse trabalho? Os leitores habituais de jornais e revistas provavelmente não são tão cuidadosos ou céticos em relação ao que leem (algo para um pesquisador averiguar). Eles se assemelham mais aos estudantes entrevistados por McGill, que achavam que não precisavam ler as tabelas dos artigos científicos porque os editores já haviam assegurado que elas diziam o que o texto dizia que diziam e corroboravam a argumentação do autor.

Louvor e censura: quem e o que é bom e mau

As ciências sociais e a análise histórica quase sempre, de maneira explícita ou mais ou menos dissimulada, fazem fortes juízos morais sobre os assuntos acerca dos quais escrevem. Os historiadores não discutem apenas se a Guerra Civil era inevitável; querem estabelecer, digamos, que não era inevitável, e portanto as pessoas responsáveis por seu acontecimento são culpadas de terem-na causado. Se elas tivessem se comportado de outra maneira, a guerra jamais teria acontecido e todas aquelas vidas seriam poupadas. Ou querem estabelecer que a guerra era inevitável, dada a correlação de forças e eventos na época, de modo que as mesmas pessoas não são culpadas.

No final do século XX, sociólogos e antropólogos e outros também discutiram se os negros pobres nos Estados Unidos — cujas condições ninguém negava serem piores que as das outras pessoas, em muitos aspectos — contribuíram de alguma maneira para seus próprios problemas (assim como houve quem discutisse se os judeus europeus tinham feito algo que os tornara cúmplices de suas próprias mortes nos campos de concentração nazistas). Estudiosos e outros discutiam sobre a "cultura da pobreza" ou, numa outra forma, a "cultura negra": participam os pobres (ou os negros, ou os pobres e negros) mais ou menos de bom grado de um sistema de entendimentos e práticas que torna inevitável sua vitimização por um sistema de exploração, repressão e opressão? Ou poderiam eles, não participando desse sistema, melhorar sua situação?

Embora os cientistas sociais possam parecer discutir sobre achados factuais e problemas técnicos específicos, podemos quase sempre encontrar por trás das discussões um desejo de mostrar que alguma coisa é exatamente como deveria ser ou não é absolutamente como deveria ser, embora o "deveria" em geral fique sem discussão e não corroboração. Quando o estudante em nosso curso de Ciência Social Performática leu o artigo sobre raça e gastos com educação "com sentimento", tornou esse espírito evidente.

O valor retórico da neutralidade

Muitas maneiras de relatar o que sabemos a respeito da sociedade tentam parecer neutras e evitam transmitir a impressão de estar apenas falando de uma maneira tão entusiástica e altissonante que só convenceria os já convencidos. Elas apresentam fatos e deixam os usuários concluírem.

Alguns produtores guardam suas crenças morais para si mesmos. Publicam as tabelas, apresentam os materiais pertinentes a um problema sobre o qual fizeram um sério julgamento moral — discriminação racial, por exemplo — e depois deixam os leitores chegarem às suas próprias conclusões: uma atitude científica comum, muitas vezes recomendada pelas autoridades.[6]

Os produtores que fazem isso esperam que todos os seus usuários, ou a maioria deles, partilhem sua posição moral. Os cientistas sociais dos Estados Unidos (os sociólogos certamente, mas talvez isto seja menos verdadeiro em outros campos) são em sua maioria mais ou menos liberais (em termos políticos), tal como essa expressão é utilizada pelos americanos, mais ou menos de esquerda, tal como o resto do mundo compreende isso. Eles podem, por conseguinte (ou assim pensam), considerar certas premissas como dadas. Se eu demonstro uma disparidade de renda entre brancos e negros, não preciso dizer que isso é mau. Quase todos os que leem o que escrevo concordarão que é mau. A conclusão moral decorre automaticamente do resultado estatístico (que, no entanto, não conduz logicamente a ele).

Esses julgamentos disfarçados aparecem em outras formas de representar a sociedade. Não são apenas os cientistas sociais que adotam ostensivamente uma atitude neutra. O *Guggenheim Project* de Haacke e muitas de suas obras usam a mesma estratégia, apresentando fatos mais ou menos bem conhecidos, arranjados de modo a conduzir os usuários a uma conclusão moral que o artista espera que formulem por si mesmos. Os filmes de Wiseman, na superfície, parecem simplesmente apresentar o que poderíamos ter visto se tivéssemos estado onde ele esteve.

Nas sociedades ocidentais do século XXI (e em muitos outros lugares também), ser científico significa ser neutro. Quando perseguimos quase qualquer meta pública, o aliado mais forte que podemos alistar em nossa campanha é a ciência, precisamente porque todos a consideram neutra, e portanto não influenciada pelo que gostaríamos que fosse verdade, mas somente pelos resultados da pesquisa objetiva, imparcial. Oponentes que discordam de nossas crenças religiosas e questionam nossos imperativos morais têm dificuldade em discutir com a ciência, a qual, segundo todos pensam, apenas descreve as coisas como são. O que é em grande medida verdadeiro, a despeito de todas as críticas e argumentos socioconstrutivistas. Aceito a maioria desses argumentos, mas, mesmo assim, confio mais num estudo científico neutro que num argumento baseado em revelação religiosa ou dedução a partir de um imperativo moral que não aceito (ou mesmo de um que aceito).

Ao apresentar meus dados e análises de maneira neutra e objetiva, portanto, posso comunicar meus julgamentos morais de maneira eficaz. Contanto que os usuários partilhem minhas premissas morais, a simples lógica os conduzirá às minhas conclusões morais.

Obtemos uma grande vantagem retórica com essa maneira indireta de fazer as coisas: podemos apresentar nossos julgamentos morais como os achados da ciência desinteressada. Mas os julgamentos morais, por mais ocultos que estejam, talvez causem dificuldade analítica. É um problema de linguagem. Os cientistas tentam usar termos neutros que reúnam coisas que se parecem umas com as outras o suficiente para que possamos encontrar generalizações verificáveis sobre as condições que levam a elas. Querem que sua linguagem seja precisa e não tentam fazê-la incluir um julgamento moral. Cientistas médicos em geral não tratam germes e vírus como se exigissem condenação moral. Querem saber como esses organismos funcionam, e do que depende seu ciclo reprodutivo, para interferir nele de maneira eficaz. Pensam, claro, que germes e vírus são "maus" para nós e que devemos nos livrar deles e eliminá-los. Mas não gastam tempo condenando-os e xingando-os.

Por que não? Porque todos concordam que tuberculose, sífilis e sarampo são maus. As doenças e os germes que os causam não têm defensores. (Embora George Bernard Shaw tenha feito uma excelente defesa deles em sua peça *Too True to Be Good*, de 1932, em que um germe é um personagem importante e bondoso.) Em consequência, os cientistas podem descrevê-los em linguagem técnica e ninguém os acusará de irresponsabilidade moral. Mas se eles discutem as causas do câncer de pulmão e os fabricantes de cigarros são responsáveis por cânceres que se desenvolvem em consequência de uma vida de consumo de cigarros, a linguagem neutra tem uma consequência moral. (E lembre-se das discussões sobre o "bom" e o "mau" colesterol.)

A linguagem que os produtores empregam para escrever sobre a vida social está sempre envolvida numa tentativa de expressar julgamentos morais, evitá-los ou emiti-los de maneira disfarçada. Há sérias razões para se evitar a linguagem insultuosa em análise social (sobre as quais falarei no Capítulo 13, na discussão sobre a terminologia analítica cuidadosamente neutra de Erving Goffman). Algumas representações chegam muito perto de uma recitação não avaliadora, inteiramente neutra, de fatos simples não interpretados. James Agee fez isso em *Let Us Now Praise Famous Men* ([1941] 1988) e o romancista Georges Perec fez experimentos nessa linha que discutirei no Capítulo 15.

Causas e culpa

Usualmente os cientistas sociais procuram as causas dos fenômenos que estudam; esta é a maneira mais comum de descrever o que fazemos. Julgamentos morais muitas vezes assumem a forma de atribuição de culpa. Os cientistas sociais em geral atribuem culpa anunciando o que fez com que algo acontecesse. Se sabemos o que causa alguma coisa, sabemos o que deve ser mudado para alterar alguma consequência social que desaprovamos. Se não gostamos da situação dos negros nos Estados Unidos e queremos mudá-la, e se sabemos o que causa essa situação, sabemos o que alterar para obter o resultado desejado. Se podemos identificar X como a causa, sabemos que deveríamos fazer alguma coisa com relação a X para que ele não mais produza o resultado que não queremos. Quando explicamos o que causou algo ruim, culpamos essa causa pelo resultado adverso que analisamos.

Esta é uma maneira enganosa e, em última análise, daninha de pensar. A justificativa para essa afirmação severa vem de uma maneira alternativa de pensar sobre como ocorrem os fenômenos sociais.[7] A busca de causas induz ao erro porque supõe um modelo aditivo de como as coisas acontecem. É daninha porque leva os analistas a atribuir culpa de maneira incompleta e moralmente questionável.

Suponha que a situação deplorável dos negros nos Estados Unidos seja causada por vários aspectos: preconceito racial absoluto, racismo institucional, a saída das indústrias das cidades onde os negros vivem, a prevalência do hábito e do comércio de *crack* nos bairros onde muitos negros moram, e assim por diante. Poderíamos, razoável e corretamente, acrescentar muitas outras coisas à lista, mas sua completude não afeta a ideia que quero expressar.

Na análise convencional das causas, cada uma delas influencia a coisa em que estamos interessados. Na linguagem analítica convencional, as variáveis causais (independentes) afetam as variáveis de efeito (dependentes) em algum grau mensurável. Assim, o preconceito racial adiciona (vou inventar o número) 10% à má situação, a fuga industrial dos bairros dentro das cidades adiciona 30%, e assim por diante, até que toda a variância na situação que queremos explicar seja justificada por uma combinação dessas variáveis. Qualquer das variáveis independentes poderia ter feito todo o serviço de produzir por si mesma o resultado indesejável, se fosse forte o bastante, mas nenhuma delas jamais é. E qualquer combinação produziria tal resultado se elas fossem coletivamente fortes o bastante. As variáveis causais são substituíveis. Em outras palavras: podemos somar a influência das causas, e qualquer resultado que leve o total ao número certo produzirá o efeito.

A alternativa, uma análise multiplicativa, busca a "conjuntura" de variáveis que produz o resultado. Que combinação de variáveis deve estar presente para que o efeito em que estamos interessados se produza? Essa abordagem diz que cada uma dessas coisas é importante. Se alguma delas estiver ausente, o efeito não acontecerá, ou não acontecerá da maneira que queremos explicar, embora alguma outra coisa desagradável possa ocorrer. É por isso que se chama multiplicativa. Lembre-se da aritmética da escola primária. Se multiplicarmos algum número, qualquer número, por maior que seja, por zero, o resultado será zero. Analogamente, se alguma das condições necessárias para o resultado final estiver faltando, não o obteremos. Com relação à situação dos negros nas cidades dos Estados Unidos, o estudo feito por Mario Small, em 2004, em uma comunidade na área de Boston deixa isso claro.

Bons sujeitos e maus sujeitos

O problema surge igualmente em formas não científicas de representar a sociedade. Narradores de história sempre tomam partido, explícita ou implicitamente. Histórias têm heróis e vilões, e o narrador em geral nos deixa saber quem é quem, seja rotulando-os explicitamente, seja fornecendo pistas de fácil interpretação. Em histórias para adultos, esperamos alguma sutileza. O vilão nem sempre usa um chapéu preto e bigode longo e caído, mas no final da história sabemos por quem devemos torcer.

A maioria das pessoas que faz pesquisa sociológica ou apenas lê sociologia por prazer ou proveito (isto é, para algum objetivo pragmático) pensa nela como uma das "ciências sociais", e a palavra *ciência* é com frequência — mas nem sempre — levada muito a sério. Como o capítulo anterior sugeriu, os usuários imaginam que o que leem não é só a expressão da opinião de alguém, consistindo em ilusões e esperanças piedosas e sendo por elas moldada, mas de alguma maneira depende do que está "realmente acontecendo" em algum lugar no "mundo real". Preferem pensar que aquilo relatado pelo que estão lendo repousa em material sistematicamente reunido e analisado, e os "resultados" se justificam por algo além do gênio ou da intuição do escritor.

Os usuários querem saber tudo isso porque "realmente" querem saber a quem culpar por essa trapalhada, quem pode ser considerado responsável por tais injustiças, de quem é a culpa. Querem classificar os atores numa situação social — os participantes numa organização, os oponentes numa disputa política, as partes numa disputa — em bons sujeitos e maus sujeitos, aqueles que fazem a coisa certa e aqueles que agem mal. Isso se baseia numa noção simplificada de causa: maus resultados são causados por más pessoas agindo mal.

Mas não podemos passar dos resultados de um estudo científico para julgamentos morais de maneira direta. Podemos por vezes mostrar que *tais* ações têm *tais* consequências (isso não é fácil, mas suponhamos que podemos). Mas não é possível deduzir diretamente o julgamento de que algumas pessoas são boas e se comportaram bem e outras são más e se comportaram mal dos resultados de investigação empírica. Podemos decidir, com base numa argumentação filosófica, que certos tipos de atos ou consequências são maus e depois mostrar *científica* ou empiricamente que essas pessoas praticaram esses atos e que estes tiveram aquelas consequências.

Muitas pessoas acham isso perturbador. Elas querem fortalecer sua posição moral demonstrando que o que desaprovam é *cientificamente* mau. Minha própria experiência com participantes no desenvolvimento da "teoria da rotulação" do desvio fornece um exemplo.[8] A teoria da rotulação analisou o "desvio" como resultado de interações complexas, em muitos estágios, envolvendo acusadores, acusados e uma diversidade de organizações oficiais e não oficiais. Tal abordagem de hábito lança dúvidas sobre atribuições convencionais de mérito e culpa, sobre a classificação dos atores como bons sujeitos ou maus sujeitos, mostrando que o processo de acusação e prova de culpa é social, e não um procedimento científico. Críticos horrorizados com esse relativismo perguntaram muitas vezes coisas como: "Bem, que dizer do assassinato? Isso não seria *realmente* desviante?" Sugeriram que, embora muitos atos fossem passíveis de definições diferentes, segundo a compreensão-chave dessa abordagem, alguns são tão hediondos que nenhuma pessoa sensata jamais os definiria de maneira que desculpasse a pessoa, as pessoas ou a organização que os tivesse cometido. De nada adiantou mostrar, quando essa acusação foi feita, que, se alguma coisa era assassinato, em contraposição a homicídio justificável, autodefesa, ação praticada em defesa de seu país, da lei e da ordem, essa era uma questão de definição. As críticas, aliás, vieram tanto da esquerda quanto da direita, esta apoiando "valores tradicionais" e apresentando crimes do gênero assassinato e incesto como contraexemplos irrefutáveis, ao passo que a esquerda propunha crimes como "imperialismo" ou "capitalismo" para alcançar o mesmo objetivo.[9]

O que estava em jogo era isso: a maioria das pessoas interessadas em problemas da sociedade quer fazer algo mais que identificar o que não lhes agrada como desviante segundo os padrões comunitários aplicados naquela comunidade. Quer dizer que esses padrões comunitários de maldade não eram apenas da comunidade, mas padrões que a ciência demonstrara, *cientificamente*, serem maus. Os críticos não queriam que a palavra *desviante* tivesse uma definição técnica simples como "algo que alguns participantes de uma situação chamam de mau"; queriam que ela significasse "mau, e a ciência provou que é mau".

A pergunta "Que dizer do assassinato?" desafiou-me a negar o que era óbvio para qualquer membro bem socializado de nossa sociedade: que algo que todos sabemos ser mau, como assassinato ou incesto, realmente é mau. Quando eu disse que concordava com eles, achava o assassinato mau e estava disposto a dizê-lo, não ficaram felizes; minha concordância de que era mau não lhes satisfez. Então perguntei: por que não é suficiente dizer que assassinato é mau e um ato de impiedade? Que ganhamos se dissermos que é "desviante" também? O que se ganha é óbvio: a autoridade da ciência. Porque um julgamento de "impiedade" só pode ser justificado por argumentação teológica, e um julgamento de "mau" por argumentação ética. Mesmo aqueles que são firmes em sua própria crença sabem que não podem convencer descrentes com argumentações semelhantes. Eles querem um argumento que funcione também com os que não creem. Essa argumentação é a ciência, na qual qualquer membro bem socializado da sociedade contemporânea presumivelmente acredita.

Talvez esse exemplo seja suficiente para mostrar que usuários de relatos de ciências sociais desejam uma maneira de distinguir bom e mau, bem e mal, bons sujeitos e maus sujeitos. E as pessoas que fazem relatos de ciências sociais estão, em sua maioria, não somente dispostas, mas ávidas por fornecer essa distinção. Não é preciso que um aluno de teatro leia um relatório com grande emoção para mostrar que bem na superfície de um relato de pesquisa em ciências sociais, ou logo abaixo dela, os produtores estão atribuindo mérito e culpa morais, mesmo quando professam "objetividade" e "neutralidade científica". Os historiadores fazem isso aberta e naturalmente; os críticos podem censurá-los por não fazer. Atribuem culpa, como sugeri, pelas guerras. Se Lincoln houvesse feito isso ou aquilo, talvez os sulistas não tivessem ficado tão encolerizados a ponto de querer se separar. Eles avaliam o caráter moral de atores históricos. Se Thomas Jefferson era realmente o pai dos filhos de sua escrava Sally Hemings, e dado o fato irrefutável de que possuía escravos, merece ele o respeito que lhe dedicamos como fundador da nação?

Muitos cientistas sociais não reconhecerão a si mesmos ou o seu trabalho nos parágrafos precedentes. William Fielding Ogburn, que introduziu a estatística na sociologia norte-americana e a sociologia no governo dos Estados Unidos, pensava que, como a sociologia é uma ciência, os sociólogos deveriam ser neutros, com uma neutralidade que permeasse seus escritos. Queriam prosa objetiva, e não emotiva, que substituísse palavras evocativas por palavras precisas com significados claros.[10]

A maioria dos cientistas sociais segue habitualmente o conselho de Ogburn, quer saibam, quer não. O que escrevem ainda contém vilãos ou heróis, em geral disfarçados como a atribuição de causalidade a variáveis. Tome um excelente exemplo do gênero, no qual a rotulação de virtude e vício não está escondida. Stanley Lieberson escreveu *A Piece of the Pie* para responder a esta pergunta: por que os negros americanos não alcançaram o tipo de mobilidade social individual e comunal que outros grupos étnicos? Por que judeus, italianos, irlandeses e poloneses fazem isso, e os negros não o conseguem? É por causa de discriminação, ou esse fracasso reflete diferenças inerentes em termos de capacidade? De quem é a culpa da falta de mobilidade e sucesso social dos negros? Dos negros, por não terem sido bons o bastante? Ou dos brancos, por não os deixarem ter uma chance justa? Esta questão factual pode ser respondida factualmente com uma definição cuidadosa dos termos e um exame crítico de todas as fontes de informação disponíveis. Mas ela é simultaneamente uma questão moral, porque, dada a maneira como os americanos pensam a culpa, se for por causa da discriminação, ela é culpa dos brancos; se não for por causa da discriminação, se for algo relacionado aos negros, se for "culpa deles", bem, que pena, talvez possamos fazer algo a respeito, mas não é culpa nossa.

Para não manter aqueles que não leram o excelente livro de Lieberson em suspense, a resposta, encontrada após uma análise inventiva e exaustiva de uma grande quantidade de dados imaginativamente descobertos, é que o responsável pelos baixos escores de mobilidade dos negros é a discriminação, não há dúvida sobre isso. Embora a prosa de Lieberson seja tão cientificamente casta quanto teria desejado Ogburn, o espírito moral de sua argumentação está bem claro. A prosa casta, diga-se de passagem, tem uma importante consequência retórica: ela ajuda a convencer os leitores que poderiam não ter formado por completo sua opinião a respeito dessas questões de que o autor que produziu os resultados não tem interesse pessoal algum a defender. Se os dados tivessem mostrado que não era a discriminação, ele teria relatado isso de maneira igualmente franca, por isso é melhor que acreditem; nada restou para apoiar qualquer outra conclusão.

Christopher Jencks escreve em geral dessa maneira, levando a sério proposições que deixam indignados os estudiosos liberais americanos e submetendo-as a exame rigoroso. Sua prosa é tão antisséptica e sua análise tão imparcial que, quando conclui, após uma avaliação cuidadosa e sistemática das evidências disponíveis, que as noções de Arthur Jensen sobre os baixos escores de inteligência de americanos negros[11] são asneiras, acreditamos nele, coisa que não faríamos inteiramente se ele tivesse começado com comentários convencionais sobre o quanto Jensen e suas ideias são repreensíveis.

A maioria dos relatos de ciências sociais oculta bem mais seus julgamentos. Talvez seja melhor dizer que os rotinizam, de modo que o julgamento moral está presente simplesmente na escolha de um problema. Por que estudar a distribuição das pessoas de diferentes raças nos escalões de uma grande organização se não pensamos que há alguma injustiça em curso? Mas, depois que escolhemos o problema, basta de conversa moral. Nossos leitores a suprirão automaticamente.

A maioria dos usuários de representações científicas fica satisfeita em deixar a questão moral não expressada. Usuários de obras em gêneros artísticos parecem exigir com mais frequência que a condenação moral seja exprimida com clareza. Discutirei o interessante caso da peça de Wallace Shawn, *Aunt Dan and Lemon*, que se recusa de modo provocador a fazer tais julgamentos, no Capítulo 12.

PARTE 2 | EXEMPLOS

9. Parábolas, tipos ideais e modelos matemáticos
Análises úteis em que não acreditamos

Em geral queremos que relatos sobre a sociedade sejam factualmente corretos, digam-nos algo verdadeiro que não sabíamos antes. Nas formas artísticas, bem como nas científicas, a verdade de uma representação é muito importante para os usuários. Mas há três exceções importantes a essa generalização, três tipos de análise da sociedade que não esperamos ou não queremos que sejam verdadeiras. Sabemos que alguém simplesmente as inventou, que elas não têm base em evidências colhidas com cuidado. Não nos preocupamos com isso porque não pensamos que alguma coisa que tenha contrapartida no "mundo real" acrescentará algo a seu valor. E, ao contrário de nossa turma de performance quando confrontada com a história de Tom sobre a tia e o pai, não nos importamos caso alguém diga: "Isso não é verdade." Seu efeito sobre e para os usuários não depende da verdade.

As *parábolas* — histórias que, a nosso ver, descrevem uma espécie de ideal platônico situado sob o que podemos ver (estou estendendo a definição do dicionário: "história que ilustra uma atitude moral ou um princípio religioso") — servem a propósitos que a verdade não pode alcançar, pelo menos não tão facilmente. De maneira semelhante, o *tipo ideal*, a ferramenta teórica refinada e empregada com tanta perícia por Max Weber, não descreve nada que encontraremos no mundo social à nossa volta ou que esteja disponível para nós por meio de estudo histórico. Os *modelos matemáticos* criam um tipo ideal matematizado, ainda mais abstraído da realidade que os modelos weberianos. Ninguém espera encontrar, em parte alguma do mundo real, algo semelhante às organizações sociais cujo funcionamento essas invenções matemáticas descrevem.

Os usuários compreendem que a utilidade dessas três representações "irrealistas" reside em outra coisa que não sua fidelidade a um original do mundo real. Em vez disso, elas deixam claro o funcionamento interno de uma ação coletiva obscurecida pelos detalhes historicamente contingentes de contextos particulares do mundo real, embora elas mesmas possam ser bem detalhadas. O analista faz essas descrições idealizadas removendo detalhes que não precisam ter a forma que assumem em algum caso histórico; e, ao fazê-lo, revela os mecanismos organizacionais idealizados ("perfeitos") que um exemplo empírico esconde. Representações como essas nos mostram como as coisas seriam se funcionassem daquele modo, se as forças em jogo, não estorvadas por detalhes irrelevantes e estranhos, pudessem revelar sua natureza essencial. O fato de serem irrealistas não priva essas representações de valor e utilidade. Ao contrário, os cientistas sociais e todos os outros usam importantes ferramentas desse tipo.

As parábolas de David Antin

Não podemos descrever David Antin facilmente com um único título ocupacional. Charles O. Hartman, em cujo capítulo sobre a obra de Antin nos baseamos amplamente, arrola algumas possibilidades plausíveis para uma descrição rápida:[1] "linguista, crítico de arte, engenheiro, poeta, tradutor técnico, curador, professor", mencionando também que Antin "recorre a uma estimulante extensão do pensamento linguístico, científico, sociológico e estético disponível para uma mente contemporânea cultivada".[2] Sou muito imperialístico, sempre querendo chamar pessoas inteligentes que fazem trabalho interessante de "sociólogos", assim (concordando com a inclusão da sociologia na lista de Hartman), vou tratar Antin como alguém que faz e relata sua própria pesquisa em ciências sociais. Como chamou um de seus trabalhos de "sociologia da arte",[3] ele talvez esteja disposto a aceitar esta honra duvidosa.

O trabalho de Antin assume a forma de "falas" [ou quadros de fala ou *talk pieces*] improvisadas, que ele faz ao vivo, mais ou menos sem planejamentos prévios, diante de uma plateia; grava-as e depois transcreve e publica num formato incomum, economicamente descrito por Hartman assim:

1. nenhuma letra maiúscula;
2. nenhuma pontuação (exceto aspas);
3. margens não justificadas à esquerda e à direita;
4. pausas tornadas visíveis como lacunas de cerca de sete espaços de largura;
5. quebras de linha arbitrárias;
6. (acrescentado em *tuning* [livro de Antin]) algo semelhante a quebras de parágrafo; parte de uma linha é abandonada abruptamente ou (se a linha parcial anterior for longa demais) três quartos de uma linha são acrescentados com espaço em branco.[4]

Ele falou sobre uma grande variedade de tópicos, inclusive (estes são seus títulos) "the invention of the fact" [a invenção do fato], "tuning" [afinação], "gambling" [aposta], "real state" [imóveis], "the fringe" [franja/orla], "what it means to be avant-garde" [o que significa ser vanguarda] e "the price" [o preço].

"the currency of the country" [a moeda/o costume do país],[5] uma história não muito realista, produz, nas mãos de Antin, uma análise penetrante e útil da organização social, política e econômica. Ele começa descrevendo algumas experiências que teve em sua própria universidade, onde tinha dificuldade em compreender o que outros membros do corpo docente diziam sobre o Primeiro, o Segundo e o Terceiro Mundo, e pergunta a si mesmo por que teria sido convidado para participar de um encontro sobre tecnologia e artes no Terceiro Mundo (será que alguém no Terceiro Mundo realmente se preocupa, ou se preocupa ao menos um pouquinho, com tecnologia e artes?). Passa para uma conversa com um amigo em que se surpreende ao saber quanto ganha um metalúrgico, considera como o preço de uma xícara de café subiu e começa a especular sobre como produtos (café, por exemplo) e serviços (uma corrida de táxi) têm uma espécie de preço padronizado a que nos acostumamos, e como ficamos surpresos quando o preço muda bruscamente, quando o café passa a custar 2,50 dólares a xícara, e não 50 centavos. Ele percebe que suas vagas noções sobre quanto ganha um "operário", quanto custa uma xícara de café e quanto custa uma casa se ligam umas às outras, num esquema geral vago e não verbalizado de valor, cujas partes são todas ligadas e descritas em quantidades de dinheiro. Em seguida conta uma história.

Na história, um amigo ganha uma bolsa de estudos para um país europeu não especificado (e, como se vê pelo desenrolar da história, de existência improvável). Em seu sistema monetário, baseado em potências de dois (e não decimal, como a maioria dos sistemas monetários ocidentais), a menor moeda, não mais em circulação, é chamada de unum. Ele nomeia todas as outras moedas (seu conhecimento de linguística o ajuda a construir um conjunto plausível de termos) desde o diplum (que vale 2 unums) até o bregma, que vale 1.280 unums. Por várias razões, muitas das moedas não estão mais em uso, e as pessoas trocam apenas sards (8 unums), nerors (32), slekts (64), arkts (128) e bregmas.

Nesse pequeno país, aninhado num vale entre dois países com indústrias poluentes, o ar é tão irrespirável que é preciso levar ar purificado às casas e demais construções, públicas e privadas, bem como aos veículos de transporte público. Os cidadãos têm de comprar esse ar para suas casas e outros usos, tal como as pessoas nos Estados Unidos compram água para uso privado. Embora um droz (3 litros/minutos) de ar puro custe apenas um slekt, os slekts se acumulam, de modo que as pessoas gastam grande parte de sua renda para tornar suas casas respiráveis. Pessoas com rendas médias só têm condições de manter um cômodo cheio de ar respirável. Antin calcula então quantos bregmas seria preciso gastar para ventilar uma casa, ou talvez apenas parte de uma casa, e nos diz quanto do salário de, digamos, um planejador urbano sênior seria necessariamente gasto com a ventilação. Ele nos conta que as pessoas procuram trabalho que lhes permita passar seus dias respirando o ar pago pelo patrão, o que significa que podem desligar a ventilação em casa, e põem os filhos em creches pela mesma razão.

A relação entre os salários e o preço do ar necessário para ventilar casas e apartamentos obriga as pessoas a encontrar maneiras de economizar partilhando moradias: "ocorria de fato que viverem três ou quatro pessoas num cômodo era a maneira mais econômica de pagar esse preço sem dúvida escandaloso pelo ar, proporcionando ao mesmo tempo um espaço físico razoável para os ocupantes, mas isso reduzia a privacidade, e podemos imaginar que efeito tinha sobre a vida social".[6]

E sobre tudo o mais. Telefonemas feitos de uma cabine (ventilada) custavam 1 slekt, o mesmo que a quantidade de ar consumida em três minutos na cabine custaria em casa. O preço da televisão (aparentemente 1 slekt por três minutos) é relacionado à quantidade de ar que várias pessoas olhando o mesmo aparelho na mesma sala respirariam. Mas isso é tão caro que as emissoras, que de outro modo não conseguiriam atrair a audiência desejada por seus anunciantes, subsidiam e distribuem um slekt "hexagonal" especial, chamado vizuslekt; pode-se pô-lo na ranhura através da qual se paga pela TV (tornando possível que várias pessoas fiquem na sala e assistam, aumentando assim o tamanho da audiência), mas não se pode gastá-lo com mais nada.

Sendo a privacidade tão cara — duas pessoas que queiram ficar sozinhas têm de pagar por um fornecimento especial de ar —, os jovens que querem fazer amor precisam tomar medidas especiais. Podem comprar um tanque de ar e levá-lo para o campo (onde têm de resolver as coisas rapidamente, porque os tanques são caros), ou tirar proveito do sistema estratificado de ar limpo em ônibus públicos, viajando em compartimentos fechados (e portanto privados) com um fornecimento de ar especial — isto, contudo, é muito mais caro que viajar na parte aberta do ônibus, onde o ar é muito pior, com o público geral.

Antin mostra como esses fatos financeiros da vida permeiam a linguagem; ele inventa uma língua vagamente centro-europeia para ilustrar essas ideias. Seu amigo leva de início algum tempo para compreender o que as pessoas estão dizendo na conversa usual, porque não compreende o conteúdo metafórico dos termos monetários em expressões comuns, não vê que relação eles têm com qualquer outra coisa. Alguém que quer descrever algo como inteiramente sem valor poderia dizer: *na vodjie tviijnii na vizuslektduvar* ("não vale nem um slekt hexagonal), expressão que ganha sua força do fato de o slekt hexagonal só valer para a televisão. De maneira semelhante, jovens que vão para o campo fazer amor são chamados de "pessoas que levam ar para as montanhas", e todos dão risadinhas quando isso é dito, porque sabem o que significa, embora o amigo de Antin tenha levado algum tempo para decifrar.

Na moeda desse país, uma noite completa no compartimento privado de um ônibus custaria oito bregmas a um casal. Mas mesmo um planejador urbano ganha apenas 950 bregmas por mês, enquanto um operário poderia ganhar apenas 400 ou 500 bregmas por mês, e um estudante receberia uma mesada de 100 ou 200 bregmas. Assim, um casal que passasse duas noites por semana junto (72 bregmas) poderia gastar nada menos que 75% da mesada de um estudante ou 15 a 20% da renda de um trabalhador.

Expressões populares corporificam essas realidades financeiras. Se você quisesse descrever um homem "fabulosamente rico", diria que ele é *tij vlazcescu mberie bregmadziu na dumobru ezadjie* ("rico o bastante para fazer amor em sua própria casa", isto é, para encher pelo menos dois cômodos de ar respirável, um para ele e sua parceira, o outro para todos os demais). Não espanta, portanto, que essa sociedade tenha o verbo *medrabregmadzian*, cujo significado metafórico refere-se a algo como "esbanjar sensualidade", mas cujo significado literal, segundo Antin, é "passar a noite toda fazendo sexo".[7] Antin fornece uma meticulosa análise linguística da morfologia dessa palavra (formada a partir da raiz bregma, a unidade monetária), que significa uma quantidade impossivelmente grande de dinheiro (bregmas).

[*medrabregmadzian*]
é um verbo composto formado a partir do infinitivo bregmadzian
que é transparentemente composto da terminação do infinitivo
verbal mais o radical bregma   ao passo que medra é um
prefixo adverbial   composto ele mesmo de duas partes   med-a
significando mais do   que o infixo *r*   um intesificador
expressando a noção de superação de todas as possibilidades de
modo que   medra significava "impossivelmente muito" ou
"muito"   ou simplesmente "demais"
porque fazer
amor num compartimento fechado durante uma noite inteira

era claramente fazê-lo demais.

Assim, nessa sociedade, como o revela a evidência de expressões idiomáticas comuns, os significados do dinheiro incluem (envolvem, absorvem) todos os tipos de outros significados que relacionam ar, privacidade, sexo e muitas outras coisas.

A história, para não os manter em suspense, termina tragicamente. O estudante americano conhece uma jovem nativa que se diz escultora, mas não corresponde à nossa ideia dessa profissão (não produz objetos feitos de materiais duráveis). Ela se intitula assim porque os escultores, que fazem um trabalho fisicamente árduo, recebem ar subsidiado do governo, e ela deseja expressar solidariedade com as classes trabalhadoras. Mas na realidade é muito franzina e parece mais uma intelectual do que alguém que faz trabalho físico árduo. Intelectuais e trabalhadores braçais são inimigos, e na primeira noite em que a moça convida o americano, timidamente, para "andar de ônibus" com ela, o ônibus é parado por membros do partido intelectual com o objetivo de fazer a doutrinação política dos passageiros cativos. A polícia vem dispersar a manifestação e, no tumulto que se segue, confunde a jovem com uma intelectual, e ela é morta (ou é o que terminamos pensando, embora isso não fique claro).

O americano volta para o seu país e, claro, é interrogado pela CIA. Quando lhes conta a história, eles ficam desgostosos. Não acreditam que o conflito político seja como ele descreve e lhe dizem que desperdiçou o dinheiro gasto com sua bolsa de estudos.

Você poderia pensar de início que a história é verdadeira. Eu pensei. Algumas das histórias que Antin conta em suas "falas"[ou quadros de conversa ou *talk pieces*], assim chamadas por serem improvisações orais, são verdadeiras, ou soam como se pudessem ser verdadeiras. ("the price" conta o rompimento do caso amoroso de sua mãe, num asilo de velhos, com um colega residente, que acaba por partir quando a nova administração se recusa a permitir que ele continue a passar a noite com a namorada em seu quarto; como ela diz a Antin, aquela residência era melhor do que o lugar para o qual ele havia se mudado, mas nesse novo lugar "o preço é justo".) Os amplos detalhes que Antin fornece sobre a geografia do país associado à poluição do ar e as elaboradas análises linguísticas de expressões comuns em sua língua europeia oriental acabam nos convencendo de que a história não é "verdadeira", mas sim uma parábola, segundo o dicionário, "uma história simples ilustrando uma lição moral ou religiosa [ou, neste caso, sociológica]".

Que não seja verdade não faz muita diferença — não fez para mim, e acho que não faria para você — para o valor da análise social da história. A história expõe as intricadas conexões entre crença comum, linguagem, estrutura de classe, condições ambientais, relações pessoais e muitas outras coisas teoricamente importantes de maneira clara e convincente. Verdadeiras ou não, as conexões são tais que podemos ver como elas seriam, ou poderiam ser, verdadeiras em quase qualquer contexto. Não nos detalhes particulares apresentados neste caso, mas de outros modos, que conhecer a história nos ajudaria a descobrir. Ou, se não forem verdadeiras, são expostas com uma lógica tão razoável que desejaríamos usá-las como pautas em nossa própria pesquisa sobre tópicos semelhantes.

Antin não tira muito proveito das conexões como teoria, embora elas tenham considerável interesse teórico. O usuário deve extrair a teoria da história e dos comentários petulantes, fingidamente inocentes, de Antin. Ele deixa uma grande quantidade de trabalho para os usuários. Dá-nos categorias, conceitos, variedade de fatos sociais possíveis — todos os elementos a partir dos quais poderíamos construir arranjos sociais semelhantes. Embora as histórias não sejam verdadeiras, não nos importamos, porque elas nos ensinam alguma coisa sobre a sociedade que podemos aplicar em outros lugares, em nossas tentativas de compreender o que está se passando. Elas nos dizem como as coisas seriam se fossem parecidas com as que ocorrem nesse país inventado, com seus pobres cidadãos carentes de ar.

Tipos ideais

Os cientistas sociais conhecem tipos ideais na versão proposta por Max Weber, que deu, como exemplo, a ideia que os economistas têm de um mercado e a economia de trocas a ele associada.[8]

> Esse padrão conceitual reúne certas relações e eventos da vida histórica num complexo que é concebido como um sistema internamente coerente. Substantivamente, esse constructo em si mesmo é como uma utopia a que se chegou pela acentuação analítica de certos elementos da realidade. Sua relação com os dados empíricos consiste unicamente no fato de que onde se suspeita que existam na realidade, ou onde se descobrem, relações condicionadas pelo mercado, do tipo a que se refere o constructo abstrato, podemos tornar os traços característicos dessa relação pragmaticamente claros e compreensíveis por referência a um tipo ideal. Esse procedimento pode ser indispensável para fins heurísticos, bem como expositivos. O conceito típico ideal ajudará a desenvolver nossa habilidade em imputação em pesquisa: ele não é nenhuma "hipótese", mas oferece orientação para a construção de hipóteses. Não é nenhuma descrição da realidade, mas visa a

dar meios inequívocos de expressão dessa descrição. ... É uma utopia. A pesquisa histórica enfrenta a tarefa de determinar, em cada caso, a extensão em que esse constructo ideal se aproxima da realidade ou diverge dela.

Fazemos um tipo ideal por abstração a partir da confusão da realidade, como Weber sugere com a ideia de "artesanato":

> Podemos introduzir a "ideia" de "artesanato" numa utopia [por "utopia" ele entende uma versão idealizada] arranjando certos traços centrais, realmente encontrados num estado obscuro, confuso, nos empreendimentos industriais das mais diversas épocas e países, num constructo ideal coerente por uma acentuação de suas tendências essenciais. ... Podemos ademais delinear uma sociedade em que todos os ramos da atividade econômica e mesmo intelectual são governados por máximas que parecem ser aplicações do mesmo princípio que caracteriza o "sistema artesanal" ideal-típico.

Weber usa frequentemente esse procedimento. Descreveu vários tipos de autoridade — carismática, tradicional, legal-racional — em termos ideal-típicos. Em seus estudos das religiões do mundo ele não esperava, e nós não esperamos quando fazemos nossa própria pesquisa em outras áreas da vida social, encontrar nenhum caso puro desses tipos de liderança. Os tipos nos dizem como as coisas seriam se as pessoas realmente seguissem um líder por julgarem-no dotado de dons especiais, ou porque era assim que sempre haviam procedido, ou porque essa pessoa era aquela a quem as regras lhes ordenavam obedecer. Mas não existe qualquer sociedade ou organização — nem deveríamos esperar isso — em que as pessoas ajam puramente em uma ou outra dessas bases. Weber descreveu a burocracia como ela seria se uma organização tivesse realmente todas as características que atribuiu ao tipo puro: atividades administrativas governadas por regras, trabalho feito por profissionais de tempo integral organizados numa hierarquia cuja carreira consistia em fazer esse trabalho, trabalhadores que não possuíam os meios de administração, com uma renda de salários, não de participação nos lucros ou bônus, e assim por diante. Mas não esperava encontrar nenhuma organização no mundo real com todas essas características.[9]

Os pesquisadores usam tipos ideais como uma maneira de chegar ao que é decisivo no caso que estão estudando, excluindo o historicamente contingente e acidental, tudo que não é necessário à ideia cuja essência querem expor. Isso lhes dá, como resultado, conceitos e ideias operacionais que, embora logicamente compatíveis e coerentes, têm suficiente relação com o que é observável para serem úteis no trato com materiais empíricos. Talvez o governo municipal que estou estudando não tenha todas as características de uma burocracia ideal, mas posso identificar um número suficiente delas para me dar pistas sobre o que examinar em seguida, que tipos de investigações poderiam levar a descobertas adicionais e assim por diante: um tipo de experimento mental, em que perguntamos a nós mesmos que aconteceria se certas tendências especificadas no tipo ideal operassem sem restrição. Isso nos permite ver traços daquelas possibilidades no que realmente acontece quando essas tendências operam apenas parcialmente, porque alguma outra coisa na organização refreava sua plena expressão.

O tipo ideal nunca é "verdadeiro"; a verdade não é uma questão relevante a se levantar acerca de um deles. Quando esses tipos fazem o que queremos que façam, mostram-nos interconexões entre os elementos, deixam-nos ver coisas influenciarem-se umas às outras no caso puro, permitindo-nos detectar sua operação nas condições menos puras do mundo real. Weber disse: "Há somente um critério, a saber, o do sucesso em revelar fenômenos culturais concretos em sua interdependência, suas condições causais e sua importância." É como a história de Antin, em que o que poderia ter acontecido, se aquelas coisas tivessem ocorrido daquela maneira, pode nos levar a uma compreensão do que aconteceu em alguma situação que tentamos compreender. Não é verdadeiro, mas é "útil", um critério muito diferente. Um tipo útil nos alerta para coisas presentes nos casos reais que estudamos, assim como a tipologia da autoridade de Weber nos ajudou a detectar diferentes modos de organizar a ação coletiva em grupos religiosos.

Dizer que um tipo ideal retrata como as coisas seriam se fossem daquela maneira significa que o produtor de uma representação como esta especifica um conjunto de condições e processos a partir dos quais podemos descobrir o que acontecerá em seguida. No caso mais puro de um tipo ideal — um modelo matemático —, chamaríamos isso de estado inicial e regras de transição, e identificaríamos o que ocorre em seguida como os estados sucessivos de um sistema.

Modelos matemáticos

As histórias de Antin exemplificam as interconexões de elementos numa sociedade. Weber criou tipos ideais de organizações em palavras. Ambas as coisas tornam a sociedade menos realista e mais compreensível.

A versão mais pura dessas operações idealizadoras é o modelo matemático, que dá valores matemáticos numéricos ou abstratos aos elementos que contém.

Modelos especificam uma população de elementos, os tipos de estados em que cada elemento pode estar, as operações que podem ser feitas com esses elementos. Membros de uma subclasse de modelos importantes para a sociologia listam a distribuição inicial de elementos entre estados possíveis, delineiam regras de transição que dizem como elementos podem mudar entre estados sucessivos do sistema completo e qual será a distribuição resultante dos elementos entre estados. Embora menos detalhados que um tipo ideal, eles produzem resultados correspondentemente mais claros.

John G. Kemeny, J. Laurie Snell e Gerald L. Thompson esboçam um modelo simples e produtivo: "Em algumas sociedades primitivas há regras rígidas que estabelecem quando os casamentos são permissíveis. Essas regras são destinadas a impedir que parentes muito próximos se casem."[10] As regras especificam quem pertence a um tipo de casamento (pense nisso como um clã), que membros de que tipos de casamento têm permissão para se casar, a que tipo os filhos de tal união pertencem, e assim por diante. "É possível dar a essas regras uma formulação matemática precisa em termos de matrizes de permutação."[11]

Eles definem uma matriz de permutação (pense nisso como uma tabela, com linhas e colunas) como "uma matriz quadrada [como uma tabela] tendo exatamente 1 em cada fileira e cada coluna, e 0 em todas as outras entradas [daquela linha ou coluna]".[12] Se você rotular as linhas e colunas com os nomes dos clãs em que tal sociedade é dividida, os 1 e 0 representam os casamentos permitidos ou proibidos. A matemática dessas matrizes nos diz como efetuar adição, multiplicação e outras operações matemáticas, e os resultados dessas operações nos dizem a composição da geração seguinte.

Evidentemente, não muitas sociedades têm regras de casamento tão rígidas e complexas, e aquelas que as têm só obedecem "mais ou menos" a elas, de modo que a utilidade de tal esquema para o estudo de uma sociedade real é limitada. Como modelo, porém, tem muita utilidade, porque nos diz que tipos de sistemas são possíveis e nos dá uma maneira de identificar como e quando as regras são violadas, e muitas outras coisas de interesse para estudiosos do parentesco.

Harrison White estudou os complexos sistemas de parentesco dos povos indígenas da Austrália, bem como os sistemas de um grupo que vivia na fronteira da Indochina com Burma, para demonstrar as possibilidades da modelagem.[13] Ele conclui que:

> Casamento prescritivo inequívoco [do modelo delineado pelo tipo de regras mencionado acima] é um caso-limite, um tipo ideal. Não deveríamos perguntar

se uma tribo tem um sistema de casamento prescritivo em contraposição a um preferencial, mas sim em que medida a tribo se conforma a um tipo ideal ou a alguma mistura de tipos ideais de sistemas de casamento prescritos, seja como uma unidade isolada, seja como parte de uma rede interativa de tribos. Resta a difícil tarefa de desenvolver uma estrutura de análise dentro da qual possamos definir de maneira significativa e com precisão a extensão da conformidade. ... Consegui apenas deduzir os tipos ideais.[14]

Podemos construir, por exemplo, um modelo matemático que faria esse tipo de análise de repertórios sinfônicos; este é meu próprio exemplo inventado da análise que William McPhee fez da classe geral de fenômenos sociais que ele identifica como "sobrevivência de itens na cultura":

Reunamos o que todas as orquestras sinfônicas nos Estados Unidos tocam num dado ano, e classifiquemos essas obras, digamos, pela nacionalidade do compositor (não precisa ser isso, poderia ser o ano da composição, o aniversário do compositor, a duração da obra ou até o tom). Descobrimos que X% das obras foram escritas por compositores alemães e Y% por compositores franceses etc. (Haverá ambiguidades e casos embaraçosos, compositores com dupla nacionalidade, por exemplo, como haveria para qualquer critério, e esses terão de ser resolvidos por definições um tanto arbitrárias, que, talvez surpreendentemente, não afetarão a utilidade do modelo.)

Suponhamos, além disso, que o repertório, ainda definido como tudo o que as orquestras tocam num ano, muda 2% anualmente. Cada ano, 2% das obras tocadas no ano anterior são abandonadas e 2% são acrescentadas. Suponhamos ademais que as obras adicionadas diferem em composição étnica, de alguma maneira especificada, da atual composição do repertório. Enquanto o repertório atual tem 30% de obras de compositores alemães e 10% de compositores franceses, entre as obras acrescentadas este ano 25% são de compositores alemães e 15% de compositores franceses. E suponhamos ainda que, como o repertório muda a cada ano, a nova proporção persista por dez anos. Qual será então a proveniência étnica do repertório?

Se este parece um exemplo frívolo, considere que o problema assim formulado é idêntico ao de saber quanto tempo se levaria para chegar a certa percentagem de mulheres com o posto de coronel na Força Aérea dos Estados Unidos, dado que a atual proporção de mulheres é X% e a taxa de substituição é Z% ao ano. O que quer que tenhamos descoberto sobre o modo como proporções de compositores de diferentes nacionalidades mudam ano a ano, isso será, em geral, verdadeiro

> para qualquer situação na qual um número fixo de elementos de vários tipos diferentes é substituído em taxas conhecidas a intervalos regulares.[15]

Assim como no caso dos tipos ideais de autoridade de Weber, é irrelevante queixar-se de que não é esse o processo pelo qual o repertório sinfônico muda. Não é isso que a análise nos diz. Ela nos diz simplesmente o que seria verdade *se* ela mudasse desse modo.

E quereríamos saber isso mais ou menos pelas mesmas razões pelas quais queremos saber sobre os tipos ideais de autoridade ou a forma ideal de um sistema de parentesco de certo tipo: é uma maneira de compreender a dinâmica de como alguma coisa poderia estar funcionando, mesmo que ela não funcione exatamente do modo como o modelo especifica. Assim, poderia ser útil saber que aspecto teria uma organização se ela realmente fosse uma burocracia do tipo que Weber descreveu, talvez no intuito de dizer, por exemplo, que, seja lá o que o governo municipal de Chicago possa ser, ele não é esse tipo de burocracia.

Como tipos ideais matemáticos são casos de formas matemáticas já conhecidas, sobre as quais muitos teoremas já foram provados e para cuja manipulação muitas operações foram criadas — cadeias de Markov, equações de diferença ou gráficos dirigidos, por exemplo —, tudo que foi provado sobre essas entidades aplica-se automaticamente a qualquer uso particular dessa entidade para propósitos de análise social. Se exponho o funcionamento de um sistema de parentesco como um processo de Markov ("um processo aleatório cujas probabilidades futuras são determinadas por seus valores mais recentes"),[16] depois que fiz as conexões apropriadas — identificar as variedades de afiliação a clãs, por exemplo, e especificar as regras que governam o casamento interclãs e a taxa em que ocorrem —, tudo o que se sabe sobre cadeias de Markov (que é muito) é logicamente (portanto automaticamente) verdadeiro com relação ao sistema que descrevi. Se descrevo as conexões entre as pessoas numa organização como uma rede, tudo o que foi provado sobre gráficos dirigidos torna-se disponível para mim com um resultado sobre a organização que estudei, sem que eu faça qualquer trabalho empírico adicional. A lógica da matemática assegura a precisão desses resultados. Não empiricamente, claro. Repetindo, não importa que não exista tal sistema de parentesco em lugar algum ou que nenhum sistema de parentesco específico do mundo real que estou descrevendo não funcione realmente daquela maneira. O modelo estabelece o que aconteceria caso ele fosse dessa maneira. E é útil saber isso.

Thomas Schelling usou essa propriedade para explicar mais uma dádiva do pensamento matemático para os cientistas sociais. Muitas coisas que nos interessam são verdadeiras por definição. São o que os matemáticos chamam de "identidades", os termos em um lado da equação totalizando o mesmo valor que o termo do outro lado. Schelling dá alguns exemplos simples: o número de vendas num mercado *deve* ser igual ao número de compras: não podemos vender algo sem que alguém o compre, ou comprar algo a menos que alguém o venda. Isto é óbvio, mas muitos exemplos o são menos. Citarei um com mais detalhes:

> Muitas vezes estamos interessados na razão de duas populações em vários locais. Um exemplo é uma dúzia de dormitórios e uma faculdade em que os homens constituem 3/4 da população. Muitas combinações são possíveis, todas sujeitas a uma restrição numérica. Há, por exemplo, uma única razão que pode ser comum a todos os dormitórios: 3 para 1. Há uma única maneira de dividir os homens e as mulheres de modo que todas as mulheres morem em dormitórios ocupados pela metade por homens: seis podem ser meio a meio e os outros seis exclusivamente masculinos. Se dois dormitórios forem exclusivamente femininos, as razões nos outros dez devem ser em média de 9 para 1. Exatamente duas casas podem ser meio a meio se duas casas forem só de mulheres. E assim por diante. O princípio aplica-se a calouros, estudantes negros, estudantes casados ou qualquer outro grupo. Se os estudantes negros forem 1/12 da população da faculdade, eles podem ficar todos em um dormitório, 50-50 em dois dormitórios ou na proporção de 1 para 3 em quatro dormitórios. Não há maneira alguma para fazer com que brancos morem, em média, com mais de 1 estudante negro em 12.
>
> Numa escala menor, a indivisibilidade das pessoas torna-se importante. Se elas são distribuídas entre quartos para quatro pessoas, ninguém pode ser menos que 25% de sua população local. Se os negros são 1/12 do total, somente 3/11 dos brancos podem ter algum companheiro de quarto negro. Se todos os negros preferirem um companheiro de quarto negro, e se o mesmo ocorrer com os brancos, a única razão aceitável será 2 e 2, com 10/12 dos quartos na faculdade sendo apenas de brancos. O mesmo se aplica a enfermarias de hospital, pelotões militares e, no caso extremo, a pares de policiais em carros de radiopatrulha para dois homens, em que todos os carros integrados são meio a meio, e ninguém num carro integrado está com alguém de sua própria cor.[17]

Não há nada sobre o que discutir nessas conclusões: não precisamos colher dados, elas decorrem de simples aritmética. Mas isso não as torna óbvias:

> É assombroso quantas horas de reuniões de comitê foram gastas com propostas para misturar homens e mulheres em dormitórios, ou negros e brancos, ou

calouros e segundanistas, de maneiras que violam o simples princípio aritmético segundo o qual, como quer que você os distribua, os números em todos os dormitórios têm de ser iguais aos números existentes.[18]

Não é verdade, e daí?

Muito estranhamente (parece estranho até que você comece a pensar sobre isso de uma maneira abstrata), a história de Antin e análises semelhantes relatadas como parábolas têm muito em comum com modelos matemáticos, assim como estes se assemelham a tipos ideais weberianos.

Como assim? A história de Antin é uma ficção. O país que ele descreve não existe. A história que conta nunca aconteceu. Mas a burocracia que o tipo de Weber descreve tampouco existe, e nenhum grupo de orquestras sinfônicas, ao planejar seus programas, segue uma estratégia tão precisa ano a ano como o modelo matemático imaginário descreveu. O modelo e o tipo são tão ficcionais quanto a história. Os três se assemelham uns aos outros, também, por serem analíticos, por dissecarem situações reais para encontrar seus componentes e depois construírem um modelo de como esses componentes influenciam uns aos outros e dependem uns dos outros.

Mas histórias, tipos e modelos também diferem substancialmente, e as diferenças são instrutivas. Modelos matemáticos expõem as relações que analisam em termos ao mesmo tempo precisos e abstratos (as duas coisas não precisam estar juntas). Funcionam metaforicamente, equiparando os fenômenos sociais concretos que modelam a um objeto matemático abstrato (assim como as pessoas calculam distâncias comparando suas visões de lugares e estrelas com a forma geométrica abstrata de um triângulo) e raciocinando a partir das propriedades do objeto abstrato para as propriedades do tópico específico que estão examinando. Assim Kemeny, Snell e Thompson descrevem as regras de casamento de uma sociedade como a formulação, modelada como matrizes de permutação, de sete axiomas que corporificam o funcionamento de um sistema de parentesco que decide a que grupo pertencem as crianças e prescreve alguns casamentos entre grupos e proíbe outros. Curiosamente, sua análise mostra que o número de sistemas possíveis, caso as pessoas de fato ajam como o sistema diz, é muito limitado.

As relações analisadas num modelo como esse são necessariamente "verdadeiras". Se as especificações do sistema forem atendidas, os resultados se seguem automaticamente, assim como a soma dos quadrados dos dois catetos de um triângulo retângulo é necessariamente igual ao quadrado da hipotenusa.

É a lógica simples e inevitável da geometria. Mas o modelo não faz qualquer afirmação de que algo no mundo é assim; simplesmente diz que, se algo fosse assim, seria isso que aconteceria.

Como dificilmente alguma atividade humana se assemelha muito a qualquer desses objetos matemáticos, os fornecedores de modelos têm dificuldade em vendê-los. Porque, embora não exijamos que sejam verdadeiros, com frequência exigimos que sejam "semelhantes a" fenômenos sociais reais em que estamos interessados. E embora possamos mostrar como um objeto abstrato poderia ser construído, quanto mais matematicamente preciso, completo e elegante ele for, menos nos dirá sobre a coisa que queremos que modele. Mas isso depende em parte de nossa engenhosidade em encontrar similaridades. Não perco a esperança com relação a isso, em parte por causa dos sucessos das outras duas variedades de representações "irrealistas".

Os tipos ideais, menos sujeitos a críticas, assemelham-se muito à coisa real. Se entramos numa repartição pública, certamente haverá arquivos, como Weber disse que haveria. Eles podem estar no *hard drive* de um computador, mas são arquivos que desempenham as funções que Weber lhes atribuiu. E os funcionários da repartição podem em geral descrever um sistema de emprego que tem muitas das características que Weber atribuiu às carreiras e contingências de trabalho dos sistemas de emprego burocráticos.

As relações entre os elementos de um tipo ideal não são necessariamente verdadeiras, mas têm um tipo de conexão na lógica humana. Podemos ver e compreender como esses atributos seriam combinados dessa maneira, como ter arquivos daria certa previsibilidade à ação. Ainda assim, essas relações não são verdadeiras por necessidade lógica, e pretendem dizer respeito a algo no mundo social real, embora talvez não exatamente como aquelas coisas. Não como nenhuma burocracia real, mas como as coisas que concebemos como burocracias. Assim, poderia ocorrer que o modelo não funcionasse para a classe de coisas para a qual é destinado. Ao avaliar um modelo como este, podemos considerar nossa experiência de situações e organizações "semelhantes a isso" e ver se o que é proposto faz sentido ou não.

A história de Antin é muito específica, mesmo que tenha sido inteiramente inventada por ele. Ele quer nos mostrar como reconhecemos quanto valem as coisas, do ponto de vista monetário, e como esse reconhecimento popular está incorporado na linguagem. Quer que compreendamos como uma situação ambiental poderia se ramificar em cada aspecto da vida: como um ar de má qualidade poderia levar a uma perda de privacidade, o que, por sua vez, poderia levar as pessoas a usar um meio de transporte público para fazer amor; e como um sistema de distribuição de ar de acordo com a dureza do trabalho que se faz poderia levar à classificação de escultores como "operários", enquanto pintores e escritores não, e como isso poderia levar, por sua vez, a conflito político de um tipo que poderia matar uma amiga. Os detalhes da história de Antin são convincentes, mesmo quando reconhecemos seu caráter ficcional. Os objetos linguísticos que ele analisa para nós, sem dispensar toda a parafernália de uma análise linguística técnica, parecem bons o suficiente para ser verdadeiros, mesmo que, para compreender como seria isso, tenhamos de examinar uma língua que conhecemos em busca de semelhanças.

Ao contrário do tipo de Weber, a história de Antin não precisa se assemelhar a algo de real, e as regularidades para as quais ele chama a atenção não estão expostas numa forma abstrata; ao contrário, são apresentadas como as particularidades de uma situação ambiental e política e de uma língua específicas. Não precisamos pensar que coisa alguma se parece com aquilo. Mas provavelmente o fazemos.

Cada uma dessas análises não verdadeiras, embora valiosas, satisfaz a algum conjunto de usuários. Os modelos matemáticos são feitos para e usados por um número relativamente pequeno de sociólogos e antropólogos que têm o conhecimento técnico e o interesse que poderia levá-los a construir eles mesmos tais modelos, embora possam também encontrar um público receptivo entre diletantes brincalhões como eu. Os tipos ideais tornaram-se uma peça usual do aparato sociológico, empregados por muitos pesquisadores na sociologia e além de suas fronteiras, embora eu pense que relativamente poucas pessoas inventaram novos tipos ideais para seus próprios objetivos, como Weber. As parábolas ainda estão por ganhar muitos adeptos de sociologia. Não me parece que eu seja o único, embora sejamos provavelmente um grupo pequeno — talvez apenas aqueles que tiveram a oportunidade de ver Antin encenar uma de suas "falas" [ou quadros de conversa ou *talk pieces*]. Penso que é uma forma de raciocínio cujo uso os cientistas sociais poderiam considerar, uma forma que lhes permitiria fazer alguns tipos de reflexão que poderiam considerar úteis. E uma forma que nos lembra que a verdade é uma grande coisa, mas não a única.

10. Diagramas: pensar com desenhos

Imagens de dados

O historiador da tecnologia Eugene S. Ferguson enfatizou o componente visual do pensamento num artigo surpreendente intitulado "The Mind's Eye: Nonverbal Thought in Technology", que mostrava como tecnólogos e cientistas lançam mão de imagens e diagramas, e não de palavras e números, para transmitir ideias e possibilidades. Inventores e engenheiros consideram o funcionamento de uma máquina por meio de imagens e apresentam seus resultados uns aos outros sob a forma de imagens. A visão de uma máquina desmontada pode mostrar aos leitores capacitados tudo de que precisam para compreender as relações entre as partes, como os elementos da máquina se engrenam para produzir o resultado desejado e como construir um aparelho por conta própria.

> Grande parte do pensamento criativo dos designers de nosso mundo tecnológico é não verbal, não facilmente redutível a palavras; sua linguagem é um objeto, uma figura ou uma imagem mental. Foi a partir desse tipo de pensamento que surgiram o relógio, a máquina impressora e o *snowmobile*. Tecnólogos, ao converter seu conhecimento não verbal diretamente em objetos (como quando um artesão fazia um machado americano) ou em desenhos que permitiram aos outros construir o que estava em suas cabeças, escolheram a forma e muitas qualidades do ambiente construído pelo homem. Esse componente intelectual da tecnologia, que não é literário nem científico, em geral passa despercebido, porque sua origem reside na arte e não na ciência.
>
> Como o componente científico do conhecimento em tecnologia cresceu acentuadamente nos séculos XIX e XX, a tendência foi perder de vista o papel decisivo desempenhado pelo conhecimento não verbal na tomada das "grandes" decisões a respeito de forma, arranjo e textura que determinam os parâmetros dentro dos quais um sistema irá operar.[1]

Como os sociólogos não trabalham com máquinas, nada do que estudam é tão facilmente mapeável como a engrenagem de rodas dentadas ou o giro de um eixo. A maioria deles recorreu a figuras para retratar grandes entidades conceituais, o que Michael Lynch chamou, indelicada mas precisamente, de "figuras de nada": "Os esboços, diagramas e arranjos tabulares apresentados em argumentações teóricas."[2] Ele exemplifica com uma "representação esquemática" construída por Ralph Turner para descrever o modelo implícito de relatos de Harold Garfinkel, em que expressões como "Capacidade de uso da linguagem" e "Capacidades deliberativas" estão ligadas (em geral por setas de duas pontas) a outras expressões como "Capacidade para indexar" e "Estoques de conhecimento". Algumas das ligações indicadas por setas são rotuladas por expressões como "a interpretação contextual ativa de gestos". Lynch descreve esta e outras figuras teóricas como "combinações ordenadas de fatores nominais ligados por vetores causais ou quase causais".[3]

Essas figuras de formas geométricas contendo palavras ligadas por setas de duas pontas, indicando causalidade que atua em ambas as direções, são comuns nos escritos sociológicos. As palavras ali presentes quase sempre expressam conceitos abstratos: "sociedade", "cultura" e "personalidade", por exemplo. Essas figuras produzem o que Lynch chama de uma "impressão de racionalidade" e uma "matemática retórica", forma elegante de dizer que versam sobre coisa alguma. Ele compara figuras desse tipo com outras, que guardam uma relação mais clara com algum tipo de realidade partilhada.

Menciono a análise de Lynch para distinguir essas "figuras de teoria" vazias de outro tipo de figura, com relação mais clara com uma realidade empírica que o investigador estudou, cujo objetivo é fazer o importante trabalho, já discutido aqui, de resumir detalhes. Afogar-se em detalhes não conduz a achados sociológicos. Detalhes não digeridos que não levam a parte alguma aborrecem os leitores. Ignorar os detalhes da vida cotidiana leva a concepções abstratas cujas relações com a realidade social que pretendem explicar não convence ninguém. Precisamos de métodos para apresentar tantos dados quantos os usuários possam manejar de uma forma que torne sua utilização fácil e inteligível, como faziam aqueles produzidos pelos tecnólogos descritos por Ferguson. Tornar o funcionamento das máquinas sociológicas que estudamos tão imediatamente compreensível quanto o desenho de um motor construído por um tecnólogo, isso é algo que os sociólogos poderiam tentar.

Este capítulo tem um objetivo modesto: mostrar aos leitores algumas possibilidades que talvez sejam úteis. Essas modestas possibilidades não exigem habilidades misteriosas. Demandam aos usuários que façam um pouco mais de trabalho, mas são compensadores em termos de maior conhecimento e compreensão.

Alguns estudos clássicos em sociologia lançaram mão de desenhos e diagramas de forma imaginativa para apresentar materiais complexos, cuja apresentação em prosa teria demandado um número enorme de palavras e seria muito mais difícil de acompanhar. Essas "figuras de dados" (em contraste com as "figuras de teoria" de Lynch) não revelam seu significado num único relance, como foi sugerido por John Tukey a respeito de uma boa figura estatística. Mesmo que os pontos mais importantes sejam estabelecidos num relance, as figuras exigem mais trabalho antes de revelarem sua plena significação.

Isso suscita, mais uma vez, um problema genérico de representação: inúmeros usuários não querem fazer esse trabalho extra. Encontrar um equilíbrio entre inovação e padronização é um problema associado com figuras do tipo que considero útil. Se empregarmos um formato comum para exibir nossos dados, perderemos grande quantidade da informação específica que poderia ajudar a explicar o conhecimento para o qual as formas convencionais se mostram estéreis. E os usuários que conhecem bem o formato podem não examinar as evidências ali fornecidas, como os estudantes que McGill entrevistou, que jamais olhavam para as tabelas dos artigos que liam.

Mas se inventarmos um novo formato cada vez que temos algo a dizer, corremos o risco de desagradar aos usuários, que não querem se dar ao trabalho de compreender as conexões. Eles não querem descobrir por si mesmos as relações escondidas nas listas de nomes e cargos em companhias no *Guggenheim Project* de Haacke. Um sociólogo queixou-se para mim da obra de Haacke: "Ela não tem conclusão! Se o homem tem alguma coisa a dizer, pois que a diga e não me faça perder tempo!" Embora o trabalho envolvido seja mínimo, muitos acham que é como tentar decifrar a prosa de Talcott Parsons, e se recusam a isso. Fazem o cálculo de custo que Harvey Molotch sugeriu, não acreditam que ele será compensador e se irritam com o esforço "extra" que a obra lhes demanda.

Em outras palavras, se a figura for feita para realizar apenas esse único serviço, será estranha, e os usuários podem torcer o nariz diante do trabalho extra requerido para compreendê-la. Mas se tiver um formato comum, não dará, quase por definição, espaço para os detalhes idiossincráticos do caso particular. Não que todo caso deva ser completamente único — como sociólogos, certamente acreditamos que há regularidades por aí em algum lugar —, mas que os traços do caso sejam expressos, por assim dizer, numa linguagem local. A tradução da idiossincrasia local para a linguagem corrente ocasiona a perda de nuances e talvez de substância real.

Examinarei algumas clássicas figuras de dados para ver o que seus criadores fizeram e com que resultados — focalizando materiais que demonstrem fatos e processos associados com arranjos sociais hierárquicos. Tenho uma ideia preconcebida: figuras desse tipo são um recurso que clama por ser usado, e, neste capítulo, mais que em qualquer lugar deste livro, estou com uma disposição proselitista.

Classe, casta e redes

O clássico da sociologia *Deep South*[4] trata da desigualdade social no interior de grupos raciais e entre eles, na cidadezinha de Natchez, Mississippi, no início dos anos 1930. Allison e Elizabeth Davis, que eram negros, e Burleigh e Mary Gardner, que eram brancos, moraram lá durante dois anos, participando intensamente da vida social de suas classes e castas e estudando exaustivamente o sistema de classe/casta, em seus aspectos sociais e econômicos. É um estudo notável e tornou-se "importante" de novo quando especialistas em análise de rede o descobriram como um precoce ancestral de seus interesses.[5]

Alguns dos diagramas e gráficos do livro lidam com o sistema de classes da casta branca tal como ele se manifesta na vida familiar e social.[6] Esse estudo, e outros associados ao antropólogo W. Lloyd Warner, foram criticados por não prestar atenção suficiente à posse dos meios de produção e às desigualdades que sustentam todo o sistema social. Essas críticas não se aplicam a *Deep South*, cuja Parte II examina com meticuloso cuidado a base econômica dessa sociedade, o sistema de produção do algodão e suas consequências econômicas e políticas.[7]

O livro, como diz seu tema, considera classe no sentido especializado que os autores dão ao termo:

> Tal como empregada aqui, uma "classe social" deve ser pensada como o maior grupo de pessoas cujos membros têm acesso íntimo uns aos outros. Uma classe é composta de famílias e cliques sociais. As inter-relações entre essas famílias e cliques, em atividades informais como visitas, festas, recepções, chás e acontecimentos sociais mais amplos, constituem a estrutura de uma classe social. Uma pessoa é membro daquela classe social com a qual estabelece a maioria de suas participações desse tipo íntimo.[8]

Os autores explicam como se informaram sobre as classes sociais:

> Os pesquisadores, tanto brancos quanto negros, foram iniciados nas complexidades do comportamento de classe ao mesmo tempo que aprendiam como agir em relação a pessoas da classe oposta. Quer se tratasse de aceitar um convite para uma festa, decidir visitar uma família ou planejar ir a uma igreja, os observadores participantes, que haviam sido "adotados" por pessoas de status social relativamente alto dentro das respectivas castas, eram aconselhados com referência à importante questão do "quem" e "onde". Certas pessoas deviam ser tratadas não como iguais, mas como subordinadas. Havia lugares onde uma pessoa "não podia se deixar ver" passando "momentos agradáveis" ou mesmo participando de um culto, sem ocorrer perda de status, a menos que fosse para fins de pesquisa.[9]

Eles explicam como ouviam as pessoas descreverem umas às outras em termos estereotipados: "'famílias importantes', 'famílias distintas e antigas', 'a alta sociedade', 'o populacho', 'gente simples', 'gente distinta, respeitável', 'gente boa, mas ninguém', 'brancos pobres', 'caipiras' etc."[10] — cujo caráter sistemático analisaram como uma hierarquia de três classes sociais, cada qual dividida num segmento superior e um inferior.

> Não somente os brancos referem-se com frequência a essas subdivisões no interior de sua própria casta, mas o fazem de maneira a indicar que pensam em termos de uma hierarquia social, com algumas pessoas no "alto", algumas "embaixo"; algumas pessoas "iguais" a elas mesmas, outras "acima" ou "abaixo" delas. Há expressões recorrentes como "Ele é nosso igual social", "Ela não é do nosso nível", "Eles são simplesmente ninguém", "Aquelas pessoas são muito importantes", "Eles não passam de gentalha branca!"... As pessoas tendem a agir em conformidade com essas concepções de seu "lugar" e da posição social dos outros na sociedade.[11]

O livro contém 25 diagramas de diferentes tipos apresentando conclusões e evidências sobre esse sistema de participação social desigual. Comentarei alguns e recomendo que leiam o livro e examinem a plena variedade apresentada ali.

Os autores observam de imediato que, embora todos na sociedade local reconheçam mais ou menos essas divisões sociais, o sistema de classes e os segmentos que as pessoas reconhecem dependem de sua própria posição. Apresentam sua análise dessa diferença em perspectivas de classe numa figura intitulada "As perspectivas sociais das classes sociais" (Figura 10.1).[12]

Um exame rápido produz uma conclusão imediata: cada grupo tem uma visão um tanto diferente do sistema, embora suas várias visões não conflitem umas com as outras. Uma inspeção mais detida confirma outras duas conclusões, mais interessantes: "Embora membros de todos os grupos de classes reconheçam classes acima e abaixo deles, quanto maior é a distância social das outras classes, menos claras se tornam as distinções.[13]" E:

> Embora um indivíduo reconheça com maior clareza a existência de grupos imediatamente acima ou abaixo do seu, ele em geral não está ciente da distância social realmente mantida entre seu próprio grupo e esses outros adjacentes. Assim, em todos os casos, exceto o da classe baixa alta, o indivíduo vê apenas um mínimo de distância social entre sua classe e as adjacentes. Isso é ilustrado pelas linhas pontilhadas. ...
>
> Em geral, também, indivíduos visualizam grupos de classe situados acima deles menos claramente que os situados abaixo; tendem a minimizar as diferenciações sociais entre eles mesmos e os que estão acima.[14]

A figura transmite isso, e ainda mais à medida que o leitor a examina com cuidado. É uma maneira econômica de apresentar conclusões complexas, com os detalhes que as apoiam. Mas é preciso examiná-la com atenção. Os autores deixam muito trabalho para os usuários que querem verificar as coisas e deduzir as implicações por si mesmos.

Uma série de diagramas expõe a análise de "cliques sociais na sociedade branca".[15] Diagramas preliminares (de números 3 e 4 no original, este último reproduzido aqui como Figura 10.2) mostram eventos sociais no eixo horizontal, e nomes de mulheres no vertical; um X indica a participação de uma mulher no evento. Com um pouco de trabalho, pode-se ver quem participou com quem e com que frequência. A srta. Thelma Johnson e a sra. Sophie Harris compareceram a nove eventos, a srta. Kathleen Mills compareceu a todos, menos três, e as outras três mulheres a um número menor ainda, a partir do que se pode ver que Thelma Johnson e Sophie Harris constituíam o núcleo do grupo. Os autores elaboram mais e fazem uma figura (de número 5, reproduzida aqui como Figura 10.3) que utiliza material das anteriores para mostrar graus de pertencimento a cada clique, quando e de que maneiras os dois grupos se sobrepunham. Ela sugere distinções entre membros nucleares, primários e secundários da clique, e os usuários podem ver por si mesmos os detalhes de participação que essas ideias resumem.

CLASSE ALTA SUPERIOR		CLASSE ALTA INFERIOR
“Aristocracia antiga”	AS	“Aristocracia antiga”
“Aristocracia”, mas não “antiga”	AI	**“Aristocracia”, mas não “antiga”**
“Gente distinta, respeitável”	MS	“Gente distinta, respeitável”
“Gente boa, mas ‘ninguém’”	MI	“Gente boa, mas ‘ninguém’”
“Brancos pobres”	BS BI	“Brancos pobres”

CLASSE MÉDIA SUPERIOR		CLASSE MÉDIA INFERIOR
“Sociedade”: “Famílias antigas”	AS	“Aristocracia antiga” (mais velha) / “Aristocracia arruinada” (mais jovem)
“Sociedade”: “Sociedade”, mas não famílias antigas	AI	
“Gente que deveria ser da classe alta”	MS	“Gente que pensa que é alguém”
“Gente que não tem muito dinheiro”	MI	**“Nós, gente pobre”**
“Gente sem a menor importância”	BS	“Gente mais pobre que nós”
	BI	“Gente sem a menor importância”

CLASSE BAIXA SUPERIOR		CLASSE BAIXA INFERIOR
	AS	
	AI	
“Sociedade” ou “a gente endinheirada”	MS	“Sociedade” ou “a gente endinheirada”
“Gente que está por cima porque tem um pouco de dinheiro”	MI	“Gente muito importante”, mas não “Sociedade”
“Gente pobre, mas honesta”	BS	“Esnobes tentando ascender”
“Gente indolente”	BI	**“Gente tão boa quanto qualquer outra”**

10.1 Fonte: A. Davis, B.B. Gardner e Mary R. Gardner, *Deep South*, p.65: “As perspectivas sociais das classes sociais.”

NOMES DOS PARTICIPANTES DO GRUPO II	NÚMEROS DE CÓDIGO E DATAS DE EVENTOS SOCIAIS NOTICIADOS NO *Old City Herald*								
	(1) 27/6	(2) 2/3	(3) 12/4	(4) 26/9	(5) 25/2	(6) 19/5	(7) 15/3	(8) 16/9	(9) 8/4
1a. Srta. Thelma Johnson....	×	×	×	×	×	×	×	×	×
2a. Sra. Sophie Harris.......	×	×	×	×	×	×	×	×	×
3a. Sra. Kathleen Mills......	×	×	×	×	×	×	....	....	....
4a. Sra. Ruth Turner........	×	×	×	....	....	×	×	....	....
5a. Sra. Alice Jones.........	×	×	....	....	....	×	....	....	....
6a. Sra. Julia Smith.........	....	×	×	....	....	....	....	....	....

10.2 Fonte: A. Davis, B.B. Gardner e M.R. Gardner, *Deep South*, p.149: "Frequência de interparticipação de um grupo de mulheres em Old City, 1936 — Grupo II."

TIPO DE PERTENCIMENTO	MEMBROS	EVENTOS E PARTICIPANTES													
		1	2	3	4	5	6	7	8	9	10	11	12	13	14
Clique I: Nuclear....	1	C	C	C	C	C	C	–	C	C					
	2	C	C	C	–	C	C	C	C	–					
	3	–	C	C	C	C	C	C	C	C					
	4	C	–	C	C	C	C	C	C	–					
Primário...	5			P	P	P	–	P	–	–					
	6			P	–	P	P	–	P	–					
	7					P	P	P	P	–					
Secundário.	8					–	S	–	S	S					
Clique II: Secundário.	9					S	–	S	S	S					
	10							S	S	S	–	–	S		
Primário...	11							–	P	P	P	–	P		
	12							–	P	P	P	–	P	P	P
Nuclear....	13							C	C	C	C	–	C	C	C
	14						C	C	–	C	C	C	C	C	C
	15						C	C	C	–	C	C	C	C	C
Secundário.	16								S	S	S	–	S		
	17									S	–	S			
	18									S	–	S			

10.3 Fonte: A. Davis, B.B. Gardner e M.R. Gardner, *Deep South*, p.150: "Tipos de membros de duas cliques que se sobrepõem em parte e relação entre elas."

Os autores lançam mão de outro tipo de diagrama para mostrar "cliques sociais em sociedades de cor".[16] Uma figura (de número 12, reproduzida aqui como Figura 10.4) mostra "a estratificação social de cliques de cor" e é explicada assim (espero que não seja necessário justificar que as críticas ao uso que Davis, Gardner e Gardner fazem da expressão "de cor" [*colored*] seriam anacrônicas, já que essa era a maneira respeitosa de falar nos anos 1930 e início dos anos 1940):

[A ordenação] de algumas das cliques mais ativas ... foi mostrada. O segundo estágio, de relacionar este sistema de cliques com o sistema mais amplo de classes sociais, foi sugerido pela indicação de linhas de classe. O espaço social é descrito apenas com duas dimensões: (1) altura, que representa a faixa de status social; e (2) largura, que representa a faixa etária. Uma terceira dimensão, profundidade, não é representada, pois o tamanho relativo das classes, assim como o status e a idade, não é considerado. ...

O fato de que a maioria das cliques seja representada por elipses estreitas e curtas ou por círculos significa duas características gerais das cliques, a saber, que tanto a faixa de idade como a de status desses grupos informais são estreitas.[17]

Os dois tipos de diagrama fornecem matéria-prima para análises ainda mais extensas de questões interessantes como a mobilidade social. Como o pertencimento a uma clique facilita a ascensão no sistema de classes?[18] Um leitor que queira se beneficiar deles tem de estudá-los atentamente, seguindo as linhas e marcas para ver a que tipo de participação social se referem e avaliando ideias sobre classe social e suas manifestações na vida social à luz dessas evidências.

Os alunos no seminário "Falando sobre a sociedade" queixaram-se de que estes diagramas — e os outros que figuram neste capítulo — eram "de leitura

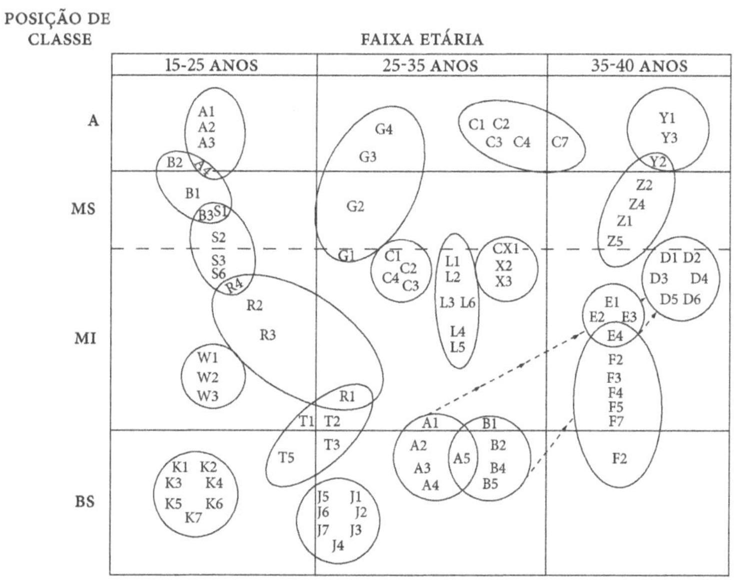

10.4 Fonte: A. Davis, B.B. Gardner e M.R. Gardner, *Deep South*, p.212: "Estratificação social de um grupo de cliques de cor."

difícil". Queriam dizer, o que era verdade, que deviam aprender um pouco de uma linguagem visual estranha (estranha para todos os leitores, já que tinha sido inventada para esse estudo específico) e adquirir habilidades interpretativas, embora nada muito complicado, além de buscar os significados dos novos termos e seus equivalentes visuais através de um labirinto de pequenas figuras. Não viam por que se "devia fazer isso", e consideraram tais exigências uma violação de seu contrato implícito com produtores de representações (ilustrando mais uma vez o tom moral de críticas dessa espécie). Invoquei outro tipo de moralidade e disse que aquilo era tolice, não era preciso fazer nada além de prestar atenção. Ao conversarmos, ficou claro que este era o problema. Os livros lhes pediam que fizessem um trabalho que julgavam caber ao autor, trabalho que não esperavam ser obrigados a realizar quando liam ciências sociais. Como os estudantes entrevistados por McGill, queriam a resposta sem ter de fazer nada além do necessário — e "desnecessário" significava que, se as conclusões haviam sido asseguradas por algum processo externo, como o sistema de arbitragem da revista, não havia razão alguma para se efetuar todo esse trabalho novamente apenas para verificar que o material estava inteiramente correto.

Classe, etnicidade e ocupação

French Canada in Transition, o estudo pioneiro do processo de industrialização feito por Everett C. Hughes, tem várias excelentes representações gráficas de fenômenos sociais. O diagrama "Composição étnica de grupos de interesse"[19] assemelha-se muito aos sugeridos por Tukey. Ele dá a proporção de franceses e ingleses em cinco diferentes grupos de interesse na pequena cidade de "Cantonville", Québec, que estudou, na forma de um simples diagrama de duas barras (reproduzido aqui como Figura 10.5).

No contexto da análise que o livro faz da divisão étnica do trabalho no Canadá, Québec, e na própria cidade, esse diagrama transmite sua informação de modo eficiente: a "força econômica mais poderosa da comunidade" é quase inteiramente inglesa, e as outras associações de negócios, menos poderosas, têm predominância francesa. Isso reforça a análise que o livro faz do predomínio inglês nas atividades econômicas. As barras no diagrama figuram na horizontal, o que não é comum, mas, afora isso, não representam um problema para usuários apressados.

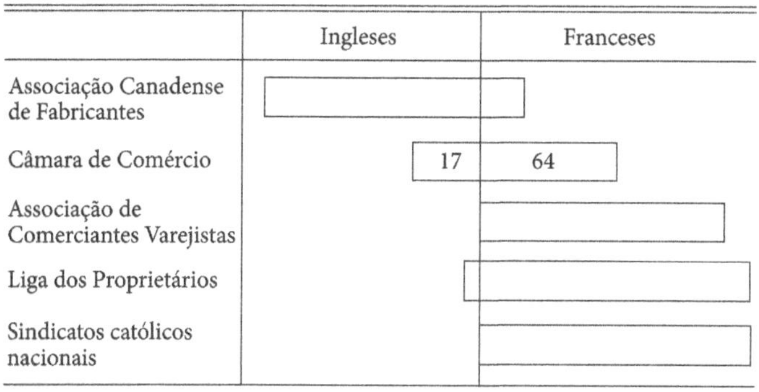

O diagrama não compara o número de membros de uma organização com o de outra, somente o número de membros franceses e ingleses em cada organização. Tanto a Liga dos Proprietários quanto os sindicatos têm algumas centenas de membros. Estamos bastante seguros de que não há membro algum inglês na Associação de Comerciantes Varejistas e nos sindicatos. Talvez quatro ou cinco pessoas das antigas famílias inglesas não industriais pertençam à Liga dos Proprietários. Os membros franceses da Associação Canadense de Fabricantes incluem os gerentes das indústrias menores e alguns homens influentes de interesse comercial que ajudaram a levar a indústria para a cidade.

10.5 Fonte: E.C. Hughes, *French Canada in Transition*, p.134: "Composição étnica de grupos de interesse."

Não se pode dizer o mesmo do diagrama "Relações de parentesco e outras entre um grupo de homens influentes" (reproduzido aqui como Figura 10.6), que fornece evidências para algumas reflexões sobre o papel do parentesco na organização das atividades sociais e dos negócios na comunidade francesa.

Após distinguir três outros grupos de franceses prósperos ("duas famílias antigas", um grupo de seis "famílias de homens de negócios e profissionais que ... levam uma 'vida sossegada'" e "a clique ostentosa de posição social reconhecidamente boa"), ele se concentra nos

> arrivistas, [que] apresentam um labirinto de parentescos e intercasamentos que se estendem até as camadas mais baixas e se espalham pelos condados rurais circundantes. ...
>
> Essa única teia de parentescos, intercasamentos, sociedades e amizades próximas inclui quatro dos sete advogados, dois médicos, vários dos homens de negócios preeminentes, bem como alguns de menor importância. O conjunto está ligado por vários laços ao vigário da principal paróquia. Seis dos homens hoje ocupam cargos públicos, e outros já o fizeram; todos são conservadores em política, embora variem de extremamente nacionalistas a moderados e conciliadores em sua atitude em relação aos ingleses. Embora vários dos homens pertençam ao clube de golfe e tenham importantes relações diplomáticas com ingleses ligadas a questões de indústria, negócios e política, nenhuma família do grupo tem qualquer contato social com famílias inglesas.[20]

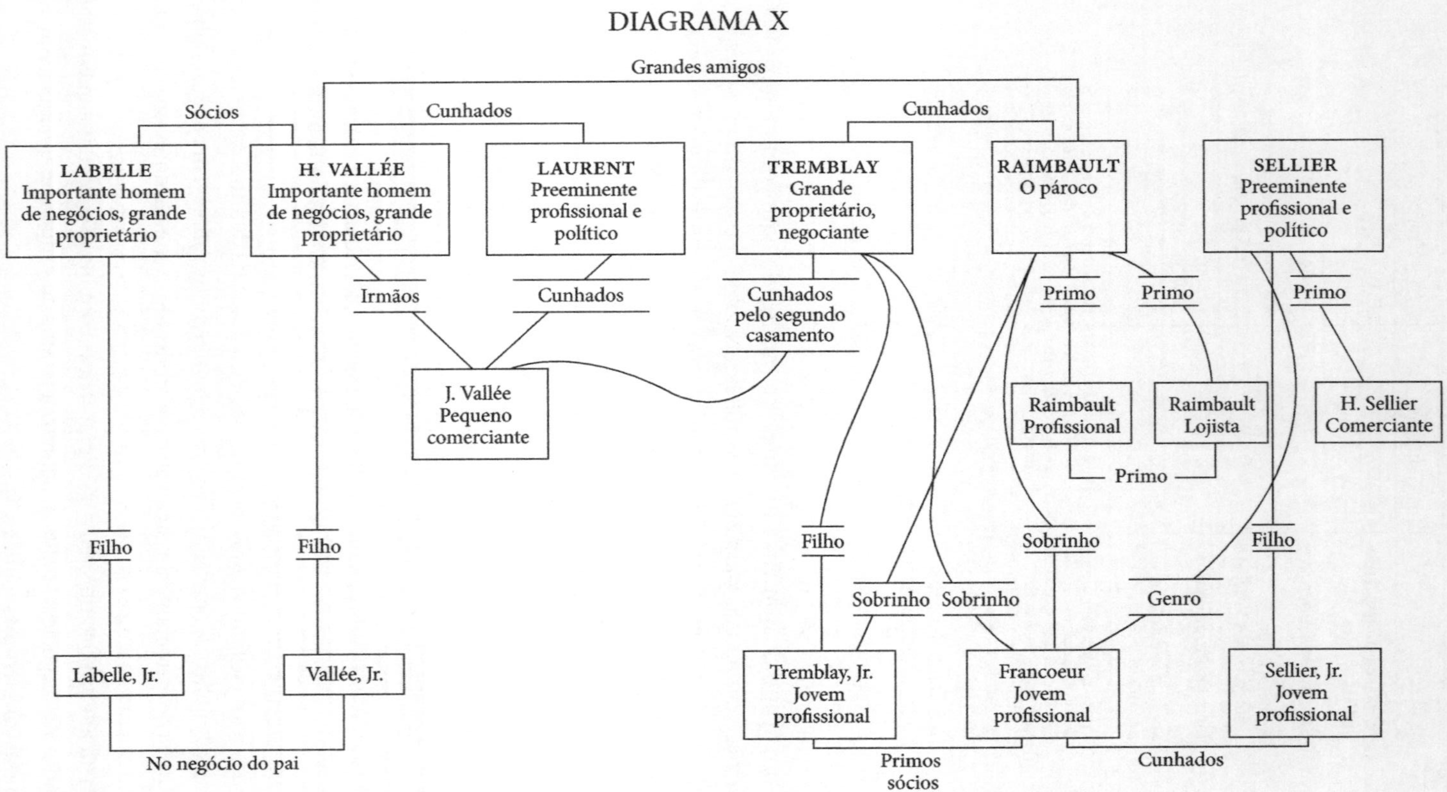

10.6 Fonte: E. Hughes, *French Canada in Transition*, p.164: "Relações de parentesco e outras entre um grupo de homens influentes."

Hughes salienta os resultados mais decisivos para seu estudo da mistura étnica durante a industrialização de Québec, mas não faz comentários adicionais, deixando o exame do diagrama para o leitor. Que poderia um leitor industrioso extrair dele?

Da maneira mais simples, podemos observar que muitas setas ligam membros desse pequeno grupo de homens, mostrando-os como um grupo coeso, com múltiplos laços sociais, a partir dos quais podemos deduzir as obrigações e responsabilidades que tais conexões produzem. Ou poderíamos fazer uma leitura mais detalhada, observando cada conexão e avaliando seu potencial para a atividade coletiva entre essa pequena elite étnica.

Por exemplo: Labelle e H. Vallée são sócios num negócio importante e ambos empregam seus filhos no negócio. H. Vallée e Raimbault, o pároco, são grandes amigos, e H. Vallée é também irmão de J. Vallée, o que torna ambos cunhados de Laurent, um profissional e político. J. Vallée casou-se duas vezes, e portanto é também cunhado de Tremblay, o negociante e proprietário. Tremblay, graças a seu casamento, é também cunhado de Raimbault, o pároco. Raimbault é primo de outros Raimbault, que são também primos um do outro, e tio do filho de Tremblay, que é primo de Francoeur, de quem é sócio em algum negócio. Francoeur, por sua vez, é cunhado de Sellier, Jr., filho de Sellier, outro importante profissional e político. É muito mais demorado dizer isso em palavras, de maneira clara, e não se transmite uma imagem tão evidente e compreensível da interconexão de todas essas linhas de sociedade e parentesco que ondulam pela página. Não precisamos ter muita imaginação para adivinhar que a comunicação e a lealdade recíprocas deviam ser muito influentes para as atividades econômicas, sociais e políticas desses homens.

Podemos ver como os ingleses não teriam chance alguma de se misturar a esse mundo, pois é improvável que mantenham quaisquer relações de parentesco ou outras que de hábito as acompanham, e como os franceses não teriam tempo para a mistura interétnica com os ingleses e seriam impedidos por sua lealdade familiar/étnica caso tivessem alguma oportunidade de se misturar. Podemos ver também como essa teia de conexões aumentaria enormemente as possibilidades de ação coletiva dentro de um grupo étnico, diminuindo ao mesmo tempo as chances para tal ação que passassem por cima de linhas étnicas (e deveríamos reconhecer também que a teia poderia criar possibilidades de conflito que impediriam essa ação).

Quando os estudantes do seminário queixam-se desses diagramas, enfatizam algo que para mim parece uma virtude — que foram feitos especialmente para o uso particular a que se destinavam. Cada diagrama ganha sua forma a partir do serviço específico que o livro exige. Se Hughes quer demonstrar os vínculos estreitos dentro de um grupo de pessoas, o diagrama resolve seu problema de maneira precisa e eficiente. Mas ele poderia não funcionar tão bem para algum outro grupo em cujo meio os laços fossem distribuídos de maneira diversa ou apresentasse um tipo diferente, ainda que tivesse a seu favor o fato de que algumas pessoas já teriam aprendido a lê-lo.

A descrição de processos sociais

O estudo clássico de William Foote Whyte de um bairro italiano pobre em Boston nos anos 1930, *Sociedade de esquina*, repousa sobre anos de observação participante durante os quais ele morou no bairro e participou das atividades do lugar. Resumir todos esses dados foi uma tarefa monumental, e Whyte não fala muito sobre como fez sua análise, embora apresente um relato detalhado de como realizou o trabalho de campo. Ele narrou as interações entre as pessoas, tal como registradas em suas anotações detalhadíssimas, e registrou também as interações entre pessoas em suas funções institucionais, como políticos, gângsteres ou membros e funcionários de clubes locais. Resumiu alguns desses tópicos em diagramas que condensam a informação de modo rapidamente legível. Podemos ler os resultados importantes diretamente nas figuras (com uma pequena ajuda explicativa do autor).

Os diagramas são especialmente úteis nas discussões que Whyte faz de processos, eventos que ocorrem em etapas. Um exemplo simples é a discussão da distância social entre os rapazes formados — mais ambiciosos, socialmente móveis, menos presos ao bairro — e os rapazes da esquina — mais tradicionais, que não frequentaram a faculdade, em sua maioria desempregados, mais leais uns aos outros. Whyte diz que, em sua experiência, os membros dos dois grupos jamais interagiam, exceto usando intermediários cujo status era um tanto ambíguo (o próprio Whyte era o exemplo mais claro de alguém nessa posição, disponível para ambos os grupos, mas não pertencendo realmente a nenhum dos dois). Ele nos mostra um exemplo do conteúdo de suas anotações que sustenta essa afirmação. Depois de diferençar três níveis sociais no bairro — rapazes formados, rapazes da esquina e intermediários que podiam participar de ambos os grupos —, ele mapeia verbalmente uma conversa na esquina que mostra como os três interagiam:

> Numa noite do outono de 1937, eu estava na Norton Street conversando com Chick Morelli, Phil Principio [rapazes formados], Fred Mackey e Lou Danaro

> [intermediários], quando Frank Bonelli e Nutsy [rapazes da esquina] chegaram e se postaram perto de nós. Eu fiquei de pé entre os dois grupos. Falava com Chick, Phil, Fred e Lou e me virava para falar com Frank e Nutsy. Não havia uma conversa geral. Então Lou e Fred avançaram um pouco e se viraram, de modo a ficar diante dos outros e imediatamente à minha frente. Nesse momento, o curso da conversa mudou, de modo que, por exemplo, Nutsy disse alguma coisa a Fred, e este continuou conversando com Chick e Phil; Chick disse algo para Lou, e este continuou a conversa com Nutsy e Frank. Em nenhum momento Chick ou Phil se comunicaram diretamente com Frank ou Nutsy. Pouco depois, Lou fez um convite geral para nos sentarmos em seu carro. Chick, Phil e Fred aceitaram. Nutsy foi até o carro e conversou com Lou por um instante pela janela. Então voltou para o ponto onde eu e Frank estávamos, e saímos andando.[21]

Ele mapeou isso como uma interação em três etapas, um resumo conciso do que o texto descrevia (reproduzido aqui como Figura 10.7). Vemos tudo simultaneamente e podemos comparar facilmente os três estágios do pequeno evento. Mas só é possível compreendê-lo se antes tivermos lido a descrição verbal. Temos de saber o que estavam fazendo para *ver* o que faziam. Os símbolos têm um significado especial para este estudo.

Isso se aplica menos aos dois outros diagramas, "Fazendo e desfazendo uma prisão" e "Obtenção da cerca do parque" (reproduzidos aqui como Figuras 10.8 e 10.9), que muitos leitores poderiam compreender sem instrução especial.

Whyte explica que os políticos têm de escolher como usar a influência limitada que têm junto a outras partes do aparato político da cidade. No caso de "desfazendo uma prisão":

> Uma pessoa está para ser julgada por um dos assistentes do procurador do distrito e se dirige a um político local. Se tiver feito conexões nesse nível da hierarquia, o político fala diretamente com o procurador distrital, que diz a seu assistente para encerrar o caso. Se não, muitas vezes é possível conseguir resultados sem ir até o procurador do distrito: seus subordinados são suscetíveis a certos tipos de pressão política.[22]

Como a figura mostra, isso é relativamente simples. O rapaz da esquina, tendo sido preso (1), fala com um líder dos rapazes da esquina (2), que fala com um político (3), que fala com o capitão (4), que fala com o patrulheiro que efetuou a prisão (5), e o caso é encerrado.

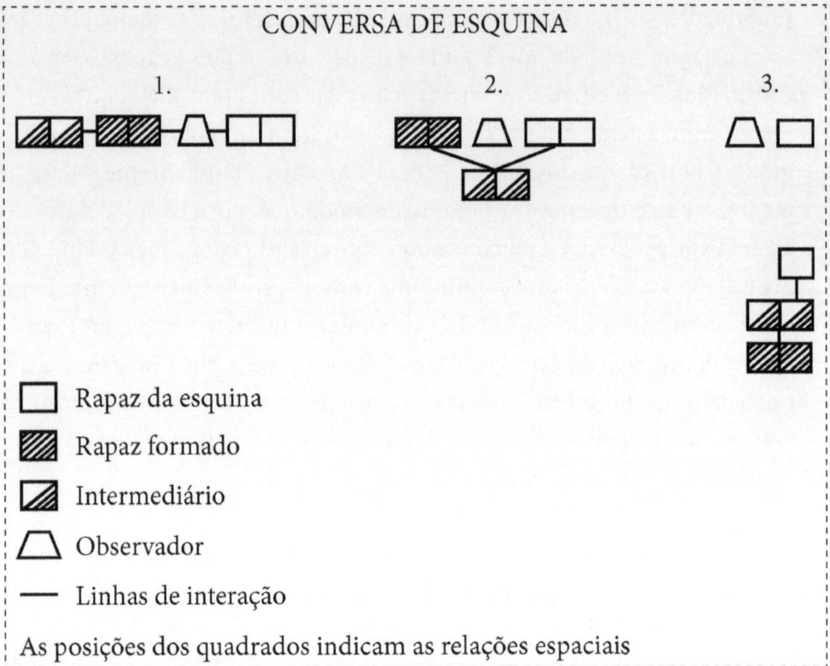

10.7 Fonte: W.F. Whyte, *Sociedade de esquina*, p.114: "Conversa de esquina."

10.8 Fonte: W.F. Whyte, *Sociedade de esquina*, p.255: "Fazendo e desfazendo uma prisão."

OBTENÇÃO DA CERCA DO PARQUE

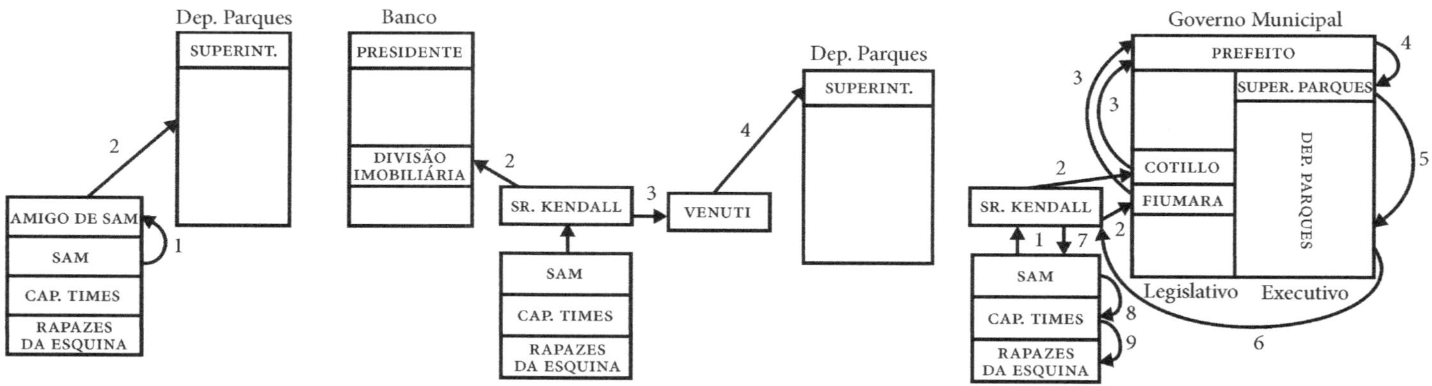

As setas indicam direção e sequência de interações
As posições dos quadrados indicam os status relativos

10.9 Fonte: W.F. Whyte, *Sociedade de esquina*, p.257: "Obtenção da cerca do parque."

Quando Sam Franco organizou um liga de softbol de rapazes da esquina, o parque local não estava disponível para as disputas da liga porque em jogos anteriores haviam quebrado janelas num prédio próximo. A liga precisava de um cercado para conter as bolas e impedir a quebra de janelas. Como conseguir? O livro dedica três páginas inteiras ao detalhamento das várias rotas possíveis e explica aquela que finalmente funcionou. Sam procurou o sr. Kendall, assistente social de um centro comunitário do bairro que conhecera por intermédio de Doc, líder dos rapazes da esquina e bom amigo de Whyte. Kendall primeiro tentou Venuti, político local cujas conexões não eram fortes o suficiente para obter o cercado, e depois procurou o vereador Angelo Fiamura:

> Angelo Fiamura não estava interessado em fazer algo pelo sr. Kendall até perceber que o assistente social era parte de uma organização bem estruturada, que, neste caso, incluía Sam Franco, 16 líderes de garotos de esquina e todos os seus seguidores. Então, ele e Andy Cotillo pressionaram o prefeito. Cotillo estava no escritório do prefeito, e Fiamura havia feito suas conexões por meio de Cotillo. Ambos tinham posição para exercer pressão sobre o topo dessa hierarquia legislativa. Quando o fizeram, o curso de ação iniciado por Sam Franco levou a uma conclusão satisfatória.[23]

Todos esses eventos, inclusive as tentativas frustradas, estão resumidos na mesma figura.

Alguém me disse uma vez que "pessoas que gostam de palavras" e "pessoas que gostam de figuras" são duas raças diferentes, mas não acredito nisso. As pessoas que discuti aqui fizeram tanto as palavras quanto as figuras trabalharem para elas. Estou convencido de que a combinação produz uma crescente compreensão. Mas isso é incomum. Como as inovações estatísticas de Tukey — diagramas *box-plot*, por exemplo —, elas exigem que os usuários trabalhem um pouco mais arduamente. Os dados não aparecem em padrões convencionais que os usuários podem examinar com rapidez. Eles têm de dedicar algum esforço extra para atingir seu significado.

Disse antes que estava fazendo proselitismo neste capítulo. Gostaria de ver outras pessoas usarem expedientes como estes, criarem formatos que digam exatamente o que querem expressar, em vez de forçar ideias em pacotes padronizados. Esta não é uma esperança descabida.

11. Sociologia visual, fotografia documental e fotojornalismo

Representações da sociedade são feitas e usadas em organizações sociais, e nós as compreendemos melhor quando as colocamos nesse contexto. Este capítulo ilustra essa ideia no caso específico da fotografia, ao mostrar como o mesmo objeto, nesse caso a mesma foto, pode ter significados distintos num contexto organizacional diferente e examinar a natureza desses contextos em detalhe.

Três tipos de fotografia

As pessoas que querem usar material fotográfico para fins de ciências sociais — para fazer o que é por vezes chamado de sociologia visual — muitas vezes ficam confusas. As fotos que os sociólogos visuais fazem são tão parecidas com aquelas realizadas por outras pessoas, que pretendem fazer fotografia documental ou fotojornalismo, que eles perguntam a si mesmos se realizam algo característico. Tentam elucidar a confusão procurando as diferenças essenciais, os traços que definem cada gênero, como se o problema fosse chegar às definições corretas.

Os rótulos desses gêneros não se referem a essências platônicas cujo significado possamos descobrir por reflexão e análise profundas, mas simplesmente o que as pessoas acharam útil fazer com que significassem. Podemos descobrir o que foram capazes de realizar recorrendo à fotografia documental ou ao fotojornalismo, como cobertura de um fato, mas não conseguimos descobrir o que o termo *realmente* significa. Seu significado surge nas organizações em que são usadas, a partir da ação conjunta de todas as pessoas envolvidas nessas organizações, e, assim, varia de um momento e de um lugar para outro. Como as pinturas adquirem seu significado em um mundo de pintores, colecionadores, críticos e curadores, fotografias obtêm seu significado a partir do modo como as pessoas envolvidas com elas as compreendem, usam-nas e desse modo lhe atribuem significado.[1]

A sociologia visual, a fotografia documental e o fotojornalismo, portanto, são tudo que vieram a significar, ou que foram levados a significar em seu uso diário nos mundos do trabalho fotográfico, são pura e simplesmente construções sociais. Nisso assemelham-se a todas as outras maneiras de relatar o que sabemos ou pensamos ter descoberto sobre as sociedades em que vivemos — todas as maneiras discutidas neste livro. Podemos suscitar pelo menos dois tipos de questão sobre essa atividade de nomear e atribuir significado.

ORGANIZACIONAIS. As pessoas que nomeiam classes de atividade, como nomearam outras formas de produção de fotografias, não o fazem apenas para tornar as coisas convenientes para si próprias e para os outros mediante a criação de algumas etiquetas abreviadas. Quase sempre pretendem realizar também outros objetivos: traçar fronteiras em torno das atividades, dizendo ao que elas pertencem do ponto de vista organizacional, estabelecendo quem está encarregado, quem é responsável pelo que e quem tem direito a quê.

Assim, queremos perguntar, acerca dessas diferentes maneiras de falar sobre fotografia, quem usa esses termos? Que estão eles tentando reivindicar para o trabalho assim descrito? Como pretendem, portanto, situar esse trabalho em alguma organização de trabalho? Inversamente, que tipo de trabalho e que pessoas pretendem excluir? Em suma, o que estão tentando realizar falando dessa maneira?

HISTÓRICAS. De onde vieram esses termos? Para que foram usados no passado? Como sua utilização passada cria um contexto presente e como esse contexto historicamente baseado cerceia o que é dito e feito agora? A "fotografia documental" era um tipo de atividade na virada do século XX, quando grandes ondas de reforma social varreram os Estados Unidos, e os fotógrafos tinham um público fácil para imagens que expunham males e uma profusão de patrocinadores que pagavam para que eles criassem essas imagens. A "sociologia visual", se podemos falar sobre tal coisa naquela era, consistia em grande parte do mesmo tipo de imagem, mas publicada no *American Journal of Sociology*. Nenhum dos termos significa hoje o que queria dizer então. As grandes organizações de reforma social tiveram seu caráter transformado, e o uso que fazem de fotografias agora se subordina a um grande número de outras técnicas. A sociologia tornou-se mais "científica" e menos aberta a relatos feitos em qualquer outro meio que não palavras e números. O significado do fotojornalismo mudou de simples ilustração de notícias para uma concepção da fotografia como maneira coordenada e semi-independente de transmitir informação.[2]

Os três termos, portanto, têm diferentes histórias e usos atuais. Cada qual está ligado a um contexto social particular e dele obtém seu significado.

"Fotojornalismo" é o que os jornalistas fazem, produzindo imagens como parte do trabalho de publicar jornais diários e revistas semanais (provavelmente em maior parte jornais diários, agora, desde a morte, no início dos anos 1970, das grandes revistas noticiosas ilustradas, como *Look*). Que se espera comumente que seja o fotojornalismo? Não tendencioso. Factual. Completo. Capaz de atrair a atenção, revelador, corajoso. Nossa imagem do fotojornalista, baseada em personalidades históricas, consiste num ser em parte Weegee, dormindo em seu carro, datilografando suas matérias na máquina guardada no porta-malas, perseguindo acidentes de carro e incêndios, e fotografando criminosos para um tabloide de Nova York; ele dizia de seu trabalho: "Assassinatos e incêndios, meus dois campeões de vendas, meu pão com manteiga."[3] Uma segunda parte é Robert Capa, lançando-se no meio da batalha para obter um instantâneo em close-up de morte e destruição (seu lema era: "Se suas fotos não são boas o bastante, você não está perto o bastante"[4]) para as revistas noticiosas. A parte final do estereótipo é Margaret Bourke-White em traje de aviador, câmera na mão, capacete na outra, parada diante de uma asa de avião com o motor e a hélice a seu lado, voando em torno do mundo para produzir os fotoensaios clássicos no estilo da *Life*.[5] Versões contemporâneas do estereótipo aparecem em filmes de Hollywood: Nick Nolte de pé sobre o capô de um tanque que avança pesadamente para a batalha através do fogo inimigo, fazendo imagens da guerra enquanto põe sua vida em risco.

A realidade é menos heroica. Fotojornalismo é tudo a que podemos atribuir a natureza da atividade jornalística. À medida que essa atividade mudou, à medida que a era de *Life* e *Look* desapareceu, que a natureza do jornal diário mudou em face da competição do rádio, da televisão e finalmente da internet, as fotos que os jornalistas faziam também mudaram. O fotojornalismo não é o que era nos dias de Weegee ou das primeiras revistas ilustradas na Alemanha.[6] Hoje os fotojornalistas são cultos e têm formação universitária; sabem escrever, não sendo mais simplesmente ilustradores das matérias que os repórteres redigem. Têm uma ideologia coerente, baseada no conceito da imagem que conta uma história.[7] Apesar disso, o fotojornalismo contemporâneo é, como suas versões anteriores, cerceado pela disponibilidade de espaço e pelos preconceitos, pontos cegos e enredos preconcebidos dos superiores editoriais dos fotógrafos.[8] E, mais importante ainda, os leitores não esperam fazer trabalho algum para decifrar ambiguidades e complexidades nas fotos que aparecem em seu jornal diário ou em sua revista noticiosa. Essas fotografias, portanto, devem poder ser lidas e interpretadas de modo instantâneo.[9]

O fotojornalismo é cerceado, também, pelo modo como os editores distribuem tarefas fotográficas. Com exceção dos fotógrafos esportivos, que por vezes se especializam nessa área, os fotojornalistas, em contraste com os repórteres, jamais desenvolvem um "setor", uma área da vida de uma cidade que cobrem continuamente e conhecem tão bem que desenvolvem sobre ela uma análise e uma compreensão sérias. Como as fotos que fazem refletem inevitavelmente sua compreensão dos eventos e fenômenos sociais que estão fotografando, essa ignorância imposta pelo trabalho significa que as imagens resultantes serão quase necessariamente baseadas numa compreensão superficial. Lendas heroicas descrevem os poucos fotógrafos — W. Eugene Smith, Henri Cartier-Bresson — que foram corajosos ou independentes o bastante para superar esses obstáculos. Mas as lendas servem apenas para encorajar aqueles cujo trabalho ainda reflete tais cerceamentos. (Vários cientistas sociais estudaram a organização da coleta de notícias.[10])

A fotografia documental esteve ligada, historicamente, tanto à exploração quanto à reforma social. Alguns dos primeiros documentaristas trabalharam "documentando" características da paisagem natural, como fez Timothy O'Sullivan, que acompanhou a Exploração Geológica do Quadragésimo Paralelo promovida pelos Estados Unidos em 1867-69 e os levantamentos topográficos do sudoeste do país dirigidos pelo tenente George M. Wheeler, durante os quais fez suas imagens hoje famosas do cânion de Chelle.[11] Outros documentaram modos de vida estranhos, como nas fotos que John Thompson fez da vida nas ruas em Londres, o vasto levantamento que Eugène Atget fez de pessoas e cenas parisienses, ou o monumental estudo de August Sander de tipos sociais alemães.[12] Estes dois últimos projetos foram tão grandiosos que se tornaram, num sentido profundo, não práticos, isto é, não vinculados a qualquer uso prático imediato.

Outros, como Lewis Hine,[13] trabalharam para os grandes levantamentos sociais realizados na primeira metade do século, ou, como Jacob Riis,[14] para jornais investigativos. Seu trabalho destinava-se a — e era usado para — expor males e promover mudança. Suas imagens eram, talvez, um pouco parecidas com as que os jornalistas faziam, mas, sem a necessidade de ilustrar uma reportagem de jornal, tinham espaço para respirar. Um exemplo clássico é a imagem feita por Hine: "Leo, 1,20 de altura, 8 anos, cata bobinas por 15 cents ao dia", em que um menino está de pé junto às máquinas que, concluímos, tolheram seu crescimento.

O que "se espera" que um documentário faça? Na versão reformista, espera-se que escave profundamente, chegue ao que Robert E. Park (um sociólogo que trabalhou como jornalista para jornais diários em Minneapolis, Denver, Detroit, Chicago e Nova York) chamava de as Grandes Notícias, seja socialmente responsável, preocupe-se com seus efeitos na sociedade em que é distribuído.

Fotógrafos como Hine viam seu trabalho, como foi encarado muitas vezes desde então, como algo de efeito imediato sobre cidadãos e legisladores. Uma perspectiva fotograficamente chauvinista da história muitas vezes atribui a aprovação de leis proibindo o trabalho infantil às fotos de Hine.

Em sua versão alternativa, não se exigia que o documentário fosse alguma coisa em particular, já que o trabalho não era feito para alguém que pudesse ter imposto qualquer exigência. Sander, que esperava vender seu trabalho por assinatura, descreveu-o de diferentes maneiras, representando a "ordem social vigente" e "um tempo de exposição fisionômica do homem alemão".[15] Atget, assemelhando-se mais a um artista *naïf* arquetípico, não descreveu sua atividade de maneira alguma, mas simplesmente a realizou e vendeu as cópias para quem quisesse comprar. Hoje, vemos nesse trabalho um caráter exploratório, investigativo, assemelhando-se mais às ciências sociais. Fotógrafos documentais contemporâneos, cujas obras representam uma convergência maior com as ciências sociais, tornaram-se cientes, como os antropólogos, de que devem se preocupar com suas relações com as pessoas que fotografam e justificá-las.

A sociologia visual é quase totalmente produto da sociologia profissional, uma disciplina acadêmica e prima pobre da antropologia visual, que tem uma relação mais calorosa com sua disciplina mãe; na tradição antropológica, que exigia dos investigadores que fossem a lugares distantes a fim de colher crânios, textos linguísticos e materiais arqueológicos, fazer fotos era apenas mais uma obrigação do trabalho de campo.[16] Como as imagens não eram convencionais na sociologia desde seus primórdios, quando ela estava mais ligada à reforma social, a maioria dos sociólogos não aceita essa obrigação; veem poucos usos legítimos para materiais visuais além de "auxiliares didáticos". É como se usar fotografias e filmes num relatório de pesquisa constituísse uma complacência com os gostos vulgares do público ou uma tentativa de convencer os leitores a aceitar conclusões duvidosas pelo uso de meios "retóricos" ilegítimos (uma versão da acusação de "insidioso"). Recorrer a materiais visuais parece "não científico", provavelmente porque a "ciência", em sociologia, veio a ser definida como objetiva e neutra, exatamente o oposto do espírito missionário que animou os primeiros trabalhos de jornalismo investigativo, eles próprios inteiramente vinculados à fotografia.[17]

A definição de materiais visuais como não científicos é estranha, uma vez que as ciências naturais de hábito empregam materiais visuais como evidência. A biologia, a física e a astronomia hoje são inconcebíveis sem evidências fotográficas. Nas ciências sociais, somente a história e a antropologia, as disciplinas menos "científicas", usam fotos. A economia e a ciência política, as mais "científicas", não o fazem. A sociologia, arremedando o caráter supostamente científico destes últimos campos, também não lança mão delas. Em consequência, os poucos sociólogos visuais ativos são pessoas que aprenderam a fotografar alhures e incorporaram a imagem fotográfica ao seu trabalho acadêmico.

Que "se espera" que os sociólogos visuais façam? Imagino que aquilo que deveriam fazer para atrair a atenção e impor respeito à sua disciplina. O que teriam eles de levar a cabo para convencer outros sociólogos de que seu trabalho é em certo sentido uma parte essencial do empreendimento sociológico? Mas esta não é só uma questão de convencer os colegas profissionais. Eles devem também convencer a si mesmos de que o que estão fazendo é "realmente sociologia", não apenas fotografias "bonitas" ou "interessantes". Para isso, teriam de mostrar que seu trabalho visual promove o empreendimento sociológico, seja como for definida a missão da disciplina. Como os sociólogos divergem quanto ao que a sociologia deveria ser, a missão da sociologia visual é igualmente confusa. No mínimo, ela deveria ajudar a responder às questões levantadas na disciplina de maneira aceitável para uma ou mais facções disciplinares.

Ela poderia também acrescentar algo que está faltando agora. Há tópicos para os quais a fotografia seria um método de pesquisa bom em particular? As publicações da International Visual Sociology Association e de seus associados dão exemplos do que poderia ser feito.[18]

Estabeleci essas distinções, mas as fronteiras entre as três atividades estão cada vez mais tênues — assim como as situações em que as pessoas trabalham e os objetivos para os quais fazem fotos passaram a misturar cada vez mais os gêneros.

Contexto

Como todos os objetos culturais, as fotografias ganham sentido a partir de seu contexto. Mesmo pinturas ou esculturas, que parecem existir isoladamente, quando penduradas na parede de um museu, assumem sentido a partir de um contexto gerado pelo que foi escrito sobre elas, tanto na legenda afixada a seu lado como em outros lugares, por outros objetos visuais presentes fisicamente ou apenas na consciência dos espectadores, e por discussões em curso em torno delas e dos temas de que tratam. Se pensamos que não há contexto, isso significa apenas que o produtor da obra tirou partido habilmente de nossa disposição a fornecer o contexto por conta própria.

Em contraposição à grande quantidade de fotografias contemporâneas feitas em nome da arte, os três gêneros fotográficos que estou analisando insistem em dar muito contexto social explícito para as fotos que apresentam. Aqui não é o lugar apropriado para avaliar a fluidez das definições da arte fotográfica. Mas preciso restringir minha última afirmação para reconhecer que o mundo da fotografia de arte incorporou muitas vezes em seu cânone fotográfico obras feitas por razões muito diferentes daquelas da arte consciente de si mesma, inclusive trabalhos realizados como jornalismo ou documentário. O caso extremo é Weegee, o fotojornalista cujo trabalho se inclui hoje nas coleções de inúmeros museus. Fotógrafos de arte contemporâneos com frequência nos mostram algo que poderia ter sido o tema de uma foto documental (crianças pobres postadas numa rua miserável, por exemplo). Mas poucas vezes fornecem contexto maior que a data e o local; retêm os dados sociais mínimos que em geral usamos para informar as outras pessoas e deixam os espectadores interpretarem as imagens como puderem a partir das pistas de vestuário, atitude, conduta e mobiliário. O que poderia parecer mistério artístico, na maior parte das vezes não passa de ignorância criada pela recusa do fotógrafo a fornecer informação básica aos usuários.

Documentário, fotojornalismo e sociologia visual de hábito oferecem pelo menos um cenário mínimo suficiente para tornar as imagens inteligíveis. Algumas obras na tradição documental, com frequência influenciadas pela exposição do fotógrafo às ciências sociais, fornecem grande quantidade de texto, por vezes nas palavras das pessoas envolvidas (por exemplo, *Bikeriders*, de Danny Lyon, ou *Carnival Strippers*, de Susan Meisalas, ambos feitos como projetos independentes). O texto pode não passar de uma legenda adequada, no estilo de Lewis Hine ou Dorothea Lange, ou como no retrato de um ferroviário que Jack Delano fez em Chicago para a Farm Security Administration, cuja legenda diz: "Frank Williams trabalhando no reparo de vagões, no pátio de manobras da Illinois Central Railroad. O sr. Williams tem oito filhos, dois dos quais estão no Exército dos Estados Unidos. Chicago, novembro, 1942."[19] Livros de fotografia muitas vezes trazem extensas introduções e ensaios armando o palco social e histórico para as imagens.

Mas as coisas não são tão simples assim: deixar o contexto implícito não faz de uma fotografia arte, e um contexto completo não a torna automaticamente documental, ciência social ou fotojornalismo. Nem todo bom trabalho documentário fornece tal contexto. *The Americans*, de Robert Frank (a que dedicarei maior atenção adiante) não dá mais suporte textual às imagens que a maioria das fotos de arte, mas não é vulnerável às críticas acima. Por que não? Porque as próprias imagens, sequenciadas, repetitivas, variações em torno de um conjunto de temas, fornecem seu próprio contexto e ensinam aos espectadores o que precisam saber para chegar, por seu próprio raciocínio, a algumas conclusões sobre o que estão contemplando. (Como vimos, Walker Evans usou artifícios semelhantes para levar as pessoas a criarem um contexto por si mesmas.)

Em suma, o contexto dá significado a imagens. Se a obra não dá o contexto de alguma dessas maneiras que acabo de expor, os espectadores muitas vezes farão o trabalho, criando contexto a partir de seus próprios recursos.

Uma demonstração prática

Vamos perseguir esta linha de raciocínio, examinar imagens que exemplificam cada um dos três gêneros e ver como poderiam ser interpretadas segundo um dos outros gêneros. Isso nos mostrará qual a contribuição do contexto organizacional e do trabalho associado que os usuários estão dispostos a fazer para dar significado a uma representação fotográfica. Vamos tomar fotografias de cada tipo como algo que não pretendiam ser — tomar uma fotografia documental, por exemplo, como foto de jornal ou uma obra de sociologia visual. O que acontece quando lemos imagens de maneiras não convencionais nas organizações para as quais foram feitas, maneiras que seus produtores não almejaram ou, no mínimo, diferentes da maneira como são convencionalmente lidas?

INTERPRETAÇÃO DE UMA FOTOGRAFIA DOCUMENTAL COMO SOCIOLOGIA VISUAL OU FOTOJORNALISMO. Na fotografia de Robert Frank "A caminho de Nova York para Washington, vagão-*lounge*", uma imagem de seu livro *The Americans*,[20] três homens estão sentados no vagão-*lounge* de um trem. Dois homens grandes, de costas para nós, encontram-se tão perto da câmera que ficam ligeiramente fora de foco. Usam paletós de tweed, têm cabelos escuros e lustrosos, inclinam-se um para o outro e ocupam metade do quadro. Entre eles, em foco, vemos um terceiro homem de terno preto, calvo, e atrás dele o bar, acima do qual brilham muitas pequenas luzes em forma de estrela. O homem tem papada no rosto, testa enrugada e não olha para nenhum dos outros. Parece sério, até carrancudo.

Frank fez esta foto, como todas as que compõem *The Americans*, com uma intenção documental, como parte de um projeto mais amplo destinado a descrever a sociedade norte-americana. Explicou suas intenções na solicitação da bolsa Guggenheim que tornou o projeto possível:

> O que tenho em mente, portanto, é a observação e o registro do que um americano naturalizado vê nos Estados Unidos e que significa o tipo de civilização

> que nasceu aqui e se espalha por toda parte. Incidentalmente, é justo supor que quando um americano observador viaja para fora seus olhos verão de uma nova maneira; e que o inverso pode ser verdade, quando um olho europeu olha para os Estados Unidos. Falo das coisas que estão ali, em qualquer lugar e em toda parte — encontradas facilmente, não facilmente selecionadas e interpretadas. Um pequeno catálogo vem à minha mente: uma cidade à noite, um estacionamento, um supermercado, uma rodovia, o homem que possui três carros e o homem que não possui nenhum, o fazendeiro e seus filhos, uma casa nova e uma casa de ripas empenadas, a prescrição do gosto, o sonho de grandeza, cartazes, luzes neon, os rostos dos líderes e os rostos dos seguidores, tanques de gasolina, correios e quintais.[21]

Em outro lugar, ele explicou seu projeto assim:

> Com essas fotografias, tentei mostrar uma seção transversal da população americana. Meu esforço foi expressar isso de maneira simples e clara. A visão é pessoal, e, portanto, várias facetas da vida americana foram ignoradas. ...
>
> Fui acusado muitas vezes de distorcer deliberadamente o assunto segundo meu ponto de vista. Acima de tudo, sei que a vida para um fotógrafo não pode ser uma questão de indiferença. A opção muitas vezes consiste em uma espécie de crítica. Mas a crítica pode provir do amor. É importante ver o que é invisível para os outros. Talvez o olhar de esperança ou o olhar de tristeza. Além disso, são sempre as reações instantâneas a nós mesmos que produzem uma fotografia.[22]

Visto nesse contexto, podemos compreender "A caminho de Washington, vagão-*lounge*" como uma declaração sobre a política americana. Esses homens grandes e fisicamente imponentes são do tipo que, como aprendemos com Frank em outro lugar do livro, ocupam posições de poder político e habitam lugares como os vagões-*lounge* de trens que circulam entre Nova York, o centro financeiro do país, e Washington, seu centro político. O que torna a imagem documental, e lhe dá seu pleno significado, é o lugar que ela ocupa na sequência de imagens. Ela nada diz de explícito sobre a política americana. Mas compreendemos sua declaração política aprendendo, a partir de seu uso em outras partes do livro, o significado dos detalhes da imagem. Aprendemos que um homem grande é um homem poderoso (como em "Bar-Gallup, Novo México", na qual um homem grande de jeans e chapéu de caubói domina um bar apinhado); e que um homem grande e bem-vestido é um homem rico e poderoso ("Saguão de hotel, Miami Beach", em que um homem grande de meia-idade está acompanhado por uma mulher que usa o que parece ser uma pele cara). Aprendemos que os políticos são homens grandes, por isso poderosos ("Fundadores da cidade, Hoboken, Nova Jersey", em que um grupo de homens assim enche uma tribuna política). Vemos esses homens grandes, bem-vestidos, no trem entre esses dois centros de poder. As estrelas nas luzes acima do bar lembram as da bandeira americana, e o abuso delas em contextos políticos e cotidianos é documentado em outras fotos do livro: elas sugerem que estamos olhando para os poderosos em ação de alguma maneira não específica, mas que provavelmente não nos fará bem algum. A imagem funciona como parte da análise de Frank — implícita, mas não obstante clara — sobre o modo como o sistema político dos Estados Unidos funciona.

Se a análise fosse feita explicitamente, sua complexidade poderia de fato qualificá-la como trabalho de sociologia visual. Nesse caso, é provável que quiséssemos saber mais sobre o que estamos vendo. Quem são essas pessoas? Que estão realmente fazendo? Mas, sobretudo, desejaríamos saber com mais clareza o que Frank estava nos dizendo sobre a natureza da política nos Estados Unidos. Desejaríamos substituir a nuance do tratamento fotográfico da sociedade americana, como muitos comentadores de fato fizeram, por uma declaração explícita sobre a natureza dessa sociedade, sua estrutura de classes e política, sua gradação etária, sua estratificação sexual e seu uso de símbolos importantes como a bandeira, a cruz e o automóvel.[23] Essa declaração explícita de padrões culturais e estrutura social faria a imagem dizer respeito aos tipos de questão abstrata sobre a organização da sociedade que interessa aos sociólogos.

Mesmo nesse caso, não é provável que muitos sociólogos aceitassem o livro de Frank como uma obra de sociologia científica. Eles suporiam, com correção, que fotografias são facilmente manipuladas; as pessoas sofisticadas saberiam que você não precisa alterar a imagem real, só enquadrar os elementos de modo apropriado e esperar por um momento oportuno. Eles se preocupariam, com razão, com o uso de uma imagem como substituto de um universo maior de situações semelhantes. Teriam uma dúvida justificável sobre se as imagens têm o sentido que lhes estou atribuindo. Não dariam, contudo, o passo seguinte, que seria ver que todas as formas de dados nas ciências sociais têm exatamente esses problemas, e que nenhum método os resolve muito bem.

Se ela estivesse estampada na primeira página de um jornal diário, poderíamos interpretar a mesma fotografia como noticiosa. Mas as pessoas que aparecem nela não são nomeadas, e os jornais quase nunca publicam fotos de pessoas anônimas. Ao contrário: os fotojornalistas são treinados, até que isso se torne instintivo para eles, a obter nomes e outras informações relevantes a respeito das pessoas que fotografam (um estudante num curso de fotojornalismo será advertido de que um nome grafado erroneamente numa legenda o levará a uma reprovação na disciplina). Para funcionar como fotografia noticiosa, a imagem exigiria uma legenda muito diferente da que Frank lhe deu. Por exemplo: "Senador John Jones, de Rhode Island, discute estratégia de campanha com dois assistentes." Mas, mesmo nesse caso, seria improvável que a foto aparecesse no jornal diário, porque é granulada e não bem focalizada, e os dois auxiliares estão de costas para nós. O editor mandaria o fotógrafo voltar e obter uma imagem mais bem focalizada de um evento rotineiro como esse, uma foto menos granulada que mostrasse o rosto dos três homens.

De fato, muitos fotógrafos convencionais queixaram-se do trabalho de Frank como faria esse editor imaginário. Os editores de *Popular Photography*, por exemplo, não gostaram do livro de Frank. Estes comentários apareceram no volume 46, número 5, de maio de 1960:

> Frank conseguiu expressar, através do meio recalcitrante da fotografia, uma intensa visão pessoal, e isso não merece reparos. Mas, quanto à natureza dessa visão, sua pureza parece-me com demasiada frequência prejudicada por má vontade, amargura e preconceitos tacanhos, assim como tantas das cópias são estragadas por falta de foco sem significado, grão, exposição turva, horizontes tortos e desleixo geral. Como fotógrafo, Frank demonstra desdém por qualquer padrão de qualidade ou disciplina na técnica.[24]

E outro crítico disse:

> Parece que ele apenas aponta a câmera na direção do que deseja fotografar e não se preocupa com exposição, composição e considerações menores. Se você gosta de fotografias fora de foco, grão intenso e desnecessário, verticais convergentes, uma total ausência de composição normal e uma qualidade desleixada, de instantâneo, então Robert Frank é para você. Caso contrário, talvez *The Americans* lhe pareça um dos mais irritantes livros de fotografia já publicados.[25]

Se, no entanto, um fotojornalista tivesse feito a foto durante uma denúncia de corrupção política, é bem possível que o editor tivesse perdoado essas falhas "técnicas" em razão da importância do que era revelado. Nesse caso, a legenda poderia dizer: "James McGillicuddy, chefe político de Boston, conversa com o senador John Jones de Rhode Island, presidente do Comitê das Forças Armadas do Senado, e Harry Thompson, presidente de uma importante empresa fornecedora."

O editor pode fazer disso a base de um editorial forte, e o senador, como tantos políticos acusados de desmandos, talvez quisesse negar que algum dia estivera naquele lugar e insistir que se tratava de duas outras pessoas.

Pelo menos uma das fotos de Frank (feita na convenção do Partido Democrata, em 1956, em Chicago) poderia, no contexto adequado, ter aparecido num jornal diário ou revista noticiosa como "notícia". De modo característico, a legenda ("Salão de Convenção, Chicago) não nomeia ninguém. Vemos aqui o recinto apinhado de uma convenção política. Mais uma vez, dois homens estão de costas para nós. Ao lado deles, dois homens olham para nós. Um usa óculos escuros, parece cortês e calmo. O outro, com uma enorme papada, olha para baixo com inquietação. Os rostos destes dois políticos eram reconhecíveis na época, e seus nomes poderiam ter dado à foto um "valor de notícia". O cavalheiro de aparência inquieta era um sociólogo (de quem certa vez fiz um curso na Universidade de Chicago, razão por que o reconheci) que havia trocado a academia pela política: Joseph Lohman, conhecido criminologista que se tornou, sucessivamente, prefeito de Cook County, Illinois, e secretário de Estado de Illinois, tentou sem sucesso a indicação para concorrer ao governo do estado pelo Partido Democrata e depois deixou a política para se tornar reitor da Escola de Criminologia na Universidade da Califórnia em Berkeley. Na época da fotografia ainda atuava na política de Illinois e era visto como um bom tipo para concorrer ao governo, na tradição de Adlai Stevenson. Ele está conversando, acredito, com Carmine DeSapio, uma importante figura política de Nova York, na antiquada tradição dos manda-chuvas. No contexto dessa convenção, a imagem da conversa dos dois, ao indicar uma improvável e por isso interessante aliança política potencial, poderia ter sido "notícia".

INTERPRETAÇÃO DE UMA FOTOGRAFIA SOCIOLÓGICA COMO JORNALISMO E DOCUMENTAL. Douglas Harper fez seu estudo acerca de mendigos como um trabalho de sociologia; a dissertação original que defendeu relegou as fotos ao "volume 2", e elas não tinham legendas. Mas o livro que lançou a partir da dissertação, *Good Company*, tinha um grande número de fotografias não como ilustrações, tal como elas aparecem em manuais de sociologia, mas como elementos essenciais da investigação sociológica, e portanto para a compreensão sociológica do leitor. Elas contêm e expressam ideias que são sociológicas em sua origem e em seu uso, e portanto podem não se revelar tão transparentes a uma interpretação imediata como outras fotografias. Por exemplo, a fotografia de Carl ("Selva, Wenatchee"), mendigo que Harper conheceu durante o trabalho de campo, barbeando-se. Harper mostra que essa imagem, vista em seu contexto, é uma evidência que refuta a noção comum (noção que outra imagem dessa série, "Baixo mundo de Boston", mostrando um vagabundo com a barba por fazer, pareceria corroborar) de que esses homens habitualmente não se cuidam e não partilham de padrões convencionais de decoro. Como ele diz, quando vemos esses homens com uma barba de dois dias, deveríamos nos dar conta de que isso significa que fizeram a barba dois dias antes.

O que faz das imagens de Harper sociologia visual não é apenas seu conteúdo, mas seu contexto. Elas aparecem cercadas por texto sociológico, embora de tipo não convencional, que explica seu significado para nós. Uma parte do texto narra como Carl ensinou a cultura dos vagabundos para Harper. A outra parte descreve, em linguagem sociológica analítica, essa cultura, as formas características de organização social em que os vagabundos estão envolvidos, as condições em que tais adaptações se desenvolvem e persistem. O texto, tanto a narrativa do aprendizado de Harper de como viver na estrada quanto a análise sociológica explícita posterior, dá às fotografias uma substância adicional, significado sociológico e valor de evidência.

Tente interpretar as mesmas imagens como fotojornalismo. Imagine-as como ilustração de uma série de reportagens de jornal sobre o tema "sem-teto". Vistas nesse contexto, elas ganhariam seu significado, tal como acontece com as imagens fotojornalísticas, a partir do repertório de estereótipos disponíveis aos leitores de jornais diários. Provavelmente nunca veríamos o homem se barbeando, porque, em primeiro lugar, é difícil que qualquer fotojornalista atuante quisesse ou pudesse passar os meses na estrada que permitiram a Harper o fácil acesso à imagem; e, mais importante, o cenário de conhecimento que lhe deu seu significado. Um fotojornalista tão famoso quanto W. Eugene Smith, no auge de sua carreira, ainda tinha de lutar com a revista *Life* para passar três semanas inteiras em apenas um lugar a fim de fazer um ensaio fotográfico.

Além disso, um editor provavelmente diria para o fotógrafo que não lhe levasse fotos como essas: "Estas fotos não dizem 'sem-teto' para mim." Por que não? Porque os editores sabem, ou pensam que sabem, antes de qualquer investigação, qual será o enredo da matéria. Qualquer coisa que uma reportagem diga sobre o "problema" dos sem-tetos deve ser congruente com o que os leitores já sabem e acreditam. Uma fotografia apropriada confia, para sua legibilidade instantânea, que os leitores tenham esse conhecimento. Para o editor, e portanto para o fotógrafo, *o que* é "sem-teto" já está decidido: eles não estão tentando descobrir coisas sobre isso. Seu problema é técnico: como obter a imagem que conte melhor a história já escolhida.[26]

11.1 D. Harper, *Good Company*: Selva, Wenatchee.

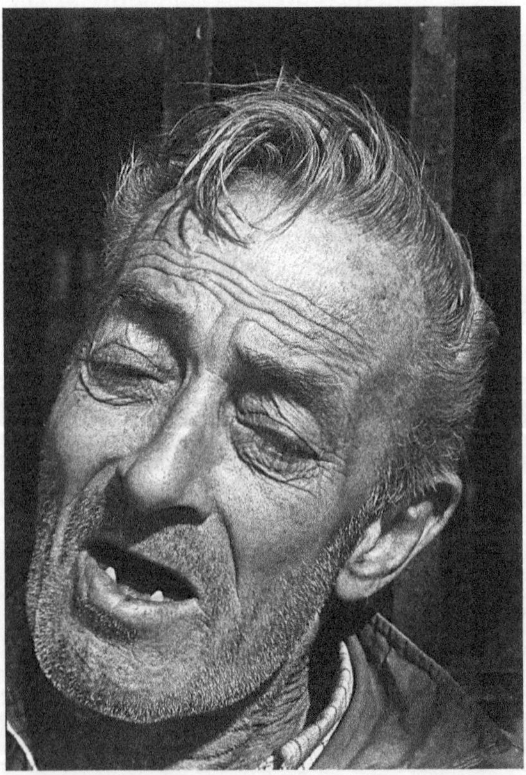

11.2 D. Harper, *Good Company*: O baixo mundo de Boston.

Podemos ler as fotografias de Harper como documentais? Sim, poderíamos vê-las, segundo a expressão clássica de Hine, como se nos mostrasse o que precisa ser mudado ou, talvez, segundo a outra metade do famoso comentário de Hine, o que precisa ser avaliado. Num contexto apropriado de texto e outras fotografias, é possível vê-las como parte do esforço de um grupo mobilizado de profissionais para endireitar as vidas desses homens que vagavam pelo país. Ou poderíamos, mais perto da intenção do próprio Harper, querer celebrar a independência e o modo de vida desses homens da maneira apreciativa como, segundo David Matza, faz a Escola de Sociologia de Chicago, valorizando as formas de desvio que cidadãos convencionais comumente condenavam.[27] Esse modo celebrador de interpretação partilha grandemente a injunção antropológica comum de respeitar as pessoas que estudamos.

INTERPRETAÇÃO DE UMA FOTOGRAFIA JORNALÍSTICA COMO SOCIOLOGIA VISUAL OU DOCUMENTAL. Considere esta fotografia. (Nunca consegui encontrar a imagem que descrevo aqui, mas encontrei outras suficientemente parecidas para não prejudicar a argumentação. Tomei a liberdade de descrever a imagem "perfeita" de que me lembro.) Vemos um helicóptero num gramado, no jardim do que parece ser a Casa Branca, em Washington, D.C. Um tapete se estende da casa até o helicóptero. Um homem, cabeça baixa, ombros curvados, caminha pelo tapete em direção ao aparelho, enquanto do outro lado veem-se pessoas chorando. Quem não lesse jornal em 1974 talvez não soubesse o que ela nos mostrava, mas a imagem podia ser instantaneamente reconhecida por qualquer um que lesse um jornal em qualquer lugar do mundo naquela ocasião. É Richard Nixon deixando a Casa Branca, logo após renunciar à Presidência dos Estados Unidos, sua afirmação de que não era um velhaco fora desmentida pela contínua exposição do "que ele soube e quando soube". Na época, foi uma clássica fotografia noticiosa.

Pouco após sua publicação, ela sofreu o destino de todas as fotos noticiosas. Em pouco tempo não são mais notícia e têm valor "apenas histórico". Seu valor de notícia depende do contexto, do caráter contemporâneo, "atual", do evento. De fato, o *pathos* e o impacto emocional da imagem de Nixon exigiam que cada observador que pegasse o jornal e a visse fornecesse esse contexto, soubesse, no segundo em que via a foto, o que estava olhando. A imagem resumia uma história que tinham acompanhado por meses nos jornais e na televisão, a queda gradual e aparentemente inevitável de um poderoso líder político, derrubado por suas próprias mentiras e paranoias, afinal derrotado por uma combinação de ataques políticos e jornalísticos.

Anos depois a imagem não tem essas conotações. Ela registra um evento sobre o qual as pessoas que não liam jornais e revistas na época podem ter lido ou ouvido falar. Mas não é notícia, não é o ponto final de uma história cujo desfecho, até então, era desconhecido e duvidoso. Ela tem de ser algo além de notícia. Que mais poderia ser?

No contexto próprio, fotografias noticiosas de interesse permanente tornam-se documentais, como ocorreu com as fotos feitas por Erich Salomon, entre as duas guerras mundiais, de fenômenos como a Conferência de Paz de Versalhes.[28] Os políticos que Salomon fotografou — luminares da época, como Gustav Streseman e Aristide Briand — não são mais notícia. Mas poderíamos combinar a imagem de Nixon — não mais notícia para nós — com as fotos de Salomon para criar um documento generalizado de aspectos do processo político. Outros, de inclinação mais histórica, poderiam inserir a imagem de Nixon numa consideração mais ampla a respeito dos eventos de Watergate.

A imagem de Nixon pode formar parte de uma análise sociológica? Um analista talvez estivesse interessado, como muitos estiveram, no modo como a mídia impressa lida com o fenômeno genérico do escândalo político, como ela usa os recursos da representação fotográfica para indicar o declínio político de um líder em desgraça.[29] Uma boa análise sociológica desse problema exigiria comparações de fotografias de Nixon em vários estágios de sua carreira. Nixon seria um excelente tema para uma análise como essa porque sua carreira e reputação flutuaram amplamente e em tempo relativamente curto, e seria justificado esperar que as representações fotográficas variassem de maneira correspondente.

Outras análises do comportamento político poderiam se interessar pelos rituais públicos das sociedades, com o uso de parafernália e eventos quase régios para criar uma espécie de regime monárquico no interior de uma democracia política. Fotografias de Nixon, numa pesquisa como esta, estariam cercadas por outras de rituais semelhantes e por textos que revelassem outros expedientes destinados a gerar o mesmo resultado.

Síntese

Representações não têm significados fixos, cujas ramificações complementares os analistas possam depois interpretar. Elas vivem em contextos sociais e são verdade e ficção, documento ou construção imaginativa, dependendo do que os usuários finais fazem delas. Esse experimento mostra como a mesma imagem pode ter significados muito diferentes, de acordo com seu uso em contextos distintos por diferentes tipos de pessoas.

12. Drama e multivocalidade: Shaw, Churchill e Shawn

Queremos incluir as vozes e os pontos de vista de alguns ou de todos os participantes em nossas representações das situações sociais que estudamos? Muitos sociólogos pensam que, para dar uma explicação coerente e confiável da vida social, devemos lidar com os significados que os atores atribuem aos objetos, a outras pessoas e às atividades deles mesmos e dos demais. Falar de significados é falar de vozes, porque significados surgem em interação, e interação em grande parte consiste em conversa, as vozes de pessoas reais falando umas com as outras.

Nem todos pensam assim. Um cético poderia dizer que não precisamos em absoluto ouvir qualquer voz. Não importa o que as pessoas dizem, é o que elas fazem e fizeram que importa. Títeres de forças sociais acima de seu controle, as pessoas não conhecem as razões para suas próprias ações. Forças secretas as manipulam. Chegamos ao famoso dilema entre ação e estrutura. Podem as pessoas agir segundo sua própria vontade ou não? Se não podem, os significados não importam. Seja o que for que pensem e seja qual for o significado que dão a outras pessoas e às coisas, elas não têm escolha e devem fazer o que as forças maiores determinam.

Analistas que dizem isso, no entanto, reintroduzem furtivamente as vozes das pessoas sobre as quais estão falando, atribuindo toda sorte de significado e interpretação àqueles cujas ações se dispõem a explicar. Suas próprias vozes analíticas oniscientes representam todos os outros cuja atividade pretendem analisar. Bruno Latour descreve isso como um efeito de "porta-voz": alguma outra pessoa lhe diz o que as pessoas cujas ações você quer compreender têm em mente.[1] Esse explicador onisciente — a voz do narrador no documentário, a voz do cientista social que "interpreta" os resultados de um levantamento — lhe diz o que tudo significa, o que essas pessoas que responderam às perguntas do levantamento deviam ter em mente. Essa voz abalizada fala no artigo clássico de revista, na seção em que o analista "discute" os achados.

A voz abalizada ganha sua autoridade, seu poder persuasivo, de uma suposição que seus falantes e ouvintes aceitam: atrás das vozes reside conhecimento cientificamente (ou de outra maneira) verificado. James Clifford explica como a antropologia, concebida de início como a reunião, sob a forma de estudo acadêmico, do que "homens no local" (missionários, comerciantes, exploradores) haviam registrado, tornou-se uma ciência feita por cientistas formados que colhem material (que, em suas mãos, transforma-se em "evidências") de maneira científica e o usam para verificar hipóteses científicas cuidadosamente formuladas.[2] Enquanto fazem isso — segundo esta descrição —, os antropólogos preservam sua neutralidade científica. Mas eles a combinam com a pretensão de obter conhecimento profundo em primeira mão. Assim, a justificação final para nossa crença nos resultados anunciada pela voz única do pesquisador é a combinação de uma neutralidade científica generalizadora, sistemática, e um conhecimento detalhado que só poderia advir do fato de ele ter estado lá, visto tudo em primeira mão e registrado em suas anotações de campo. (Claro que "ter estado lá" pode ficar consideravelmente enfraquecido ou se tornar metafórico, quando "lá" vem a ser, no caso de uma enquete ou pesquisa demográfica, o escritório em que alguém processa os resultados num computador.)

Clifford investiga essas duas pretensões nos aspectos específicos da prosa antropológica de Bronislaw Malinowski e outros: a alternância entre passagens de prosa generalizadora "objetiva" e os comoventes relatos de experiência pessoal ("Nosso grupo, navegando a partir do Norte..."). Os primeiros dão testemunho da ciência, os segundos do envolvimento pessoal. Os relatos antropológicos clássicos contavam a um só tempo a história dos povos estudados e a participação do antropólogo em suas vidas, o que tornava o estudo possível e confiável.

Mikhail Bakhtin insistiu na necessidade de incluir mais que a voz autoral confiável (que identificou com a forma épica em uma sociedade hierárquica estável). Propôs as ideias de multivocalidade e prosa dialógica (e, pelo que sei, inventou os termos também). Desenvolveu essas noções para dizer algo que considerava importante sobre os romances — queria elogiar Dickens por permitir que tantas vozes de tantos tipos diferentes falassem em seus livros —, mas a ideia pode ser transposta para um terreno novo sem sofrer qualquer prejuízo.

É assim que Bakhtin explica a ideia em *The Dialogic Imagination* (1981): "Uma palavra, discurso, linguagem ou cultura passa por 'dialogização' quando se torna relativizada, desprivilegiada, ciente de definições concorrentes para as mesmas coisas. A linguagem não dialogizada é peremptória ou absoluta."[3] Num mundo em que os significados mudam, dependendo de quem está falando, da situação social e posição do falante, uma obra literária que pretenda aumentar nossa compreensão desse universo não pode falar numa só voz clara e peremptória, porque não há meio algum de distinguir aquela voz que guarda toda a verdade. Uma obra literária que pretenda ser exata terá de incluir essas vozes distintas, que dizem as palavras com diferentes sentidos. Ela conterá conversas entre pessoas que veem as coisas de maneiras diferentes. Assim, assumirá a forma de um diálogo, será "dialógica".

É uma ideia simples. Como a aplicamos ao problema da representação da sociedade? A sociedade compõe-se de uma variedade de grupos, cada qual atribuindo seus próprios significados às coisas, às pessoas e aos acontecimentos. (No caso-limite, o grupo é apenas uma pessoa com a qual ninguém concorda acerca do significado das coisas. Em geral tratamos essas pessoas como loucas.) Os membros de um grupo, ao definir as coisas de maneira semelhante, podem agir juntos para atuar com base nessa definição comum. Se não partilharem significados semelhantes, suas tentativas de ação coletiva malogram. Não estou pensando em nada místico. Se quisermos construir uma casa, será bem melhor se tivermos um vocabulário que todos compreendem da mesma forma. Se meu dentista pede um *hollenbeck*, meus dentes terão melhor chance se tanto o dentista quanto o assistente pensarem que a palavra representa o mesmo instrumento.

Se quisermos representar de modo adequado as atividades de um pequeno segmento da sociedade, não podemos focalizar apenas as pessoas imediatamente envolvidas. Cada atividade, por pequena que seja, engloba pessoas que agem juntas, e em princípio queremos representar a variedade de pessoas envolvidas nessa atividade. Assim, deveríamos olhar para suas conexões com outros grupos e organizações. Se quisermos compreender um hospital, não podemos apenas observar e entrevistar enfermeiros e médicos. Para compreender o que estão fazendo e por quê, devemos também observar e entrevistar administradores, pacientes, técnicos, auxiliares de enfermagem, zeladores, cozinheiros, fornecedores, companhias seguradoras, pessoas que trabalham na lavanderia e todos os outros indivíduos e organizações, incluindo em especial os pacientes, cuja atividade contribui para que o hospital abra suas portas a cada manhã. E, tendo visto e ouvido tudo isso, vamos querer nos assegurar de que cada grupo "fale" em nossa representação, que seus significados, presentes e explicados, forneçam uma peça para a solução do quebra-cabeça. De outro modo, daremos uma explicação inadequada do que queremos explicar. Para falar claro, embora a tarefa da sociologia seja compreender e depois comunicar nossa compreensão, não compreenderemos coisa alguma do que se passa em nossos dados, nossos relatórios interpretarão mal os achados, nossas previsões estarão equivocadas e seremos continuamente surpreendidos pelos acontecimentos.

Se houvesse uma unidade ou consenso entre as pessoas que estudamos, se tivéssemos certeza de que um porta-voz realmente falava por todas elas, de modo que pudéssemos dizer ou admitir que todas pensam as mesmas coisas, acreditam nas mesmas coisas e agem da mesma maneira, isso simplificaria a tarefa. Não precisaríamos nos incomodar com todas aquelas vozes. Uma bastaria. Mas foi exatamente disso que Bakhtin se queixou. Uma boa investigação de qualquer fenômeno social nos traz uma Babel de vozes diferentes. Se quisermos fazer o trabalho de representação com exatidão, temos de ouvir e relatar todas essas vozes.

Não estou fazendo aquele convencional apelo sentimental a que se "dê voz" a pessoas que de outro modo não seriam ouvidas porque isso é o moralmente correto. Nem sugiro que essas outras vozes de outro modo não ouvidas podem conter alguma "verdade" (talvez "A Verdade") à qual as pessoas que usualmente conseguem ser ouvidas, com ou sem nossa ajuda, não têm acesso ou não revelariam mesmo que a conhecessem. Esta é uma argumentação mais prática. Não podemos realizar a tarefa que nos atribuímos, de fazer uma descrição precisa, a menos que ouçamos a todos. Cada pessoa e grupo sabe uma coisa melhor que todos os demais: o que eles mesmos pensam, fizeram e farão. Poderiam não nos dizer a verdade sobre isso, mas esse é um problema geral. Se há alguém que saiba o que eles pensam, este são eles. (E, sim, acho que a ideia de "falsa consciência" desvirtua excessivamente a realidade.) Se não incorporarmos o que pessoas de todos os tipos sabem em nossa descrição de uma organização, deixaremos muitos aspectos importantes de fora da análise e compreenderemos muitas coisas de modo errado.

Aceitar esta linha de argumentação cria alguns problemas difíceis para qualquer pessoa que queira descrever a vida social. É de fato necessário que todas as vozes sejam representadas? Isso significa um grande número de vozes, mesmo na situação mais simples. É fácil mostrar — foi uma das coisas que fiz em *Art Worlds*[4] — que um enorme número de pessoas está envolvido mesmo na mais simples atividade. Elas podem não estar todas na sala ao mesmo tempo, nunca se encontrar face a face, não saber que as outras existem, mas não é preciso fazer uma análise complexa para ver que as coisas não poderiam ter acontecido de certo modo se todas essas pessoas não tivessem feito a sua parte. Insisti em *Art Worlds*, por exemplo, que, se não houver pessoas administrando o estacionamento, a ópera será diferente, porque isso afetará a facilidade que as pessoas têm de comparecer ao espetáculo; portanto, quem comparecerá e em que número; portanto, as fontes e o valor da renda arrecadada; portanto, quanto pode ser gasto numa produção; e, portanto, quem pode ser contratado e o que pode ser comprado.

Mas em geral não achamos ser preciso representar a voz dos funcionários do estacionamento quando escrevemos sobre a ópera. Para representar um importante evento na história da Opéra de Paris, Philippe Urfalino contentou-se em citar quatro vozes, os quatro homens que mais afetaram o desenvolvimento da nova construção em que ela foi abrigada e as políticas que a acompanharam.[5] Seria fácil defender a ideia de que esse número de pessoas não é suficiente, que deveria haver mais vozes. Urfalino reconhece o problema, acrescentando que os quatro homens não são particularmente reconhecidos como figuras de destaque na história, mas insistindo em que foram atores cruciais nas mais importantes decisões e operações técnicas e políticas que levaram à realização bem-sucedida do projeto.[6] É simples ver que incluir os quatro representa um passo decisivo na direção certa. Insistir em incluir todas as vozes é apenas afirmar que sempre poderíamos abarcar novas vozes com proveito, e não se queixar de que alguma coisa é menos que perfeita. (É possível comparar isso com o relato feito por Latour, em 1996, de um projeto fracassado para a construção de um novo e moderno sistema de metrô em Paris, que leva em conta muito mais pessoas e organizações para explicar como o projeto fracassou porque, afinal, nenhum dos numerosíssimos atores envolvidos gostava o suficiente do novo metrô para fazê-lo acontecer.[7])

Talvez não precisemos de todas as vozes, mas necessitamos de mais que algumas, e sem dúvida mais que a voz do autor ou pesquisador onisciente, se quisermos contar uma história completa e confiável. Mas não temos algoritmo algum para decidir quantas vozes incluir ou como escolhê-las. Durante um bom tempo, houve algumas soluções convencionais para o problema. Podemos, por exemplo, deixar as pessoas que dirigem as organizações falarem por todas as demais que ali trabalham. O princípio organizador da ideia de hierarquia propõe que, em cada organização hierárquica, os que estão nos escalões superiores sabem mais sobre ela, compreendem-na melhor e podem falar com maior autoridade que os que estão abaixo.[8] Não precisamos acreditar nisso, mas as pessoas que analisam a sociedade frequentemente sucumbem a esse perigo, participam das hierarquias que estudam e as aceitam. Quando o fazem, justamente porque se tornam participantes bem socializados da organização, aceitam essa teoria sobre a distribuição do conhecimento. Basta-lhes então obter a palavra das autoridades no topo, e seu trabalho está feito.

Alguns sociólogos que tinham como objeto de estudo a medicina pensaram que, afinal, os médicos sabem mais sobre doença e saúde que os sociólogos, portanto não deveriam questionar seu conhecimento. As vozes das pessoas que os médicos diagnosticam ou de observadores desinteressados não precisavam ser ouvidas. Thomas Scheff e Walter Gove discutiram, por exemplo, se as pessoas que os psiquiatras rotulavam como doentes mentais diferiam de alguma maneira significativa de outras a quem eles não haviam aplicado o rótulo.[9] Gove pensava que sim, que os médicos sabiam mais sobre doença mental que qualquer outra pessoa, portanto, aqueles que eles afirmavam ser loucos eram realmente loucos. Scheff achava que ser verdadeiramente louco não era uma condição necessária para adquirir o rótulo. Outros pesquisam a disciplina do direito e julgam que os advogados, em especial aqueles que representam a profissão, sabem mais sobre ela. Esta se tornou uma questão espinhosa para quem estuda o funcionamento da ciência, porque os cientistas se irritam quando sociólogos e outros "relativistas" tratam o conhecimento que conquistaram à custa de muito suor como se fosse socialmente contingente.[10]

Esta é a solução fácil para o dilema de quantas vozes um relatório de pesquisa deveria incluir. Pergunte às autoridades — os profissionais responsáveis, o presidente de uma empresa, os funcionários do sistema de imposição das leis —, e eles lhe dirão o que você precisa saber.

Ninguém mais acha que podemos estudar operários industriais perguntando aos seus patrões o que eles pensam e fazem. Assim, entrevistam os operários ou lhes enviam questionários. Mas aceitam uma forma mais dissimulada da hierarquia de credibilidade. Fazem as perguntas que os patrões acham que devem ser feitas; investigam os problemas que os patrões pensam que devem ser investigados; incorporam as variáveis que os patrões acham que devem ser incorporadas — e deixam de lado o que os patrões não consideram necessário. Assim, os sociólogos da educação procuram com persistência as causas dos "fracassos" educacionais entre os alunos, e não entre os professores, e muito menos entre administradores ou organizações escolares.

Alguns cientistas sociais decidiram há muito tempo descobrir o que os outros envolvidos nesses processos pensam e fazem, e deixar que seus interesses e questões também informem nossos planos e atividades de pesquisa. O estudo das chamadas atividades desviantes desabrochou quando os pesquisadores começaram a ouvir e incorporar os significados, ideias e teorias daqueles rotulados como desviantes, bem como os das pessoas responsáveis pela rotulação. Isso se tornou mais ou menos institucionalizado sob o cabeçalho de "adotar o ponto de vista" dos subordinados numa organização, ou de qualquer dos outros participantes.

Suponhamos que decidimos incorporar todas essas outras vozes. Como o fazemos? Os cientistas sociais têm debatido isso,[11] mas os praticantes de outras maneiras de falar sobre a sociedade passaram por isso antes e prestaram mais atenção ao problema. Bakhtin focalizou o romance, o modo como esse gênero de narrativa incorporava todos os tipos de vozes para ser interessante, criava personagens de todos os lugares na sociedade e os deixava falar, falar e falar.[12] Dickens deu vida a toda uma sociedade: burocratas, batedores de carteira, advogados, mestres-escolas e o que você quiser. Os termos-chave de Bakhtin — *diálogo*, *dialógico*, *heteroglossia* — nomeiam essa característica da prática do romance que dá espaço quase automaticamente às vozes de muitas pessoas.

George Bernard Shaw: dois lados de uma discussão

Como vimos antes, análises da sociedade, em qualquer meio de comunicação, identificam os bons e os maus sujeitos. As tramas giram muitas vezes em torno de maldade punida e virtude recompensada; nas versões irônicas, a maldade fica impune e a virtude sem recompensa, mas observadores sofisticados (e não sofisticados também) inúmeras vezes deploram esse resultado. Muitas das mais eficazes análises organizacionais (como o estudo feito por Erving Goffman acerca de hospitais psiquiátricos e outras instituições totais, analisado no próximo capítulo) não facilitam esse julgamento. Elas explicam as circunstâncias e o pensamento dos maus sujeitos e também dos bons com tamanho detalhe que deixam claro por que fizeram o que eles fizeram, o que torna difícil condená-los em bases morais simplistas.

Os dramaturgos resolvem esse problema colocando vários personagens no palco, fazendo-os expressar-se com vozes reconhecivelmente diferentes. (Mesmo o personagem único em monólogos como *Krapp's Last Tape* e *Happy Days*, de Beckett [1960 e 1961], fala para outros, e ficamos conhecendo esses outros pela metade não falada da conversa.) Recorrendo a uma forma dramática, o autor tem de deixar que todos se façam compreender; de outro modo, não há conflito dramático, e ele entediará sua plateia. Como David Mamet diz em algum lugar que nunca consegui encontrar (razão por que não há referência aqui), todo personagem entra numa cena querendo alguma coisa, e o que faz em cena reflete suas tentativas de obter o que quer. A consequência é que, se a plateia não estiver ciente do que esse personagem quer, a cena não fará sentido para ela. George Bernard Shaw recorreu à forma dramática para criar vívidos debates intelectuais a respeito de sérios problemas sociais e sociológicos. Em *Major Barbara*, o sr. Undershaft, fabricante de armamentos, e sua filha Barbara, diretora do Exército de Salvação, discutem a moralidade da guerra. Os principais personagens encarnam pontos de vista opostos e falam em defesa deles.

Shaw usou esse expediente magistralmente em *A profissão da sra. Warren*, sua reflexão sobre a prostituição e os debates morais em torno dela. Nessa peça sobre Vivie Warren, uma jovem que acaba de se formar em matemática em Cambridge, e sua mãe, que mora no exterior e cuja fonte de renda para o sustento de Vivie nunca foi explicada, Shaw pretende defender uma ideia:

> *A profissão da sra. Warren* foi escrita em 1894 a fim de chamar a atenção para a verdade de que a prostituição não é causada pela depravação feminina nem pela licenciosidade masculina, mas simplesmente pela remuneração mais baixa das mulheres, pela sua desvalorização e a extenuação tão vergonhosas que as mais pobres são obrigadas a recorrer à prostituição para sobreviver. De fato, todas as mulheres atraentes e sem imóveis ou títulos perdem dinheiro se forem sempre virtuosas ou contraírem casamentos que não sejam mais ou menos venais. Se, numa ampla escala social, obtemos o que chamamos de virtude, é apenas porque pagamos mais por ela. Nenhuma mulher normal seria prostituta profissional se pudesse melhorar sua situação sendo respeitável, nem se casaria por dinheiro se tivesse condições de casar por amor.
>
> Desejei também expor o fato de que a prostituição não é exercida apenas sem organização, por iniciativa individual, na morada de mulheres solitárias, cada qual senhora de si e amante de cada cliente. É organizada e explorada como um grande comércio internacional para o lucro de capitalistas, a exemplo de qualquer outro comércio, e muito lucrativo para grandes propriedades urbanas, inclusive propriedades da Igreja, por meio dos aluguéis das casas em que é praticada.[13]

Ele argumenta em favor de sua ideia deixando a mãe e a filha, cada uma das quais tem uma causa a defender, discutirem entre si. Seus argumentos ganham força numa parte dramática da discussão, em que o segredo do negócio da sra. Warren finalmente é revelado. As duas personagens principais, fazendo a melhor defesa possível de teses opostas, asseguram que a análise, e portanto a plateia, não aceitará um lado do debate de modo irrefletido.

A profissão da sra. Warren, logo sabemos, é possuir e administrar uma cadeia de bordéis em grandes cidades europeias. Vivie, que poucas vezes viu a mãe, nada sabe sobre isso, mas está naturalmente curiosa. Quando a mãe lhe faz uma visita, por ocasião de sua formatura, Vivie a pressiona para obter mais informações. Embora isso nunca seja dito abertamente, logo se dá conta de que o negócio da mãe é possuir e administrar casas de prostituição, e que ela tirou disso um bom proveito, pagando por muitos luxos, inclusive a educação de Vivie. A sra. Warren desenvolve a argumentação pró-prostituição contando como Liz, sua irmã, que a precedeu no negócio e prosperou, a convenceu a ingressar nele. A irmã aposentou-se e é uma dama da boa sociedade de Winchester. A sra.

Warren conhece o destino muito pior de suas meias-irmãs, que não aderiram a sua linha de trabalho:

> Elas eram as respeitáveis. Bem, o que conseguiram com sua respeitabilidade? Vou lhe contar. Uma delas trabalhou 12 horas por dia numa fábrica de alvaiade ganhando nove xelins por semana até morrer de envenenamento por chumbo. Ela esperava ficar apenas com as mãos um pouco paralisadas; mas morreu. A outra sempre foi apontada como modelo porque se casou com um funcionário do governo no centro de abastecimento de Deptford, e mantinha seu quarto e os três filhos limpos e arrumados com 18 xelins por semana — até que ele começou a beber. Valeu a pena ser respeitável, não valeu?[14]

Ela consegue emprego num bar, onde sua irmã, que desaparecera quando ainda era criança, a encontra por acaso.

> Quando ela viu que eu me tornara uma adulta bonitona, disse-me do outro lado do balcão: "Que é que você está fazendo, sua tolinha? Consumindo sua saúde e sua aparência para dar lucro aos outros!" Liz na época estava economizando para alugar uma casa em Bruxelas; e achava que duas podiam economizar mais depressa que uma. ... A casa em Bruxelas era realmente de alta classe: um lugar muito melhor para uma mulher que a fábrica onde tia Jane foi envenenada. Nenhuma de nossas moças jamais era tratada como fui na copa daquela casa de repouso ou no bar de Waterloo, ou em casa. Você ia querer que eu ficasse ali e me tornasse uma burra de carga velha e gasta antes dos 40 anos?[15]

Vivie, impressionada por esses argumentos, defende a ideia convencional de que esse tipo de trabalho é degradante; tais argumentos conhecidos não são apresentados em detalhe, mas sentimos sua presença nas poucas palavras que Vivie diz. Ela acha que deve haver uma maneira melhor de ganhar a vida, em que o evidente tino para os negócios e a capacidade de trabalho de sua mãe teriam sido igualmente lucrativos, mas a sra. Warren não quer admitir isso. Esse era o único negócio em que ela e Liz podiam usar sua boa aparência como capital. Ela concorda com Vivie, que há alguns momentos difíceis com clientes indisciplinados, mas diz que, evidentemente, "a gente tem de aguentar os grosseiros e os afáveis, assim como uma enfermeira num hospital ou em qualquer outro lugar".

Quando Vivie pergunta à mãe, num lance retórico esperável, se ela não se envergonhava do que fazia, a sra. Warren responde: "Bom, claro, querida, é apenas uma questão de boas maneiras envergonhar-se disso: é o que se espera de uma mulher." E acrescenta:

> Se as pessoas organizam o mundo desse modo para as mulheres, de nada adianta fingir que ele está organizado de outro. Não. Na verdade nunca senti um pingo de vergonha. Considero que tinha o direito de me orgulhar de como administrávamos tudo de maneira tão respeitável, e nunca ouvimos uma palavra contra nós, e de como as moças eram tão bem cuidadas. Algumas delas saíram-se muito bem; uma se casou com um embaixador.[16]

Vivie logo experimenta sua própria tentação, a outra forma como as mulheres são compradas e vendidas mencionada por Shaw. Sir George Crofts, um homem mais velho de quem sua mãe é sócia no negócio de bordéis (embora Vivie não saiba que ele entrou com o capital inicial), pede-a em casamento e explica que isso lhe valerá muito dinheiro. Ela recusa, e ele, por despeito, lhe revela seu papel naquele comércio. Ele lhe diz ainda que a declaração de sua mãe de que tinha encerrado suas atividades era apenas uma mentira conveniente. Agora Vivie afinal compreende que os bordéis financiaram seu confortável modo de vida o tempo todo. Crofts deixa claro o sistema de relações interconectadas que envolve quase todos na sociedade, tanto os convencionalmente bons quanto os convencionalmente maus, inclusive ela:

> Você não cortaria relações com o arcebispo de Canterbury porque os comissários eclesiásticos têm taberneiros e pecadores entre seus inquilinos. Lembra-se da sua bolsa Crofts em Newnham? Bem, ela foi fundada por meu irmão, o parlamentar. Ele recebe seus 22% de uma fábrica com 600 moças, e nenhuma delas ganha o suficiente para se manter. Como pensa que se arranjam quando não têm família a quem recorrer? Pergunte a sua mãe. E você espera que eu vire as costas para 35% quando todos os outros estão embolsando o que podem, como homens sensatos? Não sou tão tolo! Se você vai escolher suas relações a dedo, com base em princípios morais, é melhor deixar este país, a menos que queira se afastar de toda a sociedade decente.[17]

Ambas as mulheres têm boas razões para defender suas posições, e os argumentos tornam-se ainda mais convincentes pela emoção que está sob eles e que é dramaticamente justificada pela situação. Vivie, claro, aprendeu uma lição; é disso que trata a peça. Ela diz à mãe:

> Não desaprovo Crofts mais do que qualquer outro homem de caráter grosseiro de sua classe. Para lhe dizer a verdade, até o admiro, por ser resoluto o bastante para se divertir a seu próprio modo e ganhar muito dinheiro em vez de viver a vidinha comum de seu círculo social, de atirar, caçar, jantar fora, vestir-se e flanar só porque todos fazem isso. Tenho plena consciência de que, se eu estivesse nas mesmas circunstâncias que minha tia Liz, teria feito o mesmo que ela. Não creio que eu seja mais preconceituosa ou mais puritana que você; acho que sou menos. Tenho certeza de que sou menos sentimental. Sei muito bem que moralidade de bom-tom é puro fingimento. E que se eu pegasse seu dinheiro e dedicasse o resto de minha vida a gastá-lo de maneira decorosa poderia ser tão vil e viciosa quanto a mais tola das mulheres, sem que ninguém me dissesse uma palavra de crítica. Mas eu não quero ser vil.[18]

Não quero fazer sermão sobre isso, mas os cientistas sociais evitaram sistematicamente qualquer drama em suas apresentações e pagaram o preço na dificuldade de representar múltiplos pontos de vista.

Caryl Churchill: muitas vozes contam uma história

A peça *Mad Forest* (1996), de Caryl Churchill, trata de eventos ocorridos na Romênia em dezembro de 1989, quando uma revolta popular espontânea derrubou Nicolae Ceausescu, o chefe de governo, e terminou por executá-lo com sua mulher, Elena. No início de março de 1990, Churchill e o diretor Mark Wing-Davey passaram quatro dias em Bucareste; voltaram no fim daquele mês com um grupo de atores profissionais e dez estudantes de teatro. Entrevistaram pessoas, trabalharam com alunos do Instituto Caragiale de Teatro e Cinema, "conheceram muitas outras pessoas". Isto é, fizeram uma espécie de investigação sociológica. Depois escreveram a peça, ensaiaram-na e, em 13 de junho de 1990, encenaram-na pela primeira vez.

O primeiro e o terceiro atos da peça tratam do casamento de Lucia, professora primária filha de um eletricista e de uma condutora de bonde, e Radu, estudante de arte, filho de um arquiteto e de uma professora — um rapaz de classe média casando-se com uma moça da classe trabalhadora. Embora essa história e sua resolução sejam interessantes e importantes, vou falar apenas sobre o segundo ato.[19]

No segundo ato, os 11 atores aparecem (na produção que vi no Berkeley Repertory Theater) sentados no palco em cadeiras, lado a lado, de frente para a plateia. As rubricas dizem: "Nenhum dos personagens deste ato participou do primeiro ato da peça. Eles são todos romenos que falam inglês com sotaque romeno. Cada qual se comporta como se os outros não estivessem ali e como se fosse o único a nos contar o que aconteceu."

Eles falam em frases afirmativas curtas, que variam de uma linha a cerca de 150 palavras, cada uma descrevendo o que viu, ouviu, soube e fez no dia 21 de dezembro, o dia da revolta, quando a multidão se reuniu em praça pública, e depois, quando a revolta ganhou ímpeto. Nenhum deles tem uma visão geral do evento; sabem apenas o que fizeram, o que aconteceu em sua vizinhança imediata. Mas, à medida que cada um conta o que sabe, a plateia obtém uma ideia mais abrangente de tudo o que aconteceu. (Isso se assemelha ao método atribuído a S.L.A. Marshall, o historiador militar que colhia informação sobre o comportamento no campo de batalha por meio de entrevistas de grupo, em que cada participante de uma unidade contava o que vira e fizera.[20]) Nenhuma voz é particularmente importante. Nenhuma delas representa um ponto de vista político característico, embora representem de fato posições sociais características — diferindo em idade, gênero, relações familiares, ocupações, classe, e assim por diante — e possibilidades. Entre elas, as muitas vozes apresentam uma visão completa e abrangente do que aconteceu.

Os 11 participantes dos eventos da revolta descrevem algo por que os sociólogos se interessam há muito tempo sob o termo "comportamento coletivo elementar",[21] o estudo das multidões, turbas e formas semelhantes de ação coletiva desorganizada. Os atores dão a melhor descrição que já li do comportamento desse tipo de situação, por meio da acumulação de detalhes banais. Os personagens se identificam em sua primeira fala e depois descrevem o que faziam "Naquele Dia". Quando o ato começa, a plateia se dá conta pela primeira vez de que algo de inusitado acontecia:

> MOÇA ESTUDANTE: Meu nome é Natalie Moraru. Sou estudante. No dia 21 de dezembro tive uma briga com minha mãe no café da manhã por causa de alguma coisa trivial e saí furiosa. Não havia nada de extraordinário, alguns velhos conversavam, alguns policiais à paisana. Eles pensam que são espertos, mas todo mundo sabe quem são por causa de suas caras chatas.
>
> TRADUTOR: Sou Dimitru Constantinescu, trabalho como tradutor numa agência. No dia 21 estávamos ouvindo rádio no escritório para escutar o discurso de Ceausescu. Era extremamente previsível. Os ônibus haviam transportado as pessoas de fábricas e institutos, e ele queria a aprovação delas para reprimir o

que chamava de arruaceiros em Timisoara. Então, de repente, ouvimos vaias, e a rádio saiu do ar. Assim, soubemos que alguma coisa tinha acontecido. Ficamos terrivelmente sobressaltados. Todo mundo tremia.

Alguns não notaram nada, de início:

MÉDICA: Meu nome é Ileana Chirita. Sou estudante de medicina, vim da escola para este hospital, precisamos ter seis meses de prática. O dia 21 foi um dia normal de trabalho. Eu não sabia de nada.

Mas logo uma multidão começou a se formar:

CONDUTOR DE ESCAVADEIRA: Saio do trabalho para buscar meu filho na escola e não volto para trabalhar, vou para a praça do palácio.

ESTUDANTE 1: Havia dois campos, Exército e povo, mas ninguém atirava. Alguns trabalhadores do Palácio do Povo vieram com material de construção para levantar barricadas. Começou a chegar cada vez mais gente, ficamos comprimidos.

Algumas pessoas vão para casa e tentam ignorar o que está acontecendo, mas outras querem estar presentes:

ESTUDANTE 1: Havia furgões trazendo bebida, e eu disse para não beberem porque a Securitate quer nos embebedar para que façamos feio. À noite tentamos fazer uma barricada na praça Rosetti. Pusemos fogo num caminhão.

AGENTE DA SECURITATE: Há barricadas e carros pegando fogo em meu distrito, notifico isso. Mais tarde o Exército atira no povo e joga tanques sobre ele. Largo o trabalho.

E a história continua, sempre nesse estilo narrativo insípido, relatando desenvolvimentos adicionais: a crescente consciência dos "distúrbios", multidões cada vez maiores, rumores se espalhando ("Ouvimos pelo rádio que o general encarregado do Exército havia se matado e fora denunciado como traidor"). Os soldados se juntam à multidão ("Então vi que havia flores nos fuzis"), a segurança estatal não resistiu ("E quando olhei de novo a polícia tinha desaparecido") e "Não havia palavras em romeno ou em inglês para dizer o quanto eu estava feliz".

Mas há um contramovimento: *terroristi* começam a atirar, pessoas sacam suas armas, jovens se preparam para morrer avançando. Encontram armas numa fábrica de armamentos desprotegida. Pessoas morrem. Depois:

> ESTUDANTE 1: No dia 25 ouvimos falar do julgamento e das mortes deles [os Ceausescu]. Anuncia-se que o povo deve devolver suas armas, por isso vamos à fábrica e devolvemos nossos fuzis. Dos 28 que tinham armas, somente quatro estão vivos.

As pessoas enfrentam as novas circunstâncias de suas vidas:

> AGENTE DA SECURITATE: Quando ouvi falar das execuções do dia 25, fui com meu pai até as autoridades à noite para atestar o que estava fazendo durante o evento. Passei três dias preso pelo Exército, depois me disseram para ficar em casa. Vou dizer uma coisa: até o meio-dia do dia 22, nós éramos a lei e a ordem. Fomos educados nessa ideia. Nunca concordarei com desmando. Todos me olham como se eu tivesse feito alguma coisa errada. A lei era assim naquele momento, e era assim que todos eles a aceitavam.

Na primeira noite do seminário "Falando sobre a sociedade", distribuí cópias do roteiro. Onze das 25 cópias tinham as falas de um personagem diferente realçadas. Se a parte que a pessoa recebia representasse um personagem, ela deveria lê-la em voz alta quando chegasse a hora. Os alunos queixaram-se de que não eram atores, e respondi que isso não tinha importância, invocando o mantra de David Mamet: "Não representem, apenas leiam as falas." Depois de novas queixas de que não eram atores, concordaram. É verdade, não eram atores, e isso não fez diferença. Eles leram os papéis, e o resultado dramático foi extraordinário; todos estavam em silêncio, comovidos, quando terminamos o curto ato. Tente você mesmo esse experimento e veja com que força a simples experiência teatral transmite a um episódio o que cientistas sociais têm muita dificuldade em descrever.

Wallace Shawn: a voz ausente

Shaw nos apresenta duas vozes discutindo entre si. Churchill nos dá muitas vozes, nenhuma mais importante que as outras, compondo uma atividade complexa. Wallace Shawn nos dá deliberadamente uma voz, e é a voz errada.

Estamos tão acostumados a relatos ficcionais que adotam um ponto de vista moral, que um autor que não faça isso desconcerta público e críticos. O dramaturgo Wallace Shawn fez isso mais de uma vez e criou uma boa dose de desconforto em cada uma delas. Em sua peça *Aunt Dan and Lemon* (1985), uma mulher jovem, doentia e ingênua (cujo apelido era Lemon) conta a história de sua mundana e sofisticada tia Danielle, uma expatriada americana na Inglaterra, que, à medida que a peça se desdobra, se revela (em suas palavras e ações) repreensível — uma simpatizante das piores características e ações dos establishments sociais e políticos americanos e europeus, uma apologista (para começar, mas a coisa fica pior) de gente como Henry Kissinger e Neville Chamberlain. Essas revelações sucedem-se lentamente, de modo que é apenas perto do final que se compreende que tia Dan era uma rematada simpatizante nazista e que Lemon adotou todas as piores opiniões da tia como suas — e tem orgulho delas e orgulho de si mesma por ter a coragem de pensar assim. Não apenas que tia Dan venerasse Henry Kissinger. Ela admirava os políticos que tinham a coragem de fazer o que julgavam necessário, mesmo que isso pudesse parecer impiedoso e até imoral para as pessoas mais fracas. Revela-se que ela é imoral, de um modo que as pessoas, de esquerda ou de direita, julgariam repelente. Lemon não a acompanha completamente, mas admira tudo isso.

A última fala de Lemon, que não vamos citar em detalhes (é muito mais longa que o excerto abaixo), nos dá sua expressão mais franca de admiração pelo que qualquer pessoa que assiste à peça considerará repugnante. Ela explica que, para alcançarem a sociedade de irmãos que buscavam, os nazistas tinham de eliminar os não alemães e impedir a mistura racial; assim como para alcançar o tipo de sociedade europeia que queriam construir nos Estados Unidos, os primeiros colonizadores tiveram de matar os índios que disputavam com eles cada nesga de terra. Depois ela diz:

> Temos de admitir que realmente não nos importamos mais. E acho que esta última admissão é o que realmente faz as pessoas enlouquecerem por causa dos nazistas, porque em nossa própria sociedade temos esse tipo de culto erigido em torno do que as pessoas chamam de sentimento de "compaixão". Lembro-me de minha mãe gritando o tempo todo: "Compaixão! Compaixão! Você tem de ter compaixão pelos outros! Você tem de ter compaixão pelos outros seres humanos!" E devo admitir que há algo que acho agradável nos nazistas, e é em parte por isso que gosto de ler sobre eles toda noite, porque de certo modo tiveram a coragem de dizer: "Bom, que *é* compaixão? Porque eu realmente não sei o que é. Por isso quero saber realmente o que é?" E de certo modo eles devem ter perguntado uns

> aos outros, a certa altura: "Bom, diga, Heinz, *você* alguma vez sentiu isso?" "Bem, não, Rolf, e você?" E todos tiveram de admitir que realmente não sabiam que diabo era aquilo. E acho de certo modo tranquilizador ler sobre essas pessoas, porque tenho de admitir que eu também não sei. Isto é, acho que senti isso lendo um romance, que senti isso vendo um filme — "Ó, que tristeza, aquela criança está doente! Aquela mãe está chorando!" —, mas não me lembro de alguma vez ter sentido isso na vida ... Porque, se há uma coisa que aprendi com tia Dan, acho que você poderia dizer que foi uma espécie de honestidade. É fácil dizer que deveríamos todos ser amorosos e meigos, mas enquanto isso estamos desfrutando um certo modo de vida — e estamos realmente *vivendo* — graças à existência de algumas outras pessoas que estão dispostas a assumir elas próprias a tarefa de matar, e não é uma coisa má admitir de vez em quando que é desse modo que estamos vivendo, e até dar a essas certas pessoas uma pequenina, insignificante, migalha de agradecimento. Você pode ter certeza de que isso é mais do que elas esperam, mas acho que mesmo assim ficarão agradecidas.[22]

O que torna a obra de Shawn especial não é o fato de ele retratar francamente e em detalhe esses tipos torpes ou ignorantes, mas que nada na peça, nem uma palavra, nem um gesto, diz haver algo errado com o que eles dizem e fazem. Eles dão plena expressão a seus próprios pensamentos e ações, como se estivessem falando para um público favoravelmente disposto, como se um dramaturgo compreensivo tivesse ouvido e registrado essas conversas e solilóquios encantadores. Nenhum personagem na peça representa outro ponto de vista. Nenhum os contesta em nome da razão ou da humanidade. Essa voz está ausente. Shawn não retrata um debate entre personagens com opiniões diferentes, mas razoáveis, sobre algum problema. Não há debate, porque ninguém do outro lado está ali para falar. É como se a única pessoa cujas palavras você ouvisse na peça de Shaw fosse sir George Crofts, o único personagem em relação a quem é difícil encontrar uma boa palavra a dizer.

Públicos de teatro (públicos de qualquer tipo de representação ficcional) esperam que o autor identifique os vilões para eles. É a divisão convencional de trabalho entre usuários e produtores no teatro. Frank Rich, ao resenhar a peça de Shawn para o *New York Times*, comentou:

> O inabalável sr. Shawn nunca fornece um personagem para contestar os claros argumentos de Lemon. Em vez disso, deixa que o público conceba sua própria refutação — obrigando-nos a nos perguntar se conseguiríamos, na vida real, nos opor à polêmica espúria de uma fascista hábil como Lemon, e se o faríamos. Não

> consigo me lembrar da última vez que uma peça tenha deixado uma plateia tão constrangida, e digo isso como um grande elogio.[23]

Ninguém na plateia tem qualquer dificuldade em descobrir por si mesmo quem são os vilões em *Aunt Dan and Lemon*. Você poderia tentar desculpar Lemon com base na idade e na ignorância, mas não conseguiria se convencer; ela não é tão pateta, ou não deveria ser. Não foi uma incapacidade de distinguir os bons sujeitos dos maus sujeitos que perturbou as pessoas que viram e leram a peça. Foi o fato de o próprio Shawn não ter dito isso pela boca de um personagem que o representasse de maneira transparente, ou levado a história a um desfecho satisfatório, em que Dan recebesse o que moralmente merecia. (No fim, Dan morre de uma prolongada doença não especificada, mas não podemos interpretar isso como uma punição dramaticamente satisfatória por seus maus pensamentos e costumes; boas pessoas também morrem assim.) E as pessoas reagiram com intensidade à recusa de Shawn de dizer aquilo com que sabiam que ele concordava. Esperamos que as ficções sejam complexas, que nos apresentem escolhas importantes e difíceis, mas não que ignorem a responsabilidade de fazer um juízo moral mais ou menos explícito. As pessoas querem ouvir essa outra voz.

Foi essa mesma expectativa que Erving Goffman violou em sua análise dos hospitais psiquiátricos, quando usou uma linguagem científica cuidadosamente neutra para descrever situações que a maioria dos leitores acharia dolorosas, como veremos no próximo capítulo.

13. Goffman, linguagem e a estratégia comparativa

Estes últimos quatro capítulos do livro adotam uma abordagem diferente, ao fazer a leitura atenta de algumas obras clássicas de descrição e análise social à luz das ideias apresentadas anteriormente. Os três capítulos finais tratam de autores de ficção, enquanto este examina um clássico da sociologia.

O problema da linguagem convencional

O ensaio merecidamente famoso de Erving Goffman "As características das instituições totais" exemplifica a relação problemática, nunca simples e direta, entre métodos de apresentação de pesquisa e conhecimento acadêmico e o conteúdo político da obra.[1] Ele exemplifica, de fato, a solução de Goffman, no plano da apresentação, para um problema que atormenta constantemente a escrita e a pesquisa em ciências sociais: como evitar os defeitos e fracassos que surgem de nossa aceitação irrefletida das coerções do pensamento convencional. É um problema que se manifesta com maior clareza no partidarismo quase universal das ciências sociais, o modo como a pesquisa "toma partido", identifica de maneira fácil e bastante rápida (como vimos) os bons e os maus sujeitos, e distribui elogios e censuras quando a tarefa real em questão é compreender como as coisas funcionam e apresentar uma descrição precisa dessa compreensão. Romancistas e dramaturgos lidam com esse problema ao permitir que múltiplos personagens representem diferentes pontos de vista, o que faz com que os usuários, de maneira típica, mas não invariável, saibam que voz está "certa". A maneira como Goffman lida com esses problemas nas ciências sociais merece um estudo atento.

Quando cientistas sociais estudam alguma coisa — uma comunidade, uma organização, um grupo étnico —, nunca são as primeiras pessoas a chegar à cena, nunca são recém-chegados numa paisagem inabitada, nem podem nomear suas características como quiserem. Cada tema sobre o qual escrevem faz parte da experiência de muitos outros tipos de pessoas, todas as quais têm suas próprias maneiras de falar sobre ele, suas próprias palavras distintivas para os objetos, eventos e pessoas envolvidos naquela área da vida social. Essas palavras nunca são significantes objetivos neutros. Ao contrário, expressam a perspectiva e a situação das pessoas que as utilizam. Os nativos já estão lá, sempre estiveram lá, e tudo no campo tem um nome, ou, mais provavelmente, muitos nomes.

Quando optamos por nomear o que estudamos com palavras que as pessoas envolvidas já empregam, adquirimos, com as palavras, as atitudes e perspectivas que elas implicam. Como muitos tipos de pessoas estão envolvidos em qualquer atividade social, a escolha das palavras de qualquer um daqueles vocabulários nos compromete com uma ou outra das perspectivas em uso por um ou outro dos grupos já em cena. Essas perspectivas, invariavelmente, dão muitas coisas por certo, fazendo pressuposições sobre aquilo que cientistas sociais deveriam tratar como problemático.

Quando estudei o fumo e fumantes de maconha, evitei deliberadamente usar a palavra *adição* ao descrever a atividade, embora muitos ou a maioria dos outros que escreveram sobre o assunto falassem de "adictos de maconha".[2] Pensava que a palavra continha um pressuposto falso, e assim preferi falar de "uso de maconha". Muitos leitores compreenderam que essa pequena variação linguística sugeria que as pessoas que fumavam maconha estavam realmente envolvidas numa prática inofensiva, não devendo portanto ser legalmente importunadas. Não estavam errados, claro. Eu achava isso, e ainda acho, mas não o disse no primeiro escrito sobre o assunto.

O nome que damos às coisas que estudamos tem consequências. Partes interessadas tentam definir aquilo com que lidam de formas que promovam seus interesses, realizem o que querem realizar. E tentam influenciar os pesquisadores a definir o que é estudado das formas que decidiram ser "as certas". Organizações interessadas e seus integrantes e empregados costumavam discutir sem parar, e sem dúvida ainda o fazem (embora eu não leia mais sobre isso), a respeito de quantos adictos de heroína há nos Estados Unidos, na cidade de Nova York ou em qualquer jurisdição. Esse é um problema técnico, de fazer um recenseamento preciso dos usuários, e, ao que tudo indica, não devia suscitar muitas discussões acaloradas. Mas suscitava. Porquê? Bem, a resposta afetava o orçamento de grande número de pessoas e organizações. Se eu dirijo um centro de tratamento para adictos e busco recursos para minhas operações, gostaria que as pessoas com dinheiro para doar pensassem que há um grande número de viciados pela cidade. Por quê? Porque isso significaria que muita gente precisa de ajuda do tipo que minha organização pode dar, e os financiadores ficarão mais propensos a conceder mais dinheiro para que eu e meu pessoal façamos o trabalho do que se pensassem que não há muitos adictos precisando de nossos serviços. Quero que o problema pareça "sério", e isso não ocorrerá, a menos que o número de clientes potenciais para minha operação seja grande.

Mas se eu fosse o alto funcionário de uma força de polícia urbana ou de uma agência federal de combate ao uso de drogas, poderia estar interessado em ver os mesmos números menores. Por quê? Porque, se o número for alto, se houver muitos adictos soltos por aí, meus inimigos burocráticos e políticos (e se eu for um funcionário desse tipo terei esses inimigos) poderiam usar isso para mostrar que os esforços de minha organização para reprimir o uso de drogas não funcionam, o dinheiro dos contribuintes gasto no que fazemos será desperdiçado, e minha organização e eu, como seu diretor responsável, não merecemos apoio.

Merecer é a palavra importante aqui, porque é um termo que designa juízo moral, não uma conclusão verificada por alguma operação nem resultados científicos. É uma conclusão sobre o que deveria ser e implica um conjunto de juízos sobre o que tem valor, o que é bom, o que é respeitável, o que é repreensível — tudo isso. Os cientistas sociais, em sua maioria, foram instruídos a distinguir entre juízos sobre fatos e os chamados "juízos de valor", juízos sobre o que é bom e mau, e especialmente advertidos a não deixar que suas ideias sobre o que é errado influenciem suas conclusões sobre o que existe. Quer gostemos dele ou não, devemos estar prontos para ver o fenômeno e reconhecer sua existência em nossas análises.

Se eu tivesse feito a análise que acabo de sugerir sobre as implicações do número de adictos descoberto por um censo, não precisaria dizer que, se não há muitos adictos de heroína, precisamos de uma força policial menor para lidar com eles. Meus leitores fariam esse trabalho por mim, chegando a essa conclusão sem que eu a expressasse. Quando chamei a prática em questão de "uso de maconha" e não "adição de maconha", e apresentei uma análise que não se enquadrava no estereótipo usual da adição, os leitores fizeram o trabalho de deduzir os juízos sobre bom e mau que decorriam disso também. Eles reconheceram que a consequência "lógica" (e de fato era lógica, se você partilhasse as premissas que meus leitores e eu em geral partilhávamos) era que os usuários de maconha não deveriam ser molestados por isso.

A linguagem das drogas envolve mais do que chamar a atividade de "uso" ou "adição". As pessoas que fumam maconha têm uma linguagem para falar sobre ela; essa é uma parte importante da "cultura da droga". Fala-se de "ficar no barato" e não em "embriagados". Têm muitos sinônimos para maconha, chamando-a, por exemplo, de "erva". Podem falar daquela de quem compram maconha como um "contato". Outras pessoas cujos mundos também compreendem a maconha — médicos, advogados e polícia — terão outras palavras para os mesmos objetos e atividades, falando talvez de "*cannabis*" e "traficantes". A linguagem dos usuários sugere que o uso é voluntário, agradável e inocente. A linguagem da medicina e do direito sugere que o uso é involuntário, mau e nocivo.

O modo como objetos e atividades são nomeados sempre reflete relações de poder. As pessoas no poder chamam as coisas como querem, e como elas controlam muitas das situações de que os outros participam, estes têm de se ajustar a isso, talvez usando suas próprias palavras em particular, mas aceitando em público o que não podem evitar. Seja o que for que eu e meus amigos pensamos sobre a "erva", a maconha é definida como uma droga narcótica pelas pessoas que podem fazer esse nome — e as atividades e as proibições que ele implica — vingar.

Os cientistas sociais têm de decidir, cada vez que fazem pesquisa, que nome dar às coisas que estudam. Quando escolhem nomes escolhidos pelas partes interessadas e poderosas já envolvidas nas situações que estudam, aceitam todos os pressupostos incorporados nessa linguagem. Se eu opto pelos termos empregados pelas pessoas que "possuem" o território, e portanto escolhem as perspectivas associadas a esses termos, deixo minha análise ser moldada por arranjos sociais convencionais e pela distribuição de poder e privilégio que eles criam. O estudo de instituições educacionais, como sugeri antes, foi afetado pela fácil aceitação, por parte dos pesquisadores, das ideias similares, que ninguém na atividade de ensino questiona, de que ensino e aprendizagem são o que ocorre em lugares chamados escolas, e que, se isso não está acontecendo numa escola, não importa o que as pessoas estejam aprendendo, aquilo não é educação.[3]

A aceitação de definições convencionais do que estudamos tem consequências técnicas e morais.

A consequência técnica é que aquela classe de fenômenos sobre a qual quero generalizar só tem em comum as atitudes morais de pessoas e grupos poderosos na sociedade em relação a elas, bem como as ações que foram executadas em relação a elas em consequência disso. O resultado é que um pesquisador que emprega uma definição convencional tem enorme dificuldade em encontrar algo de geral para dizer sobre os fenômenos que estuda além do que está associado com aquelas atitudes morais. Podemos falar sobre os resultados produzidos por pensar dessa maneira — isso foi o que a teoria da rotulação do desvio fez.[4] Mas nada encontramos para dizer sobre como as pessoas ficam daquele jeito, as causas subjacentes ou questões semelhantes, porque nada há de relacionado a essas questões que possa ser comum a todos os casos na classe. Não fazemos ciência se não encontramos entidades semelhantes sobre as quais generalizar.[5]

As consequências morais da adoção de linguagem e perspectiva existentes em relação ao que estudamos é que aceitamos, querendo ou não, todos os pressupostos sobre certo e errado contidos nessas palavras e ideias. Acatamos, no caso das drogas, a ideia de que os adictos são pessoas que perderam o controle de si mesmas e portanto não podem evitar fazer coisas inerentemente más. Aceitamos, no caso das escolas, que elas têm o monopólio do ensino e da aprendizagem que sua linguagem reivindica para elas.

Esse foi o problema de Goffman quando começou a escrever um livro sobre os manicômios que estudara. A linguagem existente para discutir as pessoas confinadas nessas instituições incorporava apenas uma voz e uma perspectiva, aquelas das pessoas que tinham o poder de confinar as outras: o pessoal médico profissional que dirigia as instituições; os profissionais da lei que encaminhavam pessoas para elas; as famílias que tinham resolvido seu problema internando um membro indisciplinado num lugar como esse; a polícia para a qual as pessoas que tinham parado no hospital eram por vezes aquilo chamado de inconveniente público. Como poderia Goffman evitar pressupor categorias como "doença mental" e as perspectivas a elas associadas? Tinha de evitar isso, porque a aceitação de tais categorias e dos pressupostos que elas envolvem se interporia no caminho do estudo abrangente que tinha em mente.

A solução linguística

Para deixar claro como Goffman encontrou uma solução viável para o problema das categorias convencionais e dos juízos morais a elas associados, começarei com uma simples observação estilística. Nenhum leitor do ensaio de Goffman sobre instituições totais pode deixar de perceber a considerável disparidade entre a realidade social sobre a qual ele fala e o modo como fala. Ele descreve e analisa práticas sociais muito comuns, de cuja existência e caráter a maioria dos adultos tem conhecimento, se não por sua experiência pessoal, pelo menos experiência de outros que conhecem e de relatos em segunda mão na imprensa, em filmes, no teatro e na ficção. Relata e analisa práticas sociais organizadas de encarceramento e degradação que causam repulsa e nojo em muitos leitores e despertam sentimentos de vergonha em nós por vivermos numa sociedade na qual tais coisas aconteceram e continuam a acontecer. Sua descrição detalhada e abrangente torna impossível ignorar a existência persistente dessas atividades vergonhosas organizadas, socialmente aceitas, e vez por outra instigou tentativas de reformá-las (embora Goffman tenha sido apenas um entre muitos cujos escritos alimentaram o movimento em prol da reforma dos manicômios).

A disparidade que mencionei existe, em primeiro lugar, na linguagem a que ele recorre para descrever as ações que o pessoal institucional executa com relação aos internos. Apesar da natureza repelente de muitas das atividades que descreve, Goffman jamais usa linguagem valorativa. Não censura explicitamente as práticas que suas descrições nos fazem querer censurar, e seus adjetivos e advérbios tampouco traem uma avaliação negativa delas. Poderia estar descrevendo um formigueiro ou uma colmeia como forma de instituição social que ameaça algumas pessoas (não se esqueça, com a cumplicidade do resto da sociedade, e isso tem grande significado para nós) de tal maneira que suas vidas se assemelham às dos membros dessas sociedades de insetos: arregimentados num sistema de castas inflexível e humilhante, sem consideração por seus próprios sentimentos e desejos. Sua descrição detalhada do que poderíamos encontrar nesses lugares nos leva a esse tipo de conclusão, embora ele próprio nunca diga nada parecido. Aqui estão algumas das maneiras como ele emprega a linguagem para evitar juízos.

Usa a palavra *escalão* (em vez, por exemplo, de *dominação*) para denotar o sistema de autoridade típico de uma instituição total: "*qualquer* membro da classe do pessoal tem certos direitos de disciplinar *qualquer* membro da classe dos internos, aumentando com isso acentuadamente a probabilidade de sanção."[6] A palavra é neutra. Como não é comumente empregada para esse fim, não tem conotações negativas imediatas, do tipo que um termo como *dominação* possui. Ela denota simplesmente um modo entre muitos de organizar relações de autoridade, assim como a distinção feita por Weber entre formas carismática, burocrática e tradicional de autoridade descreve três outros modos.

É muito mais fácil encontrar exemplos de "controle de escalão" que de "dominação". O primeiro requer apenas a demonstração de um fato observável — quem dá ordens a quem —, ao passo que o segundo inclui, pouco abaixo da superfície, um julgamento quanto à adequação moral do arranjo de imposição de ordens, que é sempre mais discutível.

Alguns exemplos adicionais desse tipo de linguagem neutra usada por Goffman para se referir a assuntos sobre os quais leitores como nós teriam provavelmente intensos sentimentos negativos:

- "privação de papel", para explicar como os novos recrutas são impedidos de ser quem eram no mundo que antes habitavam;
- "arrumação" e "programação", para descrever como "o recém-chegado se permite ser moldado e codificado num objeto que pode ser inserido no mecanismo

administrativo do estabelecimento, ser influenciado com suavidade por operações de rotina";

- "kit de identidade", para indicar a parafernália de que as pessoas em geral dispõem para indicar quem são, mas que, de rotina, é negada aos internados em instituições totais;
- "exposição contaminadora", para indicar como os internados são humilhados e mortificados em público;
- "*looping*", para indicar como as tentativas de um internado para se opor à mortificação conduzem a nova mortificação;
- "sistema de privilégios", para indicar o modo como a suspensão de direitos comuns transforma-os em privilégios que podem ser usados para forçar a conformidade;
- "ajustes secundários", para designar "práticas que não desafiam diretamente o pessoal, mas permitem aos internados obter satisfações proibidas ou obter satisfações permitidas por meios proibidos";
- uma variedade de "ajustes pessoais", como "recolhimento situacional", que (observa ele) os psiquiatras podem chamar de "regressão".

Ele lança mão também de palavras que têm conotações negativas, mas o faz de maneira neutra, de modo que elas perdem sua carga negativa. Por exemplo, fala de novos recrutas sendo "mortificados", mas exemplos disso incluem o tratamento dispensado a candidatos a oficial em organizações militares.

Goffman debate a questão do pessoal tratando o que fazem como um tipo de trabalho (revelando-se, assim, como o discípulo de Everett C. Hughes que muitas vezes afirmou ser), a ser visto como parte de uma série que inclui muitas outras espécies de trabalho. Enfatiza que o trabalho do pessoal de uma instituição total lida com pessoas, não com coisas inanimadas, e observa os problemas característicos que isso cria.

> A multiplicidade de modos segundo os quais os internados devem ser vistos como fins em si mesmos, e o grande número de internados, impõe ao pessoal alguns dos dilemas clássicos que devem ser enfrentados pelos que governam homens. Como uma instituição total funciona de certo modo como um Estado, seu pessoal sofre um pouco das tribulações que envolvem governantes.[7]

Aqui também ele utiliza os recursos linguísticos que discuti, falando "objetivamente" do trabalho do pessoal, que lida com "objetos humanos" ou "material humano".

A solução comparativa

A disparidade de que falei — entre a realidade social que Goffman descreve e a maneira como fala sobre ela — também existe no procedimento comparativo que ele usa para chegar ao tipo ideal da instituição total. Ele cria esse tipo, como os leitores de seu livro se lembrarão, comparando uma variedade de organizações encontradas em sociedades modernas que têm importantes características distintivas e abstraindo delas seus traços comuns. Primeiro define a classe geral de "estabelecimentos sociais" como constituídos de "lugares como salas, conjuntos de salas, prédios ou fábricas em que atividade de um tipo particular é regularmente exercida", e fala da dificuldade de classificar os membros dessa classe. Nada poderia ser mais "neutro" ou "científico". Depois classifica, grosso modo, os estabelecimentos por suas relações com a vida dos indivíduos que deles participam. Algumas instituições não aceitarão em absoluto pessoas de certo tipo. Muitas têm uma população cambiante de fregueses ou trabalhadores. Outras, como as famílias, mudam seu pessoal com frequência menor. Algumas instituições abrigam atividades que seus participantes levam a sério, outras se destinam a atividades mais frívolas.

Essa classificação desapaixonada das organizações sociais no primeiro parágrafo do ensaio — tratando como iguais famílias, atividades de lazer e lugares de trabalho simplesmente como estabelecimentos que variam ao longo de uma ou mais dimensões — nos adverte de que Goffman não se ocupa de ciências sociais da maneira habitual. As ciências sociais comuns, de modo diferente do de Goffman, usam de forma típica, como categorias classificatórias, as palavras e os juízos morais e de valor social a elas ligados comuns nas organizações sob análise (como no caso da pesquisa educacional). A distinção, por exemplo, entre atividades "desviantes" e "normais" contém esses juízos, comuns nas organizações jurídicas e terapêuticas que lidam com as questões convencionalmente classificadas assim. O mesmo fazem classificações de organizações e atividades como "funcionais" ou, mais claramente, "disfuncionais". Estas são categorias cujos criadores pretendiam plenamente que fossem científicas e desapaixonadas. O caráter valorativo das categorias das ciências sociais fica ainda mais claro em pesquisas e escritos política e eticamente envolvidos, que usam termos como *repressivo* e *corrupto* para descrever os fenômenos que analisam.

Goffman é menos neutro e mais irônico em seu debate sobre as ideias a respeito das quais o pessoal institucional baseia suas ações em relação aos internos. Ele trata teorias das ciências sociais e áreas relacionadas como matéria-prima, cuja análise revelará o caráter básico das instituições que as usam, e não como "ciência", como na discussão inoportuna acerca da teorização psiquiátrica:

> Os manicômios destacam-se aqui porque os membros do pessoal se estabelecem precisamente como especialistas no conhecimento da natureza humana, que diagnosticam e prescrevem com base nessa compreensão. Por isso, nos manuais psiquiátricos usuais há capítulos sobre "psicodinâmica" e "psicopatologia" que apresentam formulações encantadoramente explícitas da "natureza" da natureza humana.[8]

Como nem é preciso dizer, ele explica que o objetivo dessas teorias é validar os métodos usados para a finalidade de controlar grande número de pessoas nas condições de uma instituição total.

Tendo definido estabelecimentos sociais, Goffman desde logo propõe outro princípio para sua classificação, um princípio que distinguirá um grupo cujos "membros parecem ter tanto em comum ... que, para aprender sobre um [deles], seria conveniente que olhássemos para todos". Isola então a característica definidora dessa classe da seguinte maneira:

> Toda instituição absorve parte do tempo e dos interesses de seus integrantes e lhes fornece, de certo modo, um mundo; em suma, toda instituição tem tendências abarcantes. Quando examinamos as diferentes instituições de nossa sociedade ocidental, constatamos que algumas são abrangentes num grau descontinuamente maior que as outras próximas a ela na série. Seu caráter abrangente ou total é simbolizado pela barreira à interação social com o exterior e à saída dos integrantes que muitas vezes adquire forma material, como portas trancadas, muros altos, arame farpado, penhascos escarpados, água, floresta ou pântanos. Chamarei esses estabelecimentos de instituições totais, e são suas características gerais que quero estudar.[9]

Portanto, as instituições absorvem quantidades variadas de tempo e do interesse das pessoas que delas participam, de pouco a muito. Algumas absorvem tanto do tempo e da vida de seus participantes que são "descontínuas" com relação a outras nessa série. São "instituições totais". Goffman distingue entre as instituições que esse único critério isola considerando se pessoas são confinadas nelas porque não podem cuidar de si mesmas, porque representam um perigo para os outros, ou ambas as coisas, se estão isoladas assim para melhor realizar algum trabalho importante ou como afastamento do mundo para fins religiosos ou semelhantes. Sua análise buscará outras características que em geral acompanham esse controle total sobre a vida das pessoas nas organizações, as quais ele logo começa a chamar de "internados", adotando assim, para toda a classe (que inclui freiras, padres, soldados e outros usualmente não considerados encarcerados), o termo aviltante empregado em manicômios (e prisões).

A abordagem analítica de Goffman enfatiza a disparidade entre o tipo de lugar sobre o qual ele está falando e a maneira como fala. Embora, durante a maior parte do ensaio, ele discuta lugares sobre os quais fazemos em geral juízos fortemente negativos — manicômios, campos de concentração, prisões —, trata-os como membros da mesma classe de organização sobre a qual de hábito não fazemos esses juízos negativos simples — estabelecimentos militares, navios no mar e retiros religiosos. Isso gera o que parece ser uma confusão moral no cerne de seu método, pois ele nos põe diante de uma classificação que combina e trata como equivalentes coisas que, como membros moralmente competentes de nossa sociedade, classe e profissão, "sabemos" ser moralmente diferentes. Podemos ser antimilitaristas, mas poucos de nós pensam em acampamentos militares como campos de concentração. Talvez tenhamos pouca simpatia pela religião organizada, e, apesar disso, não estar dispostos a concordar que mosteiros ou conventos são prisões.

O método comparativo, como vimos, funciona estabelecendo uma dimensão comum ao longo da qual uma variedade de casos pode ser ordenada. Assim, há uma dimensão referente à quantidade do tempo da pessoa que um estabelecimento controla, e as organizações variam amplamente a esse respeito. Algumas — um clube de tênis de que você faz parte, por exemplo — controla muito pouco, ao passo que outros — uma família — controlam mais. Há um problema ou questão geral de como o tempo das pessoas é dividido entre os grupos de que elas participam, e a instituição total toma seu lugar fornecendo uma das muitas soluções possíveis para essa questão. A instituição total não se destaca mais como aberrante — como se o mundo social estivesse dividido em instituições e práticas que são "comuns" ou "normais" e que não exigem um compromisso anormal de uma pessoa, e depois houvesse essa instituição estranha, completamente diferente —, agora ela é apenas uma leitura diferente num mostrador, outra das posições possíveis na escala. Esse não é um resultado banal.

Um exemplo: Goffman analisou como as três classes de instituições totais dão diferentes razões para "ataques ao eu": as instituições religiosas dizem que esses ataques são bons para as pessoas, ajudando-as a alcançar uma meta a que aspiram (por exemplo, transcendência do eu); as prisões e os campos de concentração fazem isso visando à própria mortificação; outras se desculpam alegando que esses ataques são necessários para alguma outra finalidade importante a ser atingida (como a prontidão militar ou segurança). Depois ele diz que, em todas as três classes, essas são análises "geradas por esforços de controlar a atividade diária de um grande número de pessoas num espaço reduzido com um pequeno gasto de recursos".[10]

Goffman evita nos deixar com a sensação de constrangimento que Wallace Shawn nos inspira em *Aunt Dan and Lemon*, porque não deixa de incluir as vozes de outros participantes na organização além daquela do mortificado e humilhado escalão inferior. Somos informados acerca do que os psiquiatras pensam, embora Goffman em geral indique, como faz aqui, que o que eles têm a dizer assume a pretensão de um status científico que não alcança. Observe que suas críticas adquirem uma forma científica, mostrando como as ideias e práticas de instituições totais e dos que nelas trabalham carecem de uma base sólida na pesquisa empírica e resultam dos mesmos tipos de pressão organizacional cotidiana, sejam quais forem as racionalizações mais elevadas que o pessoal forneça. Ele deixou suas comparações subentenderem seus julgamentos.

Observe que os analistas podem condenar instituições contemporâneas que desaprovam com manobra semelhante. Edgar Friedenberg comparou as escolas secundárias dos Estados Unidos com prisões não apenas como um instrumento analítico para compreendê-las melhor, mas, sobretudo, porque queria comunicar sua repulsa pela violação das liberdades civis dos estudantes que nelas observara .[11]

O resultado técnico e moral

A evitação de juízos implícitos não é evidência de uma confusão moral da parte de Goffman. Ele não era um tolo moral (para adaptar a famosa descrição que Harold Garfinkel fez do homúnculo, na maior parte da teorização sociológica, como um "tolo cultural"). Longe disso. Qualquer leitor atento sente, sob a linguagem fria e impassível dos ensaios de Goffman nesse livro, o coração palpitante de um libertário civil apaixonado. Ao adotar um método que acarretava tanto uma linguagem "científica" antisséptica quanto uma comparação não valorativa de casos, Goffman encontrou uma solução para o problema dos pressupostos incorporados no pensamento convencional.

Se aceitarmos as categorizações convencionais incorporadas na linguagem habitual e na maneira comum pela qual instituições e práticas são classificadas no pensamento convencional; se nos referirmos irrefletidamente a pessoas que bebem muito álcool como alcoólatras; se nos referirmos a pessoas que fumam maconha como adictos — estaremos aceitando as ideias que essas palavras mais ou menos nos obrigam a aceitar, ideias incorporadas nas próprias palavras e nas perspectivas a elas associadas. Se a pessoa que fuma maconha for um "adicto", ela fumará maconha de maneira incontrolada, será uma "escrava" da prática, se envolverá em crimes para pagar a droga, e assim por diante. Se usarmos essas palavras para definir a classe que estamos estudando, como sugeri antes, não encontraremos regularidades empíricas sobre as quais fazer generalizações científicas.

Ao usar a linguagem neutra que constrói para discutir instituições totais, Goffman isola uma classe de objetos sociais que partilham características bem definidas, empiricamente observáveis e ligadas umas às outras em padrões verificáveis. Ele pode fazer ciência.

Outros produtores de representação que recorrem a táticas semelhantes de neutralidade aparente, como o artista conceitual Hans Haacke ou o dramaturgo Walace Shawn, não estão preocupados em fazer ciência, mas querem que aquilo que têm a dizer seja levado a sério, como Goffman, como a afirmação de algo verdadeiro sobre o mundo que descrevem.

Por que falo tão insistentemente em "fazer ciência"? Nem sempre se aprecia o grau em que Goffman foi um empirista sério, talvez até o que poderia se chamar (em certo sentido do termo) de positivista. (Nisso ele se assemelhou, posso dizer de passagem, a Margaret Mead.) Ele acreditava que havia uma realidade empírica e suspeitava de qualquer coisa que cheirasse a anormal, ou não pudesse ser verificado na empiria, ou fosse excessivamente especulativo. Confesso que partilho todos estes preconceitos.

Uma lembrança pessoal dará alguma substância a essa observação geral. Em algum momento, no início dos anos 1960, quando ele lecionava na Universidade da Califórnia, em Berkeley, Goffman pediu-me que fosse a seu seminário para ouvir um aluno, Marvin Scott, apresentar sua pesquisa sobre corridas de cavalos. Essa excelente pesquisa tratava do modo como a organização social do que ele chamou de "jogo da corrida" tornava razoável para alguns treinadores, donos de cavalos e jóqueis querer que seus cavalos perdessem ao invés de ganhar.[12] Isso pode parecer absurdo, mas a organização das corridas de cavalos criava incentivos para que as pessoas se comportassem de formas aparentemente irracionais. No entanto, no curso de sua apresentação, Scott sugeriu de passagem que os jogadores, inclusive os que apostam em cavalos, tinham por vezes "marés de sorte", com vitórias consecutivas, ou "marés de azar", com derrotas consecutivas.

Goffman, que ouvira apreciativamente até esse ponto, interrompeu para dizer ser evidente que Scott queria dizer que eles *pensavam* que tinham essas "marés" de sorte ou azar. Mas Scott falou que não, esses eram fatos "observáveis". Goffman, relutando em admitir essa conversa aparentemente sobrenatural, persistiu, apelando para as leis da probabilidade, de modo a assegurar a Scott que tais "marés" eram ocorrências naturais em qualquer série longa de tentativas em jogos como vinte e um ou de dados. (Suponho que estivera estudando a fundo esses tópicos para preparar sua pesquisa em Las Vegas.) Finalmente teve uma explosão de raiva diante da insistência "anticientífica" de Scott na sorte dos jogadores como fenômeno natural.

Goffman usou sua inventividade linguística para dar nome às coisas de tal maneira que escapava de juízos morais convencionais e, assim, tornava o trabalho científico possível. Em vez de apontar com escárnio as "práticas desumanas" de manicômios ou de defender os médicos e o pessoal que neles trabalhavam como profissionais honestos que faziam um trabalho difícil da melhor forma possível, situou suas atividades no contexto da necessidade organizacional que partilhavam com trabalhadores de outras organizações em graus amplamente variados de reputação moral. As generalizações resultantes tornaram possível uma compreensão mais profunda desses fenômenos que a condenação ou a defesa jamais tinham permitido ou poderiam permitir.

As generalizações de Goffman sobre instituições totais tornaram possível, a um só tempo, uma avaliação moral muito mais séria dessas práticas, pois o julgamento estava baseado agora numa compreensão mais que superficial de quais eram de fato as escolhas morais que os atores tinham de fazer. Essa compreensão mais profunda leva, inevitavelmente, a culpar as organizações, e não os indivíduos, e a nem mesmo culpá-las por fazer o que têm de fazer nas circunstâncias em que existem. Nunca é fácil atribuir culpa pelo que é responsabilidade de toda uma sociedade, em todas as suas partes. Como Goffman explica:

> Defini instituições totais de forma denotativa, listando-as, e depois tentei sugerir algumas de suas características comuns. ... As semelhanças se impõem de maneira tão clara e persistente que temos o direito de suspeitar que há boas razões funcionais para que esses traços estejam presentes e que será possível combiná-los e apreendê-los por meio de uma explicação funcional. Quando assim procedermos, sinto que faremos menos elogios e censuras a superintendentes, comandantes, diretores de prisão e abades, e estaremos mais propensos a compreender os problemas sociais e questões pertinentes às instituições totais recorrendo ao projeto estrutural subjacente, comum a todas elas.[13]

14. Jane Austen: o romance como análise social

Orgulho e preconceito, de Jane Austen, começa com esta conhecida observação: "É uma verdade universalmente reconhecida que um homem solteiro de posse de uma boa fortuna deve estar precisando de uma esposa."

Será? Universalmente reconhecida? Uma verdade? Realmente?

Uma notícia palpitante na cidadezinha inglesa de Meryton provoca a vasta generalização de Austen. As pessoas acabaram de saber, como a sra. Bennet relata com alvoroço para seu marido, que não está exatamente no mesmo estado espírito, que a propriedade próxima de Netherfield Park foi alugada para o sr. Bingley, um jovem cavalheiro rico e solteiro.

Antes que possamos concordar com a generalização que essa notícia suscita, precisamos certamente de algumas definições. Bem, isso é fácil. Todos sabemos o que é um "homem solteiro": um homem que não é casado, como o sr. Darcy, o amigo igualmente solteiro de Bingley, que também não era casado — casado da maneira legal, demonstrada pela posse de uma certidão de casamento que atestava a realização de uma cerimônia apropriada em lugar e hora apropriados, e o fato de que o Estado havia reconhecido esse estado de coisas e iria, portanto, impor suas consequências e permitir a outros impor suas consequências. Em outras palavras, "casado" em todos os seus sentidos sociais e legais e em toda a sua importância. "Uma esposa" seria facilmente associada a essa definição, como a parte feminina desse arranjo.

As coisas talvez fossem tão fáceis assim na Inglaterra de Jane Austen, em 1813. Mas ela não nos deixa pensar desse modo por muito tempo, pois logo introduz uma grande variedade de casamentos, nem todos tão isentos de problemas quanto essa definição poderia nos levar a crer. Por exemplo, os próprios pais da jovem Elizabeth Bennet são por certo formalmente casados, mas não têm, como casal, muitos dos outros atributos que, segundo pensamos, um par casado deve ter. Eles não se entendem muito bem nem concordam muito um com o outro, como deixa claro sua discussão acerca da chegada de Bingley. Quando o sr. Bennet pergunta se o sr. Bingley é casado ou solteiro, a sra. Bennet responde:

— Ó! Solteiro, meu caro, com certeza! Um homem solteiro de grande fortuna, quatro ou cinco mil por ano. Que coisa excelente para nossas meninas! [Os Bennet têm cinco filhas em idade de casar.]

— Como assim? Como pode isso afetá-las?

— Meu caro sr. Bennet — respondeu sua mulher —, como pode ser tão maçante! Deve saber que estou pensando em casar uma delas.

— É essa a intenção dele ao se estabelecer aqui?

— Intenção! Que tolice, como pode falar assim! Mas é muito provável que ele *venha* a se apaixonar por uma delas, de modo que você deve visitá-lo assim que chegar.

— Não vejo razão alguma para isso. Você e as meninas podem ir, ou você pode mandá-las sozinhas, o que talvez seja ainda melhor, pois você é tão bonita quanto qualquer uma delas, e o sr. Bingley poderia preferi-la às outras.[1]

A sra. Bennet pode não dar ouvidos ao sarcasmo do sr. Bennet, mas nós damos. Parece claro, ou pelo menos provável, que o sr. Bennet, numa época e num lugar em que os costumes, a família e a organização legal fossem diferentes, teria abandonado há muito tempo uma pessoa que o irritasse tanto quanto a sra. Bennet. O narrador os descreve assim:

> O sr. Bennet era uma mistura tão peculiar de sagacidade, humor sarcástico, reserva e capricho que a experiência de 23 anos fora insuficiente para fazer sua mulher compreender seu caráter. A mente *dela* era de um desenvolvimento menos difícil. Era uma mulher de inteligência mediana, pouca informação e temperamento incerto. Quando ficava descontente, imaginava estar nervosa. A tarefa de sua vida era casar as filhas; sua distração eram visitas e novidades.[2]

O que nos faz lembrar que até nossa definição de casamento envolve certa contingência histórica. No lugar e na época do sr. Bennet, o casamento era para a vida toda, pelo menos entre pessoas respeitáveis como ele. Não é mais assim nos Estados Unidos ou na Europa. Pelo menos ninguém pode contar com isso, como mostram as estatísticas de casamento e divórcio. E, o que é mais complicado, há muito mais estágios entre a condição de solteiro e a de casado do que havia então. No mundo de *Orgulho e preconceito* havia o estágio do noivado, porém, quanto ao mais, passava-se de solteiro a casado sem paradas intermediárias em estações como "namorar" ou "morar juntos", que agora aceitamos como possibilidades habituais.

E quanto à "boa fortuna" que um homem solteiro poderia ter? Quanto seria isso? Austen nos revela que a fortuna de Bingley consistia em "quatro ou cinco mil por ano", ou pelo menos foi isso que a sra. Bennet ouviu e transmitiu ao marido. Não sabemos a que isso corresponde hoje em (como se diz) dólares correntes, mas soa como muito, e claramente lhe permite viver muito bem. Melhor que o sr. Bennet, que tem duas mil por ano (duas mil libras, podemos supor, embora o referente da expressão não seja mencionado) e vive bastante bem com suas filhas. Mas essas filhas estão num apuro financeiro potencial, pois a propriedade que produz essa renda está "vinculada", devendo ir, no futuro, para um parente distante do sexo masculino. De fato, somos levados a crer que "duas mil" é muito dinheiro, estando a família não só numa situação confortável, mas sendo o que poderíamos considerar "rica". Este é apenas o início da análise nuançada e detalhada que Jane Austen faz das diferenças de classe na cidade, não apenas entre ricos e pobres, mas também aqueles que estão no interior desses agrupamentos mais amplos, em que mesmo aquilo que poderia parecer uma diferença sem importância entre as fortunas de Bingley e de Bennet recebe seu pleno peso analítico.

E que significa estar "precisando de uma esposa"? Não exatamente o que as palavras poderiam sugerir hoje. O próprio sr. Bingley não demonstra um forte desejo de ter uma esposa, nem dá qualquer sinal de que se mudou para a região a fim de encontrar uma, como o sr. Bennet salientou para sua ansiosa mulher. Não, parece significar que a sra. Bennet acha que ele precisa de uma esposa, quer ele pense assim ou não, que é dever dele encontrar uma esposa e encontrá-la localmente, e que essa é a opinião geral na comunidade, pelo menos entre as mães de filhas casadouras. Como Jane Austen explica na segunda frase do livro: "Por menos que os sentimentos ou ideias de tal homem sejam conhecidos quando ele faz sua entrada numa vizinhança, essa verdade está tão fixada nas mentes das famílias circundantes que ele é considerado propriedade legítima de uma ou outra de suas filhas."

Em duas frases, Jane Austen nos apresentou uma análise bem construída dos costumes de casamento de um grupo particular da aristocracia rural inglesa no início do século XIX. (Richard McKeon descreve sua construção como uma "civilidade narrada", o que me parece estar próximo do que tenho em mente aqui.[3]) Como ela aparece bem no início do livro, podemos pensar nesta breve análise como uma hipótese, como o "a ser provado" que aparece no enunciado de uma prova matemática, seguido da prova efetiva. Logo nos são indicadas também algumas das complicações, e nos fazem advertências que poderiam acompanhar tal hipótese, implícita ou explicitamente: que só porque as pessoas são casadas não deveríamos pensar que combinam bem entre si ou se sentem felizes com o resultado. Não é o que está em jogo no casamento, embora muitos dos participantes possam desejar isso; o casamento assume de fato uma grande variedade de formas, dependendo das circunstâncias das partes envolvidas; até há casamentos que vêm a se revelar não verdadeiros, como Lydia, a leviana irmã mais moça de Elizabeth, descobre quando foge com o soldado Wickham. Assim, finalmente, o livro logo faz essa promessa implícita de fornecer uma análise mais ou menos completa de crenças e práticas partilhadas relativas ao casamento entre os abastados dessa época e desse lugar, as motivações e ambições que essas situações engendram nas pessoas e os tipos de casamento que resultam.

De que maneira, exatamente, a hipótese de Jane Austen é verdadeira? Uma resposta para isso poderia ser o que diz a seu respeito, que é "universalmente reconhecida", significando que todo mundo em toda parte acredita nisso. Agora temos de reconhecer que Jane Austen não é simplesmente a narradora de um fato. Ela é uma romancista, e das boas, e um aspecto de sua habilidade é que criou um narrador, uma persona que conta a história, e que tem alguns traços e habilidades dela própria. Aqui vemos o narrador desenvolvendo com habilidade um ponto de vista irônico, que faz essa declaração de fato sobre os costumes de casamento do país soar como se ela não acreditasse completamente na própria declaração, pelo menos não na forma em que é feita.

Deveríamos, portanto, especificar em que Jane Austen, a autora, quer que acreditemos, limpar a vegetação rasteira de detalhes sobre personagens específicos e as camadas de ironia sobre quem acredita em quê, e depois decidir o que a hipótese, que de início parecia tão clara e inequívoca, "realmente significa".

Sem entrar em todas as especificidades do que Jane Austen nos fala sobre romantismo e casamento nessa comunidade — porque seu livro não apresenta nem demonstra uma hipótese única, mas uma teia complexa de observações conectadas —, poderíamos dizer que ela nos deu uma descrição dos costumes de corte e casamento de seus habitantes, à medida que seus personagens os encenam num contexto de leis e costumes fortemente influenciado por gradações complexas de classe e fortuna. (A ser comparada, talvez, com descrições antropológicas de costumes de casamento em outros tipos de sociedade.) Esses costumes, poderíamos dizer ainda, forçam as mulheres a se casar para ter alguma chance de vida viável, feliz, tal como essas coisas são avaliadas nessa comunidade por seus pais, seus pares e elas mesmas.

Uma variedade de "carreiras maritais" em potencial é exibida no desenvolvimento da história. A carreira que mais interessa aos leitores é a de Elizabeth, a filha mais inteligente e favorita do sr. Bennet, que acaba se casando com Darcy, o amigo de Bingley, depois que os dois superam muitos mal-entendidos e obstáculos. Mas enquanto somos inteirados de seu destino final e de como ele vem a se realizar, sabemos de muitos tipos de casamento infelizes. Há, em primeiro lugar, o compromisso firmado há muito pelos próprios pais de Elizabeth. Nenhum dos dois faz o outro muito feliz, mas ambos decidiram há muitos anos que enfrentarão isso da melhor maneira possível. Jane Austen nos dá uma descrição completa dessa união inadequada:

> Tivesse a opinião de Elizabeth se baseado em sua própria família, ela não poderia ter formado uma imagem muito agradável da felicidade conjugal ou do conforto doméstico. Seu pai, cativado pela juventude, a beleza e aquela aparência de bom humor que a juventude e a beleza geralmente dão, havia se casado com uma mulher cujo entendimento fraco e espírito tacanho haviam muito cedo, em seu casamento, posto um fim a toda afeição verdadeira por ela. Respeito, estima e confiança haviam desaparecido para sempre, e todas as ideias dele a respeito de felicidade doméstica viram-se destruídas. Mas o sr. Bennet não era dado a buscar alívio para a decepção que sua própria imprudência lhe causara em nenhum daqueles prazeres que com tanta frequência consolam os infelizes de sua insensatez ou de seu vício. Gostava do campo e de livros; e desses gostos provinham seus principais prazeres. À sua mulher ele pouco devia, senão na medida em que a ignorância e o desatino dela haviam contribuído para sua diversão. Esse não é o tipo de felicidade que um homem desejaria dever à sua mulher; mas ali, onde outras possibilidades de entretenimento estão ausentes, o verdadeiro filósofo se beneficiará das que lhe são dadas.[4]

Somos informados, também, de que, em consequência disso, Elizabeth, sua filha, ficou sabendo dos problemas do casamento:

> Elizabeth, no entanto, nunca fora cega para a inadequação da atitude do pai como marido. Sempre vira isso com desgosto; mas, respeitando sua capacidade e grata pelo tratamento afetuoso que ele lhe dispensava, esforçava-se por esquecer o que não podia deixar de ver, e expulsar de seus pensamentos aquela contínua infração da obrigação conjugal e do decoro, que, ao expor sua mulher ao desprezo das próprias filhas, era tão repreensível. Jamais sentira com tamanha força as desvantagens que devem acompanhar os filhos de um casamento tão impróprio. Nunca antes tivera consciência tão plena dos males gerados por uma administração de talentos tão imprudente, talentos que usados de modo correto poderiam ao menos ter preservado a respeitabilidade de suas filhas, embora incapazes de ampliar o espírito de sua mulher.[5]

Aqui está um exemplo mais extenso da análise detalhada que Jane Austen faz dessas situações conjugais e dos cálculos que as mulheres realizam ao aceitá-las. A melhor amiga de Elizabeth, Charlotte Lucas, adota uma solução conciliatória semelhante à dos pais da moça quando se casa com o insuportável clérigo sr. Collins, o primo que deverá herdar a propriedade do sr. Bennet:

> O sr. Collins não era um homem sensato, e a deficiência da natureza fora muito pouco compensada pela educação ou a sociedade; a maior parte de sua vida fora passada sob a orientação de um pai iletrado e avarento; e, embora pertencesse a uma das universidades, fizera apenas os períodos letivos mínimos necessários, sem firmar ali qualquer relação útil. ... No todo, [era] uma mistura de orgulho e obsequiosidade, presunção e humildade.[6]

Por que Charlotte se casaria com tal homem?

> Toda a sua família, em suma, ficou exultante na ocasião. Nas meninas mais novas nasceu a esperança de fazer seu début um ou dois anos antes do previsto; e os meninos ficaram aliviados do temor de que Charlotte morresse solteirona. A própria Charlotte estava toleravelmente tranquila. Havia realizado sua meta, e teve tempo para meditar a respeito. Suas reflexões foram em geral satisfatórias. O sr. Collins sem dúvida não era sensato nem agradável; sua companhia era cansativa e seu afeto por ela devia ser imaginário. Apesar disso, seria seu marido. Sem ter grande apreço pelos homens nem pelo matrimônio, o casamento sempre fora seu objetivo; era a única condição honrada para moças bem-educadas de pequena fortuna, e, embora não garantisse sua felicidade, era por força a forma mais agradável de preservá-las da penúria. Essa segurança ela agora conquistara; aos 21 anos, sem nunca ter sido bonita, apreciava toda a boa sorte que isso representava.[7]

Assim, ela aceitou viver com esse homem e os muitos pequenos sacrifícios que isso exigia, como Elizabeth observa quando a visita:

> A maior parte do tempo entre o desjejum e o almoço era passada agora pelo [sr. Collins] trabalhando no jardim, lendo e escrevendo ou olhando pela janela em seu próprio quarto, que dava para a estrada. A sala em que as damas se sentavam ficava nos fundos [nos fundos da casa, sem vista para fora]. A princípio Elizabeth ficara bastante admirada por Charlotte não ter preferido a sala de jantar para uso comum; era um aposento mais amplo e tinha um aspecto mais agradável; mas logo viu que sua amiga tinha uma excelente razão para o que

> fazia, pois o sr. Collins teria sem dúvida ficado muito menos em seu próprio quarto, tivessem elas se sentado em um lugar igualmente alegre; e reconheceu o mérito de Charlotte pelo arranjo.[8]

Jane Austen deixa claro que a situação de mulheres como Charlotte — sua completa dependência dos homens, pais ou maridos, e o pequeno número de homens que poderiam satisfazer os requisitos estritos de um marido conveniente — não deixava a uma pessoa racional como ela muitas possibilidades ou escolhas.

Há "casamentos" de outros tipos, como vemos no infeliz destino da irmã mais nova de Elizabeth, a voluntariosa Lydia, que foge, sem estar casada, com um oficial do Exército, George Wickham. De fato, ela diz não se importar se estão casados ou não, desde que tenha certeza de que um dia casarão. O dia chega mais depressa do que Wickham tenciona. Ele pretende abandonar Lydia no continente europeu, onde poderia encontrar uma mulher mais rica com quem casar, alguém que pudesse pagar suas enormes dívidas de jogo. Mas acaba se casando com a moça, embora Jane Austen nos diga que não tem muita afeição por ela. Darcy consegue capturá-los e obriga Wickham a se decidir, propondo-se logo a pagar todas as suas dívidas de jogo se ele casar com Lydia. O rapaz percebe que não receberá oferta melhor, e assim eles se casam e vão viver no Norte, onde o entusiasmo de Lydia acaba por esfriar. Até onde sabemos, vivem infelizes para sempre, recebidos por alguns parentes, rejeitados por outros.

Alguns outros casais fornecem modelos de um casamento razoavelmente feliz; assim é, por exemplo, o dos tios Gardiner de Elizabeth (Gardiner é irmão da sra. Bennet), e nos dão razões para pensar que assim será a união final de Elizabeth e Darcy.

> O sr. Gardiner era um homem sensato, cavalheiresco, muitíssimo superior à irmã tanto por natureza quanto por educação. As senhoras de Netherfield teriam dificuldade em acreditar que um homem que vivia do comércio, e com a visão limitada à extensão de seus armazéns, pudesse ser tão bem-educado e agradável. A sra. Gardiner, vários anos mais jovem que a sra. Bennet e a sra. Philips, era uma mulher amável, inteligente e elegante, a grande favorita de todas as suas sobrinhas.[9]

Ao longo de todo o livro, os Gardiner são um grande consolo para as meninas Bennet: fonte estável de bom senso, até de sabedoria; amigos e parentes que ouvirão suas inquietações com calma, sem fazer juízos morais apressados;

prontos a ajudar em situações difíceis, como faz o sr. Gardiner quando ajuda Darcy a acertar as coisas com Wickham; e um modelo constante de casamento entre iguais que se amam e respeitam um ao outro.

Por fim, temos alguma percepção dos processos pelos quais as pessoas chegam a uma situação ou outra. A narrativa é mais uma maneira de apresentar fatos sociais como uma série de passos (do tipo que vimos graficamente na análise feita por Whyte em 1943 sobre o modo como um favor político foi concedido no bairro italiano de Boston). À medida que lemos as histórias dos vários casais que afinal se formam, vemos como o processo é contingente, como muitas coisas podem dar errado, muitos mal-entendidos podem impedir uma união, como muitos parentes que discordam do casamento podem intervir. Parece espantoso que algum dos personagens consiga se casar, mas no final todos os principais o fazem: Elizabeth e Darcy, Bingley e Jane, Charlotte e Collins, Lydia e Wickham. Poderíamos dizer que *Orgulho e preconceito* é uma etnografia da situação local de acasalamento e casamento, algo como aquela que um antropólogo, um sociólogo ou um historiador de inclinação demográfica poderia ter produzido com tempo suficiente e uma verba para pesquisa grande o bastante.

Admitamos, provisoriamente, que a verdade afirmada é a verdade da longa descrição que acabo de fazer e que podemos considerar que a descrição é resumida, mas não esgotada, pela primeira frase do livro sobre a necessidade de um homem rico encontrar uma esposa. É essa verdade de fato universalmente reconhecida? Bem, não universalmente, porque as perguntas do sr. Bennet logo mostram que ele não a reconhece: quando a sra. Bennet explica que é sua intenção que o sr. Bingley despose uma de suas filhas, ele quer saber se é "essa a intenção dele ao se estabelecer" ali. É evidente que não. Mas não é isso que a sra. Bennet quer dizer. A incompreensão deliberada do sr. Bennet indica que ele não partilha a ideia universalmente reconhecida. É presumível que outros também não. Poderíamos imaginar que o sr. Bingley também não a partilha, embora não pareça provável que tenha pensado muito sobre o assunto; e quase sem dúvida o sr. Darcy, que, como logo ficamos sabendo, é tão abastado quanto o sr. Bingley, mas deixa claro que não quer uma esposa. Esses casos corporificam as indicações irônicas de Jane Austen de que não deveríamos tomar sua hipótese ao pé da letra.

Se não pudermos aceitar a hipótese — porque é universalmente reconhecida, porque todos sabem que é verdadeira, porque duvidar dela seria nos colocar na posição do tolo incrédulo na descrição de um laboratório científico feita por Latour, o incrédulo que se recusa a acreditar naquilo em que todos os demais acreditam e em que baseiam sua prática científica —, se não pudermos acreditar nela por essa razão, que valor lhe deveríamos dar? Há alguma outra razão para acreditar nela?

Desejamos de fato pensar que ela é verdadeira ou correta, que uma sociedade semelhante a esta, com seus costumes de casamento tal como descritos, existia no interior da Inglaterra no início do século XIX. Esta não é uma análise baseada em tipos ideais, e não é uma parábola que exagere alguns traços com o objetivo de tornar certas possibilidades analíticas aparentes — não é o tipo de análise com cuja verdade simplesmente não nos importamos. Mas temos razões para tomar a análise de Jane Austen como uma descrição razoavelmente realista de um sistema de casamento. Cientistas, e pessoas inteligentes em geral, levam certos tipos de razões em conta ao avaliar afirmações factuais sobre a sociedade. Estarão mais propensas a aceitar uma afirmação se, por exemplo, ela corresponder aos fatos tal como poderiam averiguá-los independentemente, ou aos fatos tal como averiguados pela pessoa que faz a afirmação, contanto que esta tenha exercido toda a cautela e o cuidado que esperamos de um investigador independente de fatos (os tipos de precauções que resumi ao discutir a "estética da realidade").

Os leitores do romance saberiam, ou, pelo menos em princípio, ainda que não de fato, poderiam saber, que razões seriam essas se tivéssemos realmente quaisquer fatos independentemente averiguáveis contra os quais checar a hipótese. Mas não temos fato algum desse tipo. Isso não é história — "Costumes de casamento em cidades inglesas do interior no início do século XIX, tal como revelados numa análise de registros de casamentos de condados", ou algo parecido — e não é biografia, em que os casamentos e as circunstâncias do objeto biográfico e seus parentescos seriam expostos, com base no exame de documentos contemporâneos, tanto registros oficiais e fontes não oficiais como cartas, diários e notícias de jornal.

Orgulho e preconceito é um romance, uma ficção, portanto não podemos fazer esse tipo de teste, não só porque o material não está disponível por alguma razão, mas porque tal material não existe. Jane Austen criou tudo: todas as pessoas e incidentes, as carreiras conjugais e seus desfechos. O que (lembremos as preocupações de John Hersey) tem todo o direito de fazer, porque a advertência na página de créditos de um romance diz que é tudo inventado. A questão mais importante é saber se ela inventou a verdade mais geral que essas pessoas e histórias ilustram, a história analítica sobre práticas de casamento naquela época, naquele lugar.

Um leitor cético poderia certamente dizer que não há razão óbvia alguma para acreditar em qualquer história analítica como essa, já que os fatos que a ilustram foram, afinal, simplesmente inventados. Jane Austen poderia ter inventado qualquer coisa com igual justificativa, ou não? Não acho que algum leitor do livro, ou não muitos, acredite nisso. Ao contrário, a maioria dos leitores pensa que aprendeu alguma coisa sobre essas questões, sobre um estilo de vida em que as mulheres estão postas naquela posição de ter de se casar, ter de se casar com alguém, qualquer pessoa, o que é melhor que ninguém, sob pena de viver uma terrível vida de segunda classe como governanta ou solteirona ou algo igualmente degradante e desagradável. Além disso, leitores sérios de Jane Austen não julgam em geral que o que aprenderam é inferior a uma descrição histórica benfeita. Diferente, mas não inferior. Talvez até, em certos aspectos, superior.

Superior no seguinte aspecto: podemos saber mais sobre os detalhes cotidianos do processo de contrair um casamento; mais sobre os altos e baixos de uma relação; mais sobre os momentos em que ele parecia impossível e depois como alguma coisa aconteceu para torná-lo possível novamente; mais sobre as mudanças das emoções por vezes voláteis das pessoas e o modo como suas interpretações sobre outras pessoas envolvidas mudam, em consequência de todo tipo de influências transitórias e não tão transitórias de amigos, parentes e "da comunidade" e seus padrões, tal como aparecem em detalhes pequenos, sutis, da interação diária. Aprendemos sobre o que uma sociedade poderia chamar de as contingências de uma carreira marital.

Por que os leitores acreditam que aprenderam tudo isso? O que, no texto, lhes dá essa convicção?

Em primeiro lugar, as histórias e seus detalhes têm verossimilhança. Estão de acordo com nossa experiência de vida, com nossas ideias (convencionais, claro) sobre como as pessoas se comportavam, como agiam em várias circunstâncias. As histórias "fazem sentido": as sequências de eventos, as cadeias causais, parecem com o tipo de coisa que poderia acontecer, que acontece, o tipo de encadeamento é plausível. E compreendemos as motivações dos personagens, por que eles poderiam realizar as coisas que fazem no livro. Todas estas são maneiras de dizer o mesmo: aplicamos nosso conhecimento geral do mundo à história contada aqui e vemos se ela tem as qualificações necessárias; ou se, por outro lado, exige que aceitemos algo que até agora não sabíamos ou em que não acreditávamos. Isso significa que o autor tem de nos dar uma explicação de como algo que não consideramos provável realmente aconteceu, e essa explicação deve passar pelo mesmo teste geral de se aproximar de nossa experiência. Esse é um teste muito conservador, e grande parte da ficção assegura-se de que passará nele contando histórias familiares que satisfazem os nossos estereótipos e preconceitos.

Outras ficções, no entanto, nos contam coisas que pensamos saber, mas manipulam nossas expectativas de modo a produzir um resultado que não havíamos previsto, e é então que pensamos ter aprendido algo que não sabíamos antes. Mas, claro, que uma história esteja de acordo com o que já acreditamos, este não é um teste muito forte de sua verdade. Algo mais se passa: muitas reflexões que a própria Jane Austen não faz, pelo menos não explicitamente.

Para chegar ao tipo de conclusão a que chegam, esses leitores devem realizar muito trabalho: observar todos os detalhes, interpretar seu significado, relacioná-los uns aos outros e a materiais contidos em outros livros, reuni-los informalmente em silogismos, conclusões e juízos morais. Jane Austen não fornece conclusões rotuladas de forma nítida, a que depois associe evidências comprobatórias. O que ela faz é contar uma história. A história contém detalhes factuais de todos os tipos. Um leitor atento absorve todos esses detalhes e pensa sobre eles, sobre como se ligam uns aos outros. Qual a situação de Elizabeth? Que acontecerá se ela não se casar? Veja sua amiga Charlotte, casada com o obtuso clérigo Collins. Charlotte não estaria melhor solteira? O leitor realiza uma análise, pondera evidências, avalia compreensões alternativas e chega a uma conclusão. Isso demanda trabalho. De capítulo a capítulo, os leitores imaginam o que acontecerá agora, quem se acasalará com quem, quem superará este último obstáculo. Nunca se tem certeza de que o final será "feliz". Os leitores olham para as pistas que Jane Austen lhes dá e avaliam probabilidades, desenvolvem expectativas que podem ou não ser atendidas. Quando leitores atentos aplicam esse tipo de trabalho a alguma coisa, é provável que acreditem nos resultados de sua própria análise; seu próprio trabalho e reflexão atestam a validade do resultado.

Quando discutimos *Orgulho e preconceito* no seminário "Falando sobre a sociedade", demonstramos em nossa própria fala como leitores críticos fazem esse tipo de trabalho. Um participante cético, alerta para as possibilidades de falha metodológica que um cientista social preparado poderia descobrir na análise de Jane Austen, questionou se havia base factual suficiente para as generalizações do livro. Fora-nos dito o suficiente, de uma maneira ou de outra, sobre este ou aquele ponto? Em particular, teria Jane Austen, ao descrever práticas de casamento inglesas, pintado um quadro róseo e otimista demais sobre a vida conjugal da aristocracia no período? Pode parecer que isso ocorreu porque, após todos os percalços, Elizabeth Bennet e o sr. Darcy superam muitos obstáculos, finalmente se unem e parecem destinados a um futuro feliz. Será que isso faz o sistema de casamento dar futuros decentes às mulheres, embora tantos aspectos no livro indiquem que as coisas não eram tão cor-de-rosa? As mulheres contemporâneas poderiam descobrir defeitos num sistema que teria sido aceitável para mulheres daquela época?

Outro participante salientou que, ao contrário, Jane Austen dá aos leitores uma opulência de dados comparativos em que basear uma análise mais abrangente e nuançada. Em particular, o grande número de casamentos infelizes que descreve em abundantes e convincentes detalhes, discutidos antes: os pais de Elizabeth; sua irmã mais nova, que se envolve com um cafajeste, arruinando a própria vida e desgraçando a família; sua amiga Charlotte, casada com um clérigo tolo; e assim por diante. Para não mencionar a cuidadosa atenção que a autora dedica às diferenças minuciosamente calculadas de fortuna e posição social à medida que afetam as chances e os resultados do casamento em muitos pontos ao longo da escala social. Em suma, Jane Austen nos *dá* de fato dados suficientes para permitir uma análise mais complexa do que as sugeridas pelas críticas originais. Não é exagero dizer que ela fornece não só os dados, como também a análise — para um leitor alerta o bastante para apreendê-la.

Um romance longo e complexo como *Orgulho e preconceito*, tal como as fotografias de Walker Evans, contém e apresenta tanta informação sobre uma variedade tão grande de casos que leitores atentos podem usar o livro como fonte para muitas e diversificadas hipóteses, além das que o próprio livro propõe. Ele tem material suficiente para o tipo de análise comparativa que levou Goffman à ideia de instituições totais. Isso significa dizer que um livro como este é rico em possibilidades de análise e reflexão sociológicas.

Os romances podem ter, portanto, além de suas qualidades como obras literárias, qualidades como análises sociais. Em *Orgulho e preconceito*, Jane Austen descreveu uma situação não totalmente diferente daquela descrita em *Deep South*: uma pequena comunidade dividida por classe, famílias e cliques, envolvida em dramas complexos de mobilidade social. Há muitas diferenças, mas são diferenças de detalhe (raça não é uma questão para Jane Austen, e ela também não dedica tempo algum à base econômica e política das atividades que descreve). A análise de Natchez em *Deep South* parece a análise de Meryton feita por Jane Austen, embora afirme suas conclusões adicionando muitos casos de tipos de eventos semelhantes, ao passo que a romancista lança mão de eventos específicos, decisivos na vida de seus protagonistas, para chegar a conclusões semelhantes, ou para nos conduzir a elas. Romances realistas da vida social com frequência oferecem uma alternativa a um tipo semelhante de análise sociológica — alternativa que apresenta mais detalhes dos processos envolvidos e mais acesso ao pensamento rotineiro das pessoas envolvidas. Esta é uma das razões por que muitos sociólogos usaram romances como fontes de conhecimento social.[10]

Ah, sim, Jane Austen prova suas hipóteses. No final do romance, vemos que o sr. Bingley, o solteiro elegível que provocou sua generalização sobre homens solteiros, na verdade, precisava de uma esposa, assim como seu amigo, o sr. Darcy, embora nenhum dos dois estivesse cônscio de sua necessidade. E, ao encontrar e desposar suas mulheres, eles mostram que foram, de fato, a legítima propriedade de duas das filhas das famílias locais. *Q.E.D.*

15. Os experimentos de Georges Perec em descrição social

Georges Perec, escritor francês, fez experiências com uma variedade de formas literárias, de romances mais ou menos convencionais a palavras cruzadas. Provavelmente é mais conhecido nos países anglófonos por seu vasto romance "experimental" *A vida: modo de usar* (1987), um amplo panorama de histórias entrelaçadas que somos estimulados, se não forçados, a ler em qualquer ordem possível, e que poderia ser visto agora como uma versão precoce, não computadorizada, de hipertexto.[1] A excelente biografia de David Bellos nos conta tudo sobre Perec.[2]

Perec falava de alguns de seus escritos como se fossem de natureza "sociológica", logo especificando isso como uma questão de "modo de olhar para a vida diária",[3] e os que escreveram sobre ele por vezes levaram isso a sério. Várias de suas obras podem ser lidas, com proveito, como uma espécie de descrição social, um "falar sobre a sociedade" diferente da análise organizacional tipificada pelos romances de Jane Austen, mas ainda reconhecivelmente "literária". Falarei sobre três dessas obras: *Les Choses* (1965), o romance inicial que o tornou famoso; *Je me souviens* (1978), um livro, poderíamos dizer, de reminiscências; e um experimento tardio de pura descrição, *Tentative d'épuisement d'un lieu parisien* (1975). Para ir direto à minha conclusão, Perec nos mostra os usos e limites da escrita que se aproxima da pura descrição, que inclui mais detalhes do que estamos acostumados a ver.[4] É uma outra solução para os problemas de resumir detalhes e representar "experiência vivida", e exemplifica mais uma maneira de empurrar parte do trabalho de representação para os usuários. Essas obras visam a descrever aspectos da vida social que são certamente sociais, mas não organizacionais, ao mesmo título que estudos de comunidades ou de costumes de casamento, e por isso parecem menos familiares aos cientistas sociais.

Les Choses

Les Choses fala sobre um jovem casal, Jérôme e Sylvie, de 24 e 22 anos, respectivamente, que trabalham em meio período como psicossociólogos (o que mais tarde compreendemos significar pesquisadores de mercado), vivem acima de seus parcos recursos num bairro elegante de Paris, anseiam por mais e melhor, embora não saibam ao certo o que seria isso — e cujos amigos são como eles. Há uma espécie de história. Coisas acabam acontecendo para eles, nada muito bom. Mas o interesse do romance não está em seu enredo nem num exame profundo do caráter individual. Seu principal interesse reside na descrição do modo de vida e do caráter social de jovens exatamente como esses, de algo que não é verdadeiro apenas em relação a Jérôme e Sylvie, mas a toda uma geração de pessoas como eles (e o que significa ser "como eles", evidentemente, é uma questão importante, interessante e difícil).

Dizer que *Les Choses* é uma descrição generalizada de um modo de vida seria enganoso, pois a especificidade do livro é o detalhe. Ele é generalizado no estilo de uma antiga obra de etnologia que descreve o modo de vida de um povo sem considerar as variações ou mudanças que poderiam se manifestar. Descreve, em detalhes minuciosos, as roupas dos protagonistas, os móveis e utensílios de sua casa, seu trabalho, o que viam quando iam olhar vitrines com os amigos, o que comiam em casa e fora, o que faziam nas horas vagas, e (o que é importante) suas aspirações, seus desejos e sonhos. De fato, o livro analisa a situação social desses jovens de uma forma teórica e historicamente interessante. Não entrarei aqui nessa análise — muitos outros escreveram extensamente sobre ela[5] —, mas tratarei, em vez disso, do modo como Perec nos apresenta essa análise, os artifícios literários que usa, artifícios que permitem uma interessante comparação com o que fazem os cientistas sociais.

À medida que lemos o livro, notamos que a escolha de tempos verbais de Perec — o imperfeito e o condicional — é incomum para uma narrativa (bastante incomum em inglês, talvez mais ainda em francês). Como se sabe bem, o francês oferece uma escolha de três tempos para a descrição de ações passadas. O *passé simple*, ou pretérito perfeito, é usado em literatura e história, mas não na conversação. Ele descreve ações específicas empreendidas num momento particular por pessoas ou coisas determinadas: "Maria abriu a porta. João lavou os pratos. O cachorro uivou. A chuva caiu." Seu equivalente em todos os outros contextos, especialmente no francês falado mais formal, é o tempo composto conhecido como *passé composé*. É um tempo formado por um verbo auxiliar ("ser" ou "ter") e um particípio passado. É traduzido em inglês* aproximadamente da mesma forma que o passado simples, embora em inglês possa literalmente ser traduzido com o uso de verbos auxiliares, de modo a ter uma aparência igual à do francês — "*Mary has opened the door and John has done*

---

* E também em português. (N.T.)

the dishes" —, embora isso dê um caráter diferente à narração. A terceira versão do passado é o imperfeito, que denota ações que tiveram lugar no passado ao longo de certo período de tempo, ou são repetidas, costumeiras ou habituais. Sendo o inglês flexível como é, isso pode ser expresso com as mesmas palavras que as formas mais definidas, muitas vezes com uma expressão adicional para indicar a natureza repetida ou rotineira do ato: "*John washed the dishes every night. The dog howled when he did them.*"*

A ficção francesa em geral conta histórias no *passé simple* ou no *passé composé*, reservando o imperfeito para coisas que, como eu disse, têm lugar ao longo de um período ou são repetidas. E para situações gramaticais específicas, em que, por exemplo, uma ação tem lugar enquanto outra mais longa prossegue ("O cachorro latiu ao ouvir um ruído lá fora enquanto John lia seu livro", isto é, o latido do cachorro é posto no passado definido e a leitura de John no imperfeito).

Perec conta grande parte da história de *Les Choses* no pretérito imperfeito. Recorre também com frequência ao tempo condicional, em geral empregado para designar coisas que poderiam ou iriam ocorrer, dadas certas outras condições, ocasionalmente (em especial na ficção) para indicar um tipo de simulação ou distância de uma realidade específica. Um emprego comum do condicional em inglês é uma forma elegante de denotar ações habituais ou repetidas, ou pelo menos comuns: "*John would go to the corner newsstand every morning to get a paper. Mary would wear her heavy black coat in colder weather. The cat would stretch out in the sun on a warm afternoon.*"** A linguagem do famoso primeiro capítulo de *Les Choses*, escrito inteiramente no condicional, me lembra esse tipo de significado. Para um leitor francês, ela talvez sugira que o apartamento descrito não é um apartamento específico, real ou imaginado, mas uma espécie de lugar imaginário, simulado, e portanto generalizado. Para mim, sugere um lugar semelhante ao que muitas pessoas moravam. O resultado, como quer que o tempo verbal seja compreendido, é semelhante.

Essa pequena lição de gramática francesa é necessária para a compreensão do que Perec faz sociologicamente em *Les Choses*. O uso do imperfeito e do condicional para narrar o passado transforma a maioria das ações e eventos

---

* "João lavava os pratos toda noite. O cachorro uivava enquanto isso." (N.T.)

** Em português, o condicional não tem essa denotação; para traduzir essas frases, teríamos de substituir o condicional pelo pretérito imperfeito: "John ia (ou costumava ir) ao jornaleiro da esquina toda manhã para comprar um jornal. Mary usava (ou costumava usar) seu pesado casacão preto quanto o tempo estava mais frio. O gato se esticava sob o sol nas tardes quentes." (N.T.)

em coisas "usualmente" feitas, coisas que aconteceram não apenas uma vez, mas com frequência, que eram repetidas muitas vezes e passaram a ser de esperáveis, coisas que iam além do "isto aconteceu" da vida cotidiana — que compunham uma parte rotineira e em certo sentido fundamental do modo de vida das pessoas no livro. Eles não saíram para olhar vitrines numa noite particular durante a qual uma conversa específica ocorreu, a qual, por sua vez, levou a uma consequência específica. Não. Saíam quase sempre à noite para olhar vitrines, e essa atividade repetida reforçava seu desejo de objetos que não tinham condições de comprar. E esse desejo, que não era momentâneo, mas duradouro, as levava a gastar um dinheiro que não possuíam e não tinham perspectiva alguma de ganhar. E isso tinha consequências previsíveis também. Aqui está uma amostra:

> Talvez a coisa mais séria fosse que careciam cruelmente de conforto — não conforto material, objetivo, mas tranquilidade, ou certo tipo de relaxamento. Tendiam a ser impacientes, tensos, ávidos, quase invejosos. Seu amor ao bem-estar, aos padrões de vida mais altos, manifestava-se na maioria das vezes como um tipo idiota de pregação, quando discursavam, eles e seus amigos, sobre a pura genialidade de um cachimbo ou de uma mesinha baixa; transformavam-nos em *objets d'art*, em peças de museu. Ficavam apaixonados por uma maleta — uma dessas malas pequeninas, surpreendentemente chatas, em couro um pouco granuloso, que podiam ser vistas em exibição em volta da Madeleine e que parecem a quintessência dos pretensos prazeres de viagens relâmpagos a Nova York ou a Londres. Atravessavam Paris inteira para ver uma poltrona que lhes haviam dito ser perfeita. E como conheciam seus clássicos, por vezes chegavam a hesitar em vestir uma nova peça de roupa, tão importante lhes parecia que, para ter a melhor aparência, ela devesse antes ter sido usada três vezes. Mas os gestos ligeiramente ritualizados que faziam para mostrar sua aprovação diante da vitrine de uma alfaiataria, ou de uma chapelaria, ou de uma sapataria, só conseguiam, o mais das vezes, fazê-los parecer um tanto tolos.[6]

Assim uma história é contada, afinal. Mas é envolvida e encoberta por uma nuvem de coisas que aconteciam de forma rotineira, repetida, que eram o modo de vida de Jérôme e Sylvie. E o modo de vida de seus amigos. Porque todas essas descrições insistem em que esses dois (que são o foco do livro) não são os únicos que sonham esses sonhos, têm esses apartamentos, compram essas bugigangas, fazem esses trabalhos. Eles pertencem a um estrato social para o qual assim é a vida — jovens que têm, pensam eles, perspectivas de algo melhor. Como diz

Perec: "Em nosso tempo e em nossa parte do mundo, um número cada vez maior de pessoas que não são nem ricas nem pobres. Elas sonham com riqueza e talvez possam enriquecer; é aí que seus problemas começam."[7]

Como não há eventos específicos — nenhum "John fez isto e Mary fez aquilo e depois isto aconteceu" —, a história parece amorfa, mais uma atmosfera que uma narrativa, uma aura que nos envolve, mais que uma jornada que fazemos. Nisso ela se assemelha fortemente à descrição etnográfica de uma cultura, de um modo de vida, de entendimentos partilhados e atividades rotineiras empreendidas de acordo com eles. É o que uma etnografia nos daria. E a etnografia de Perec é completa, abrangendo cultura material, relações de parentesco e outras relações sociais, trabalho, tecnologia, crenças, valores, carreiras, vidas típicas e todas as outras coisas que se recomenda aos etnógrafos incluir numa descrição "completa" de uma cultura. A descrição de Sylvie e Jérôme parece menos a história de duas pessoas sobre as quais aprendemos muita coisa e pelas quais passamos a nos interessar que a descrição feita por um sociólogo de uma carreira típica — algo semelhante à "carreira" da desintegração de um casal que temos em Diane Vaughan;[8] ou da "carreira" de um músico que forneci como parte da descrição geral de uma cultura ocupacional.[9] É etnografia como ficção generalizada, ou ficção generalizada como etnografia.

Les Choses faz uso de outro artifício literário/etnográfico: a listagem detalhada de objetos e pessoas, em especial objetos. O famoso primeiro parágrafo do livro é uma lista:

> Seu olhar, antes de mais nada, deslizaria pelo carpete cinza, o corredor estreito, longo e de teto alto. Suas paredes seriam armários de madeira de cor clara, com detalhes em latão brilhante. Três gravuras, representando Thunderbird, o vencedor do Derby, um barco a vapor movido a pás chamado *Ville-de-Montereau* e uma locomotiva Stephenson, levariam a uma cortina de couro pendurada em anéis de madeira grossos, pretos e granulosos que se afastariam ao mais ligeiro toque. Ali, o tapete daria lugar a um parquê quase amarelo, parcialmente coberto por três tapetinhos desbotados.[10]

Uma lista sem uma análise explícita e formal de seus conteúdos é um poderoso recurso representacional, usado muito mais por artistas que por cientistas sociais. Vou considerá-la em conexão com outras duas obras de Perec que podem também ser pensadas como uma espécie de representação da vida social, e em que ela é mais destacada.[11]

Je me souviens

Je me souviens é muito diferente de *Les Choses*. Não é em absoluto um romance ou uma história, consiste simplesmente em 480 parágrafos numerados, todos muito curtos, por vezes de apenas uma linha. Cada um nomeia algo de que Perec se lembra em sua juventude, de 1946 a 1961, quando tinha entre 10 e 25 anos. Ele esclarece que usou um princípio simples de seleção: "Tentar recobrar uma lembrança que está quase esquecida, irrelevante, banal, comum, se não para todos, ao menos para muitos."[12] Mais adiante ele diz:

> Estes "eu me lembro" não são exatamente lembranças, sobretudo não são lembranças pessoais, mas pequenos fragmentos de vida cotidiana, coisas que, neste ou naquele ano, todos da mesma idade tinham visto, experimentado, partilhado, e que depois tinham desaparecido, foram esquecidas; elas não mereciam ser memorizadas, não mereciam ganhar um lugar na história, nem figurar nas memórias de homens de Estado, de alpinistas ou de astros.[13]

Aqui estão alguns exemplos:

> (4) Eu me lembro de Lester Young no Club Saint-Germain; ele usava um terno de seda azul com um forro de seda vermelha.
>
> (10) Eu me lembro de que um amigo de meu primo Henri costumava passar o dia inteiro de roupão de banho quando estava estudando para os seus exames.
>
> (131) Eu me lembro da expedição Kon-Tiki.
>
> (143) Eu me lembro de que acreditei que as primeiras garrafas de Coca-Cola — aquelas que os soldados americanos podiam beber durante a guerra — continham benzedrina (sentia muito orgulho por saber que esse era o nome científico de "bolinha").

É isso. Quatrocentos e oitenta desses parágrafos, terminando com um inacabado (480), que diz simplesmente "Eu me lembro", sucedido pela nota enigmática "a seguir" (e, em outra página ainda, outra nota que diz: "A pedido do autor, o editor deixou, em seguida a esta obra, algumas páginas em branco nas quais o leitor pode anotar os 'eu me lembro' que a leitura destes, espera-se, terá evocado"). O livro contém também um índice completo de nomes, lugares e títulos de filmes, livros e peças musicais mencionados no texto. Mais uma vez, seu interesse parece residir na evocação de um modo de vida.

Não há qualquer narrativa própria de um romance aqui. O arranjo das 480 lembranças em *Je me souviens* talvez não seja aleatório (embora não haja garantia do contrário), e poderia haver uma progressão de uma para a seguinte que geraria algum tipo de tensão narrativa, mas não encontrei exemplo disso. O único personagem é o jovem Perec, cuja vida é relembrada por um Perec mais velho. Mas nada há de pessoal nisso, nada "emocional", a menos que contemos seu "orgulho" por saber o nome científico de "bolinha". Nada no livro transmite um sentido de tragédia, suspense ou espanto diante de como tudo se desdobrará. Nada "acontece", as coisas estão simplesmente ali.

Não há começo, fim, nenhuma história e nenhuma narrativa e, certamente, nenhuma análise. Muita síntese é deixada a cargo do leitor. À medida que lemos, sentimos que estamos sendo desafiados a encontrar um padrão. Perec não nos dirá qual é, e não fica claro que haja alguma pista no arranjo dos itens.

Em vez disso, a intenção do livro parece ser francamente histórica e etnográfica. Sua peculiaridade se revela com maior clareza se o comparamos com a obra segundo a qual Perec a modelou; ele diz, numa nota preliminar, que "o título, a forma e, em certo grau, o espírito desses textos foram inspirados pela obra de Joe Brainard *I Remember* (1975)". Parte do caráter distintivo do livro de Perec se torna claro quando lemos o de Brainard.

Perec diz que Brainard o influenciou "em certo grau", e essa restrição é correta. O título é o mesmo, e o formato — parágrafos curtos de reminiscências — é semelhante. Mas as diferenças são substanciais. Os parágrafos de Brainard se ligam uns aos outros. Uma reminiscência de um professor primário é seguida por várias outras. Os "Eu me lembro" são com frequência histórias reais, pequenos casos com começo, meio e fim.

E a restrição é necessária com relação ao "espírito" da obra. O livro de Brainard reúne reminiscências autobiográficas verdadeiras, está cheio de histórias do que aconteceu com esse jovem artista gay em sua infância, suas primeiras experiências sexuais, a nova vida que ele encontrou em Nova York, um mundo social, sexual e artístico que nunca teria podido imaginar em sua cidade natal de Tulsa, Oklahoma. Brainard aparece no livro como um personagem importante. A sensibilidade dele domina suas páginas. As lembranças que registra não são rastros isolados de coisas que qualquer pessoa vê. Ao contrário, são a história do que ele pessoalmente viu e sentiu (ainda que muitos outros possam ter tido experiências semelhantes), o que ele notou e que outros teriam deixado escapar, sua própria vivência de experimentação sexual com meninos e meninas, suas próprias fantasias e embaraços sexuais. E não só o que ele fez, mas as coisas que quis fazer mas nunca fez por falta de coragem. Os parágrafos curtos não descrevem apenas o que aconteceu, o que estava lá, mas também sua reação ao que aconteceu e estava lá. Ele se lembra não apenas de ter tido uma ereção na piscina, mas de como ficou encabulado quando ela não foi embora. Fala de homens que achou atraentes, de suas fantasias masturbatórias. O livro é efusivo, extravagante, transbordante.

Há muita coisa sobre arte, mas quase nada sobre política. Há muita coisa sobre sexo, mas não muito sobre lugares. Quando terminamos de ler, sabemos muito a respeito de Brainard e o mundo de artistas e escritores em que ele se movia, e algo sobre o mundo da escola dominical cristã de Tulsa em que se criou. Mas não muito sobre a cultura política e popular do país, seu papel nela, o período sobre o qual escreve (não temos muita noção do período; nenhum dos nomes é de generais ou políticos, embora haja uma profusão de astros de cinema).

O livro de Perec, a despeito de algumas semelhanças (tanto ele quanto Brainard, numa das poucas sobreposições, se lembram da expedição Kon-Tiki), é muito diferente. Não conta qualquer história de despertar sexual ou momentos embaraçosos. Com poucas exceções, trata apenas de lugares, pessoas e eventos públicos (e as exceções, como o item sobre o homem que passava o dia inteiro de roupão de banho enquanto estudava para os exames, embora não sejam públicas, também não são muito pessoais). As reações de Perec às coisas não aparecem. O livro não lista as coisas novas e sensacionais que um migrante viu na cidade grande. Em vez disso, lista coisas comuns do dia a dia que qualquer pessoa que morasse em Paris depois da Segunda Guerra Mundial podia observar, ou pelo menos que qualquer indivíduo do sexo masculino de certa idade e classe teria visto, notado e talvez lembrado em anos posteriores como parte do segundo plano de sua vida comum.

Ele lista o que as pessoas que participavam da vida diária e pública da cidade teriam visto: os ônibus e o metrô, os lugares onde se comprava comida, os cinemas e outros lugares de entretenimento, as personalidades do esporte por quem um rapaz teria se interessado. Se a pessoa envolvida fosse um pouco arrojada e estivesse à espreita de coisas legais para fazer, como Perec, iria também se lembrar de Lester Young, Duke Ellington, Sidney Bechet e outros músicos de jazz americanos (inclusive alguns menos conhecidos; fiquei surpreso ao ver o nome de Earl Bostic, um músico que tocava sax e que jamais foi uma figura importante, embora bastante bom). Se estivesse interessada em literatura, iria se lembrar dos nomes de escritores renomados como Michel Butor e Alain Robbe-Grillet e de onde eles nasceram. Se fosse bastante intelectualizada, iria recordar também personalidades e causas políticas: Caryl Chessman (o hoje obscuro foco de uma campanha contra a pena capital na Califórnia) e Lee Harvey Oswald, entre os americanos listados no índice. Mas nenhum desses nomes teria sido uma lembrança particular de Perec. Ao contrário, eram aquilo de que todos como ele se lembravam, ou talvez, melhor dizendo, podiam lembrar.

Mesmo que essas coisas, lugares e pessoas fossem sensacionais, como sem dúvida eram para um judeu francês jovem, intelectual, um tanto engajado politicamente e que havia escapado de ser enviado para os campos de concentração, como muitos semelhantes a ele; mesmo que o jazz, o rock and roll e a atividade artística negra americana tivessem chegado como promessa de um outro tipo de vida; mesmo que maio de 1968, Biafra e os outros grandes eventos políticos ocasionalmente mencionados lembrem ao leitor que havia coisas fantásticas acontecendo — mesmo com tudo isso, o estilo é seco, indiferente, listando objetos, pessoas e eventos, mas sem comentá-los nem reagir a eles, apenas lembrando. E lembrando coisas que são certamente triviais ao lado de outras que não são: o terno de seda azul de Lester Young e seu forro vermelho, o lugar de nascimento da atriz Claudia Cardinale, que o dr. Spock certa vez concorreu à Presidência dos Estados Unidos. O que quero dizer é: e daí?

Bem, realmente, e daí? A coisa faz sentido. O todo é mais do que as partes. Lester Young; mais o lugar de nascimento de Claudia Cardinale; mais os nomes dos sete anões de Disney (como todo mundo, Perec lembra alguns deles, embora não todos); mais as modas dos anos 1950 (foi chique, durante um período, usar cordões de sapatos em vez de gravatas no pescoço); mais a transcrição francesa da palavra russa para *crayon* — tudo isso constitui uma impressão muito palpável do que as pessoas tinham na cabeça, pessoas como Perec, muitas pessoas, e daquilo que viam, liam, ouviam e conversavam.

Há, de maneira bastante estranha num livro tão curto, um índice muito completo, que nos estimula despretensiosamente a não ler o livro de forma linear, mas a saltar de um item para outro e lê-lo em qualquer ordem, como os leitores de Perec foram estimulados a ler *A vida: modo de usar*. (Muitos dos verbetes, aliás, nada significaram para mim, pois eu não sabia quem eram as pessoas: "Eu me lembro de Dario Moreno" pode significar muita coisa para um francês da geração de Perec, talvez para muitos outros franceses, talvez para alguns leitores americanos, mas nada significava para mim até que procurei o nome na internet e descobri que era um artista de cinema francês dos anos 1950 e 1960. Isso acrescenta algo, porém, ao simples volume do banco de lembranças invocado no livro.)

Exagerei um pouco as diferenças entre os livros de Perec e Brainard. Elas são substanciais, mas há algumas sobreposições. Brainard inclui muitos dos tipos de itens que Perec reúne — artistas de cinema, por exemplo —, mas não todos eles: os políticos são uma ausência notável. É um pouco como se Perec tivesse jogado fora cerca de 80% do que Brainard inclui, reduzido o conteúdo ao que era público e amplamente partilhado, e deixado de fora tudo que era pessoal e emocional.

É uma grande diferença. Brainard é histriônico e mexeriqueiro. Ao descrever uma vida e um corpo específico de experiências pessoais, seu livro retrata uma cultura. Podemos imaginar a partir disso alguns aspectos da cultura artística e da organização social em que essa vida e experiência ocorrem. O livro de Perec, sóbrio, enxuto, descreve algo mais amorfo, mas não menos real, o cenário cultural da vida cotidiana contra o qual operam os entendimentos mais comuns que constituem a cultura. Não faz parte da cultura francesa ou americana ou do jazz o fato de que Lester Young usasse um terno de seda azul com um forro de seda vermelha, mas um fato de todos aqueles modos de vida, e que algumas pessoas notassem isso e soubessem disso tal como o que estava acontecendo. Não é uma parte crucial da cultura americana ou francesa que os sete anões de Disney tivessem aqueles nomes, mas eles os tinham, e a maioria das pessoas sabia (quase) todos eles. E tudo isso é parte do corpo de referência e de detalhes que desempenha algum papel no que chamamos de vida cultural, embora eu não ache que temos uma boa ideia de qual é esse papel.

Aqui está o que Perec diz sobre isso:

> [Essas lembranças] retornam, alguns anos depois, intactas e minúsculas, por acaso ou porque tentamos nos lembrar delas uma noite, com amigos: era algo que teríamos aprendido na escola, um campeão, um cantor ou uma estrelinha que tivera um grande sucesso, uma canção que esteve na boca de todo mundo, um assalto ou uma catástrofe que estiveram em todos os jornais, um best-seller, um escândalo, um slogan, uma moda passageira, uma expressão, uma peça de roupa ou uma maneira de usá-la, um gesto, ou alguma coisa ainda mais insignificante, irrelevante, completamente banal, milagrosamente arrancada de sua insignificância, reencontrada por um instante, despertando por alguns segundos uma nostalgiazinha impalpável.[14]

Um cientista social poderia querer dizer que esses momentos partilhados de recordação compõem a cola que mantém uma geração coesa e talvez a torne capaz de algum tipo de ação coletiva de outro modo indisponível para seus integrantes.

Tentative d'épuisement d'un lieu parisien

Uma terceira obra, *Tentative d'épuisement d'un lieu parisien* pertence a um corpo maior inacabado de descrições desse tipo que Perec pretendia fazer de uma dúzia de lugares em Paris, visitando cada um deles uma vez por ano, sempre num mês diferente, de modo que, ao cabo de 12 anos, teria uma descrição completa de cada lugar ao longo do ano inteiro. As descrições nesse pequeno livro são, como os verbetes em *Je me souviens*, muito banais: o que há para ser visto das posições favoráveis que ele ocupa na Place St. Sulpice, listas das letras e números que aparecem em vários anúncios e caminhões, descrições das pessoas que vê de seu lugar no café, dos ônibus que passam, do bando de pombos que periodicamente levanta voo de seu poleiro na calha da *mairie*. Aqui está uma amostra:

> Num magnífico conjunto, os pombos voam em torno da Place [St. Sulpice] e voltam para se empoleirar nas calhas da prefeitura.
>
> Há cinco táxis no ponto.
>
> Um 87 [ônibus] passa. Um 63 passa.
>
> Os sinos de St. Sulpice começam a tocar (para anunciar as horas, sem dúvida).
>
> Três crianças sendo levadas para a escola. Um outro *deux-chevaux* verde-maçã.
>
> Os pombos voam em torno da praça de novo.
>
> Um 96 passa, para no ponto de ônibus (ponto St. Sulpice); Geneviève Serreau desce e segue pela rue des Canettes; eu a chamo, batendo na janela do café, e ela se aproxima para dizer alô.
>
> Um 70 passa. [E assim por diante.]

A única narrativa aqui é a de Perec, o observador, sentado num terraço na Place St. Sulpice vendo o que há para ver, e as narrativas fragmentárias do que vê, as pessoas caminhando, os ônibus passando, os pombos voando.

Isso me lembra a descrição igualmente detalhada, embora mais focalizada, de objetos materiais e eventos em *Let Us Now Praise Famous Men*.[15] Lembra-me também a composição de John Cage para piano solo *4'33"*, em que um pianista, em traje completo de concerto, entra no palco, senta-se ao piano, põe um cronômetro sobre a estante de música e o aciona, espera que transcorra esse tempo, levanta-se e sai. Cage pretendia tornar os ouvintes conscientes dos sons que ocorrem quando nenhuma "música" oficial é tocada.

Perec descreve o lugar-comum, o cotidiano... De fato, à medida que tento generalizar o que ele fez nesse livrinho, vejo-me cada vez mais confuso, como se não houvesse outra maneira de representar isso senão simplesmente repetir o que ele escreveu e listar o que já descreveu, e isso não é proveitoso.

À medida que lemos as descrições de Perec, sucumbimos cada vez mais à sensação (pelo menos eu sucumbo, e acho que outros também) de que isso é importante, embora não possamos dizer como. Se nós, cientistas sociais, não temos ideias e teorias sobre isso, deveríamos ter. Uma camada muito grande dessas coisas — ônibus passando, pessoas abrindo guarda-chuvas, pombos voando, letras nas laterais de caminhões — nos cerca o tempo todo. Tomamos consciência delas quando alguma coisa está "fora de ordem", quando o pombo faz cocô sobre nossa cabeça, quando alguém abre um guarda-chuva e não está chovendo, quando um ônibus parece estar seguindo na direção errada numa rua de mão única. O senso comum sociológico nos diz que esses eventos nos lembram das coisas que damos por certo e das quais dependemos como as condições em que levamos adiante nossas vidas comuns. Quando essas condições não são satisfeitas, sabemos que "algo está errado", o que é a crença social e emocional mais básica em que consigo pensar.

Um interesse adicional desse livro é o contínuo relato das dificuldades de Perec para continuar a descrição, porque não se trata de uma descrição imparcial e sistemática de algo. Os ônibus aparecem muito nessas páginas, mas eles vêm e vão. Por vezes há longas listas de que ônibus acabaram de passar e se estavam cheios ou não. Mas depois ele se cansa disso e desvia sua atenção da rua, ou para de mencionar ônibus durante algum tempo. Passa a se interessar pelos pombos e pelo que provoca suas súbitas partidas coletivas das calhas da *mairie*. Mas isso também não prende sua atenção por muito tempo. De fato, o livro é, de certo modo, uma lição sobre a impossibilidade do tipo de descrição sem propósito que Perec tinha em vista, e portanto uma lição sobre como e por que os investigadores têm de concentrar sua atenção em algo.

Perec é um sociólogo?

Não, Perec não é um sociólogo, embora essa ideia seja defensável. Parece que ele sabia alguma coisa sobre o negócio da sociologia, cuja versão americana invadiu a França nos anos 1950 e 1960. Uma das coisas mais engraçadas em *Les Choses* é sua descrição dos pequenos truques da entrevista sociológica como era então e ainda é praticada. Por exemplo, as longas pausas indicam para o entrevistado saber que o entrevistador ainda não está satisfeito, quer saber mais.

Mas deixemos isso de lado. Perec não era um sociólogo profissional, no entanto pode certamente ter pretendido descrever a sociedade francesa ou alguma camada dela num momento histórico particular. (Como observei antes, ele diz que uma das quatro categorias em que divide seu trabalho é "sociológica". Inclui nesse grupo os três textos analisados neste capítulo.) E o fez das duas maneiras que delineei. Para generalizar essas duas maneiras, poderíamos dizer que elas são diferentes versões da mesma estratégia: caracterizar uma cultura e um modo de vida, tanto as crenças relevantes quanto suas atividades coordenadas, pelo acúmulo de detalhes formalmente não analisados. Em *Les Choses* Perec faz isso contando uma história como se ela fosse uma coleção de coisas que ocorriam rotineiramente; em *Je me souviens* e *Tentative*, ele apenas acumula detalhes da face pública da vida coletiva, excluindo rigorosamente tudo que é privado, pessoal e emocional, deixando apenas a superfície. Mas que superfície!

A sociologia nessas obras não provém do relato de uma história cuja narrativa transmite uma análise social. Nenhuma dessas três obras conta uma história à maneira convencional dos romances. Não há qualquer sentido de progressão necessária, um desdobramento narrativo, a análise profunda de caráter, sentimento pessoal ou estrutura social nem os imperativos de seu desenrolar.

Nós (por "nós" aqui me refiro primeiro aos sociólogos, mas também a todos os críticos e analistas culturais que fazem isso) falamos muitas vezes que certas obras literárias têm um valor de interpretação da vida social. Descrevem em detalhe romanesco pessoas e eventos particulares que podem ser tomados como se corporificassem algum tipo de verdade não apenas sobre aquelas pessoas, mas sobre pessoas como aquelas, e algum tipo de verdade geral sobre eventos como aqueles. Podemos ver *Guerra e paz* como se nos dissesse, por meio das especificidades da história e dos personagens, alguma coisa sobre a guerra como fenômeno social. *A casa abandonada* e a história de Jarndyce vs. Jarndyce que conta podem ser vistos, até porque Dickens insistiu em que o fazia, como se encarnassem uma "verdade" sobre o sistema jurídico britânico da época, sua incompetência, sua venalidade e injustiça. Mais sutilmente, a própria estrutura da narrativa pode corporificar as organizações e tensões da sociedade que descreve e em que foi feita. O crítico brasileiro Antonio Candido prima pelas leituras que tornam explícitos esses traços de um romance.[16]

Nada disso é realmente o que quero dizer aqui. Com Perec, não participamos da vida emocional dos personagens nem nos identificamos com eles. Não obtemos uma interpretação analítica séria de instituições sociais importantes, o que é um esteio tão fundamental da ficção realista. Perec não é um modelo para o pensamento e a escrita sociológica dessa forma mais ou menos convencional.

O que essas três obras corporificam, de fato, são três maneiras de usar recursos literários para falar de assuntos de interesse para os cientistas sociais, três métodos que os cientistas sociais poderiam eles próprios usar em suas próprias representações da sociedade. *Les Choses* é a mais próxima da análise social convencional. Deixamos o livro com uma forte consciência de como era a vida para todo um estrato da sociedade, para pessoas de certo tipo, certa classe, certa idade e condição material. Podemos compará-lo a modos mais ou menos padronizados das ciências sociais descreverem esses aspectos da vida social, como, por exemplo, ao comentário feito pelo antropólogo Robert Redfield da "pequena comunidade como uma biografia típica".[17] Os outros dois livros simplesmente fazem algo que os cientistas sociais não realizam muito bem, descrevem experiências rotineiras — algo a que Perec se refere, na introdução à descrição da Place St. Sulpice, como "descrever o que resta: o que não é usualmente registrado, o que não é notado, o que não tem importância: o que acontece quando nada está acontecendo, apenas o tempo, pessoas, carros e nuvens".[18] Todos os três livros, cada qual a seu modo, recorrem à "descrição crua" detalhada como um recurso fundamental pelo qual "a realidade" é dada ao leitor.

Não pretendo, ao tratar essas obras como protoetnografia, dizer que elas não são sobretudo, afinal, obras literárias, com o potencial de todas as outras virtudes que tais obras podem possuir. Mas vamos, por ora, pôr isto entre parênteses e pensar sobre elas como a sociologia que o próprio Perec disse ser. (As noções de um autor sobre sua própria obra podem não ser, como as pessoas dizem por vezes, "privilegiadas", mas isso não significa que devamos ignorá-las.)

Não é óbvio onde essas coisas "que estão acontecendo quando nada está acontecendo" se encaixam na grade de assuntos de uma disciplina científica social. Mas tal estratégia se sobrepõe consideravelmente ao que pelo menos alguns tipos de cientistas sociais procuram realizar: a descrição do que um grupo de pessoas que interagem e se comunicam em circunstâncias históricas particulares produziu como um corpo de conhecimento, entendimento e prática partilhados — o que é de hábito chamado cultura. Além disso, ela vai até certo ponto rumo à produção de uma representação do que é por vezes chamado de "a experiência vivida" das pessoas, embora a expressão seja tão vaga que se torna vazia. Mas se ela significa alguma coisa, deve referir-se ao menos a esse tipo de "o que todo mundo soube e sentiu" numa conjuntura histórica e social particular. A parte para a qual Perec chama a nossa atenção é aquela que parece "sem importância", não digna de nota, não digna (certamente) de que se façam teorias a seu respeito.

Os cientistas sociais insistem em evidências do que lhes é proposto como descrição e análise social. Querem, e não sem propósito, ter as coisas comprovadas. Perec, como não é de surpreender, nunca alude à questão ou ao problema da "prova". Mas sem dúvida ocorrerá a um leitor perguntar se a vida era de fato assim em Paris, naquele momento, para pessoas como aquelas. Veria eu o mesmo tipo de coisas se me sentasse no Café de la Mairie na Place St. Sulpice? Ou Perec não passa de um maluco, imaginando coisas que jamais aconteceram? Ele furta-se a essa pergunta numa nota que se segue ao texto principal de *Je me souviens*:

> Quando evoco estas lembranças do pós-guerra, elas se referem, para mim, a uma época que pertence ao reino do mito: o que explica que uma lembrança possa ser "objetivamente" falsa: assim, no "Eu me lembro" n.101, eu me lembro corretamente dos famosos "Mosqueteiros" do tênis, mas só dois dos quatro nomes que menciono (Bonotra e Cochet) pertenceram a esse grupo, Brugnon e Lacoste foram substituídos por Petra e Destremeau, que se tornaram campeões mais tarde.[19]

Mas Perec dá ao leitor razões abundantes para pensar que ela era exatamente assim, ou muito parecida. Para começar, a nota que acabo de citar confessa um erro factual que não faz diferença alguma para a precisão de *Je me souviens* como descrição de uma cultura. O importante, como fato cultural, é que o nome de astros do tênis faziam parte do que uma pessoa de certa cultura desejava saber, parte do que E.D. Hirsch, Joseph Kett e James Trefil chamaram de "alfabetização cultural" ["*cultural literacy*"].[20] Se Perec acertou os nomes, isso não é mais importante do que ter ou não acertado os nomes dos sete anões de Disney. Mas a confissão mostra aos leitores que ele se importava com a precisão nessas questões (embora não o bastante para trocar os nomes pelos corretos!), e, assim, estabelecer sua confiabilidade.

Em sua maioria, contudo, as coisas mencionadas no livro são matérias de registro público, confirmadas do mesmo modo que as citações semelhantes que Hans Haacke faz do registro público em suas obras conceituais, tão conhecidas que a maioria dos leitores não estará aprendendo nada que já não soubesse. Ao contrário, o livro lembra aos leitores o que já sabem e como, tomado em conjunto, o que sabem constituir alguma espécie de todo cultural e social. Esse todo, no entanto, não é caracterizado com facilidade. Não tem o tipo de coesão, pelo menos não obviamente, que os cientistas sociais gostam de atribuir a uma cultura, uma similaridade, o entrosamento ou a afinidade das partes umas com as outras que poderia permitir a um observador caracterizar a cultura com uma dessas expressões sumárias e perspicazes de que os cientistas sociais tanto gostam — poderíamos dizer que uma sociedade é "industrializante", caracterizada pela "ética puritana", "dionisíaca" ou "apolínea".

Les Choses é um caso diferente. Quando saiu (sou grato ao "posfácio" de Jacques Leenhardt à edição francesa para a descrição da reação crítica francesa) em 1965 e ganhou o prestigioso Prix Renaudot, provocou uma longa discussão sobre se podia ser chamado de romance ou era, de fato, sociologia. Os críticos observaram que não havia caracterização real, nenhuma emoção, qualquer adoção de valores, nenhuma das coisas que eram esperáveis em romances na França do pós-guerra (e, claro, não somente ali ou então). Em vez disso, havia a descrição de uma sociedade que passava a ser dominada pelo consumo material, uma sociedade em que, exatamente, *as coisas* começavam a moldar a vida das pessoas de uma maneira e num grau não conhecidos antes. Esses detalhes se combinavam de um modo que permitia aquele tipo de descrição sumária. Parte da acalorada discussão sobre o livro tinha a ver com a veracidade ou não dessa descrição, e o debate demonstrava quão seriamente o romance havia sido tomado como uma descrição da França na época.

Como nas outras duas obras, há uma abundância de detalhes. Mas agora não é a precisão dos detalhes que está em questão, mas sua representatividade. Jérôme e Sylvie vivem de uma maneira cujos detalhes leitores franceses podiam reconhecer — eles conheciam aqueles tapetes e lâmpadas, e todas as outras coisas materiais e imateriais de que os dois se cercavam. Mas elas eram tudo? Não havia outros aspectos a serem incluídos? Não poderíamos dizer algo que abrandaria a severidade do que leitores e críticos tomaram como o veredicto implícito sobre aquele modo de vida? Esse é um problema de representação que ocorre em todas as espécies de projetos, de trabalhos fotográficos que parecem "unilaterais" (ver as críticas repetidas a *The Americans*, o livro fotográfico de Robert Frank, como "tendencioso") a relatórios sociológicos cujos sujeitos se queixam de que outros elementos, mais agradáveis, que poderiam ter sido acrescentados teriam produzido um quadro geral diferente.

Todas estas considerações levam a que nos indaguemos se todo tipo de descrição social não tem dois aspectos: um desejo de mostrar e um desejo de explicar. Talvez seja a tensão entre os dois que mantém todo tipo de análise social no lugar.

16. Italo Calvino, urbanologista

Os experimentos sociais de Perec têm muito em comum com a sociologia convencional. Embora sejam obras literárias, parecem bastante com algo que um sociólogo (criativo) poderia fazer. Os livros de Jane Austen, apesar de apresentarem uma história sob a forma de romance, pretendem de maneira também clara nos mostrar um modo de vida com o tipo de detalhe e compreensão generalizada que poderíamos encontrar numa monografia antropológica ou sociológica. Não é o que se pode dizer de Italo Calvino, cujas obras mais tardias, tão de vanguarda em intenção e feitura, não simulam qualquer descrição fiel de uma organização ou situação, nem mesmo o ruído de fundo de que Perec fez seu domínio. Mas ele realizou algo que deveria despertar nosso interesse, em particular em *As cidades invisíveis* (1974).

A prosa de Calvino é merecidamente famosa. A acumulação de detalhes surpreendentes, as imagens vívidas, inesperadas, e a listagem aliterativa de objetos, pessoas e suas propriedades criam continuamente prazeres imprevistos. Não é para ignorar os feitos literários de Calvino que chamo a atenção para outro aspecto de sua obra.

Calvino pertenceu ao grupo literário parisiense Oulipo (Ouvroir de Littérature Potentielle), do qual um dos integrantes famosos foi Georges Perec. Lembremos que Perec achava que cerca de um quarto de sua obra podia ser classificada como "sociológica", uma descrição da realidade social que continha, mesmo que implicitamente, teorias sociais ou ao menos as matérias-primas para essas teorias. O livro de Calvino sobre cidades, com um pouco de imaginação, pode ser visto como um estilo muito mais "teórico" de sociologia. E lucramos se renunciarmos a tergiversar sobre a denominação de um material tão estranho de sociologia e considerarmos apenas o que ele tem a nos dizer. *As cidades invisíveis* é um livro que partilha os traços daquelas representações que caracterizei antes como não verdadeiras, mas apresentando análises que apesar disso merecem atenção. Em específico, pertence à subdivisão daquele gênero que chamei de parábolas, embora os segmentos sejam muito mais curtos que a história de Antin sobre o país que sofria de escassez de ar.

As cidades invisíveis é, na superfície, uma série de conversas entre o idoso Kublai Khan e um jovem Marco Polo. Khan vê que seu império se tornou tão vasto a ponto de não poder ser governado com eficácia, é "uma ruína interminável, sem forma", e só nos relatos que Polo faz de suas viagens consegue ver "o rendilhado de um padrão tão sutil que poderia escapar de ser roído pelos cupins". "Kublai Khan não acredita necessariamente em tudo que Marco Polo diz quando descreve as cidades visitadas em suas expedições", mas ouve atento as 55 breves descrições de cidades. É o que fazemos também.

Polo descreve cada cidade focalizando alguma característica dominante de sua situação geográfica, os arranjos de suas construções, suas práticas sociais ou aspectos muito mais sutis, indicando ocasionalmente, de maneira explícita, a principal consequência desse traço dominante. Assim, primeiro ele descreve Diomira:

> Mas a peculiaridade desta [cidade] é que quem chega numa noite de setembro, quando os dias se tornam mais curtos e as lâmpadas multicoloridas se acendem juntas nas portas das tabernas, e de um terraço ouve-se a voz de uma mulher que grita: uh!, é levado a invejar aqueles que imaginam ter vivido uma noite igual a esta e que na ocasião se sentiram felizes.[1]

A linguagem é evocatória, até erótica ("a voz de uma mulher que grita: uh!"), e há prazer suficiente nisso. Talvez nada precisemos acrescentar de sociológico. Mas a acumulação de 55 dessas descrições deixa o leitor com a impressão de que há algo aqui além da superposição de imagens evocatórias que o título do livro revela, porque Calvino quer nos falar algo sobre cidades. Ele declarou isso numa palestra dada para estudantes na Universidade Columbia, que não foi incluída na versão inglesa do livro e é difícil de encontrar (embora seja apresentada como prefácio para as edições francesa e italiana, razão por que traduzi as citações que se seguem diretamente do francês, embora exista em algum lugar um original inglês escrito pelo próprio Calvino):

> Nenhuma cidade é reconhecível em *As cidades invisíveis*. Todas essas cidades são inventadas: dei a cada uma um nome de mulher. O livro é composto de capítulos curtos, cada qual o pretexto para uma reflexão que se aplica a toda cidade ou à ideia de cidade em geral.[2] ...
>
> Não acho que o livro evoque apenas uma ideia atemporal de cidade, mas está desenvolvida aqui, por vezes implícita, por vezes explicitamente, uma polêmica sobre a cidade moderna. Alguns urbanistas amigos meus disseram que o livro

> tocava em diferentes aspectos de sua problemática, e que isso não se dá por acaso, já que o segundo plano é o mesmo. E a metrópole de "grandes números" não surge só no fim do livro: mesmo o que parece ser a evocação de uma cidade arcaica só faz sentido se pensarmos e escrevermos sobre ela tendo em mente a cidade atual. ...
>
> O importante para meu Marco Polo é descobrir as razões secretas que levaram as pessoas a viver em cidades, razões que seriam relevantes mesmo que não houvesse [nenhuma crise urbana contemporânea].[3]

Sobre que cidades ele nos fala? Em geral, não são cidades reais, não são versões tenuemente disfarçadas de Paris, Londres ou Nova York, mas, em muitos casos, são cidades que não poderiam existir de maneira alguma, não se tomarmos as descrições ao pé da letra, embora talvez pudessem se fossem vistas como metáforas. Mesmo assim, algumas das descrições parecem de fato se assemelhar a cidades reconhecíveis. Esmeralda, feita de ruas e canais, é facilmente tomada como versão semirrealista de Veneza, embora as observações que Polo faz sobre ela não sejam o que esperávamos. (Cidades reais do passado e do presente são nomeadas nas conversas posteriores dos dois homens, e até cidades imaginárias da literatura e do mito. Assim, São Francisco e Nova Atlântida são evocadas na conversa e no estudo que Khan faz de seu fabuloso atlas.)

Onde as cidades se localizam? Marco Polo presumivelmente viajou por todo o mundo conhecido, mas, durante seu tempo de vida, era conhecido ou havia um número muito menor de lugares que nos séculos futuros. As cidades são muitas vezes identificadas como se situassem no litoral ou à beira de desertos, e parecem, pelas descrições de pessoas e objetos, estar sobretudo na Europa e em partes da Ásia, e não provavelmente nas Américas.

Calvino nos aconselha a tomar cuidado com os nomes, mas eles têm um sabor, são românticos, vagamente mediterrâneos, quase todos terminados em vogais — que, nas línguas inglesa e românica, são femininas em sensação e gramática.

Onde as cidades se localizam? Como Marco Polo as descreve para Kublai Khan, em tese elas datam da era em que os dois viviam, do final do século XIII. Grande parte dos voluptuosos detalhes das descrições é congruente com isso. Mas uma parcela deles não, em particular mais adiante, no livro, quando lemos, de maneira desconcertante, sobre caminhões de lixo, carros, aeroportos, guindastes, retroescavadeiras e outras máquinas contemporâneas.

Uma pista para o que Calvino quer nos contar sobre cidades reside nas subdivisões do livro. As 55 descrições consistem em 11 grupos de cinco cidades cada, sob uma variedade de títulos sedutores: "As cidades e a memória", "As cidades e o desejo", "As cidades e os símbolos", "As cidades delgadas", "As cidades e as trocas", "As cidades e os olhos", "As cidades e os nomes", "As cidades e os mortos", "As cidades e o céu", "As cidades contínuas", "As cidades ocultas". Estes são entremeados por uma ordem numérica complicada, cujo sentido não é claro e que suspeito ser uma típica criação do Oulipo: um arranjo sistematicamente arbitrário das partes da obra.[4] Cada qual nomeia um título sob o qual se podem afirmar coisas a respeito de cidades e traços surpreendentes trazidos à nossa atenção. Alguns desses traços são fatos físicos banais, outros apontam modos pelos quais as pessoas reagem à cidade, alguns são "e se" fantasiosos que desafiam nossa crença em algum aspecto em geral não questionado da vida social.

Calvino, como ele disse aos estudantes de Columbia em 1983, quer que pensemos que, em alguns sentidos, mas não em outros, essas cidades transcendem o tempo. Vez por outra, a ideia aparece de forma explícita nas conversas de Khan e Marco Polo. Apesar de todos os detalhes singulares das descrições de Polo, eles não corporificam nem aludem a um período histórico específico ou a um lugar real (da maneira como, digamos, a análise de Max Weber sobre a ética protestante se relaciona a um tempo histórico e a um lugar específicos), mas, como foi comentado, descrevem antes "o rendilhado de um padrão tão sutil que poderia escapar de ser roído por cupins".

Pensamos que ele, afinal, nos diz algo importante sobre as cidades porque podemos extrair de suas parábolas generalizações acerca da vida urbana. Cada uma chama nossa atenção para algo intrínseco à organização da vida da cidade, alguma dimensão ao longo da qual as cidades — ou as reações das pessoas a elas — variam. Elas não terão todas o mesmo sistema de distribuição de água, por exemplo, mas devem fornecer água limpa a seus habitantes e dar fim à água suja (a descrição de Armila concentra-se nesse traço da organização urbana[5]). O modo como o fazem estará relacionado de alguma maneira inteligível com outros aspectos da vida da cidade.

Fazer generalizações como essas é o trabalho normal da sociologia urbana. Comparamos cidades partindo de dimensões tais como tamanho, componentes da população, estrutura geográfica, "problemas" e até coisas intangíveis como "cultura" e "tradição".[6] Poderíamos dizer — sem querer aviltar sua obra ao falar sobre ela desta maneira prosaica, "cientificista" — que Calvino acrescenta algumas outras variáveis a essas operações usuais, novas dimensões pelas quais as cidades podem ser proveitosamente comparadas, mesmo que os sociólogos não o tenham feito no passado — ou não o tenham feito de modo sistemático. As novas dimensões estão corporificadas nas histórias que Polo conta a Khan e nas discussões de ambos sobre elas.

Os métodos de Calvino

Calvino explica o método de construção de sua teoria da vida urbana em 18 diálogos entre o imperador e o viajante que aprofundam problemas teóricos e epistemológicos das ciências sociais ao falar sobre o status das descrições que Marco Polo apresenta a Khan. À medida que ouvimos os dois conversarem, vemos as vantagens e desvantagens de cada possibilidade, bem como a impossibilidade de escolher definitivamente entre elas. O formato dialógico (*ver* Capítulo 12 do presente livro) estimula essa indeterminação. Não estamos lendo um tratado que chega a uma conclusão, mas um debate em que alternativas são levadas em conta, sopesadas, experimentadas, rejeitadas, superadas, retomadas. Os diálogos examinam, mas não resolvem, os problemas metodológicos de como compreender uma cidade. As concordâncias e discordâncias de Khan e Polo servem a fins dramáticos e caracterológicos, bem como a fins "científicos". Mas eles sem dúvida são comentários sobre problemas de método que continuam a preocupar os cientistas sociais.

Khan e Polo admitem a base empírica do conhecimento. São sutis a esse respeito. Por um lado, sabem que nossas ideias moldam os fatos. Vemos o que nossas ideias nos preparam para ver. Por outro lado, não podemos controlar os fatos manipulando ideias; eles são recalcitrantes e não se transformam assim em qualquer coisa que desejemos. Desse modo, as características diferenciais das cidades que Marco Polo descreve não são apenas algo que ele poderia inventar a seu bel-prazer. São o que são, e quaisquer ideias gerais que afirmemos devem ser congruentes com elas. Como Khan diz a Polo: "De agora em diante, vou descrever as cidades e você verificará se elas realmente existem e se são como as imaginei."[7] As descrições de Khan serão submetidas a um teste empírico.

Eles debatem a ligação entre o caso específico e a regra geral, entre a descrição de uma cidade específica, real ou imaginária, e alguma proposição geral sobre como as cidades são organizadas e funcionam, sobre suas histórias e destino final. Também este é um problema costumeiro e perene de método nas ciências sociais.

O dois reconhecem, como já observei, que as descrições de Marco Polo sugerem dimensões da vida urbana que devem ser explicadas na descrição de qualquer cidade. Aqui vou além do que está explícito no texto da conversa. Talvez seja útil pensar nesses aspectos como "problemas" que as cidades têm de resolver. A cidade de Fedora, por exemplo, preserva seus múltiplos futuros possíveis sob a forma de pequeninos globos de cristal num museu. Isso lembra que toda cidade terá seu próprio modo de lidar com esses potenciais futuros:

ela pode preservar seus futuros, suprimi-los, ignorá-los ou esquecê-los. "Nossos futuros" estão presentes, de uma maneira ou de outra, em todas as cidades.

Cada descrição de cidade específica sugere pelo menos uma dessas dimensões, e o conjunto completo das descrições de Polo sugere uma grande soma delas. Como uma cidade tem muitas maneiras possíveis de lidar com cada dimensão, o número de combinações potenciais é enorme. É um problema de análise combinatória.

As possibilidades analíticas podem ser pensadas de várias maneiras. É possível dizer que, conhecendo esse conjunto geral de dimensões, conhecemos tudo de que precisamos. Cada lugar é apenas uma versão da lei geral. Khan fala: "Entretanto, construí na minha mente um modelo de cidade do qual extraio todas as outras. ... Ela contém tudo o que vai de acordo com as normas. Uma vez que as cidades que existem se afastam da norma em diferentes graus, basta prever as exceções à regra e calcular as combinações mais prováveis."[8]

Marco Polo propõe uma alternativa: uma cidade-modelo

> feita só de exceções, impedimentos, contradições, incongruências, contrassensos. Se uma cidade assim é o que há de mais improvável, diminuindo o número de elementos anormais, aumenta a probabilidade de que a cidade realmente exista. Portanto, basta subtrair exceções ao modelo e em qualquer direção que eu vá sempre me encontrarei diante de uma cidade que, apesar de sempre por causa das exceções, existe. Mas não posso conduzir minha operação além de um certo limite: obteria cidades verossímeis demais para serem verdadeiras.[9]

Isso torna a compreensão das cidades semelhante ao xadrez; uma vez que conhecemos regras e leis, sabemos tudo que é preciso. Mas, inquieta-se Khan, isso é abstrato demais, exclui coisas demais; o xadrez nos deixa apenas com uma peça de madeira, um tabuleiro. Marco Polo imediatamente ressalta que há muita coisa a saber sobre um pedaço de madeira.

Mas também é possível dizer que, se conhecemos bem uma cidade, não precisamos de mais nada, porque as generalizações sobre todas as outras cidades estão contidas nela. Quando Khan pergunta por que Polo nunca menciona Veneza, este responde: "Toda vez que descrevo uma cidade digo algo a respeito de Veneza. ... Para distinguir as qualidades das outras cidades, devo partir de uma primeira cidade que permanece implícita. No meu caso, trata-se de Veneza."[10]

Dessa forma, descobrimos novas dimensões da vida urbana comparando cidades específicas. Quando consideramos múltiplos casos, aquele conhecido é o cenário contrastante que torna visíveis novos traços e dimensões. Inversamente, a tentativa de compreender o desconhecido e estranho nos desperta para aspectos do bem conhecido e até então despercebido. Isso acontece quando comparamos cidades diferentes ou, historicamente, o presente e o passado de uma cidade. Essas comparações fornecem uma base para a investigação de casos imaginários, o que poderia ter ocorrido mas não ocorreu: "Galhos mortos do passado."

Aqui estão, brevemente, algumas outras regras de método analítico encontradas nos diálogos entre Khan e Polo:

- "Das inúmeras cidades imagináveis devem-se excluir aquelas em que os elementos se juntam sem um fio condutor, sem um código interno, uma perspectiva, um discurso."[11]
- "As cidades ... acreditam ser obra da mente ou do acaso, mas nem um nem outro bastam para sustentar as suas muralhas."[12] Isto é, nenhuma das duas é explicação suficiente para nada.
- Cada elemento do todo é importante. Nenhum todo existe sem partes, nenhuma parte significa coisa alguma sem referência a um todo.
- A memória é mutável, não confiável. No entanto "a forma das coisas pode ser mais bem discernida a distância", tanto no tempo quanto no espaço.[13]
- Qual o melhor lugar a partir do qual descrever? É bom estar a distância para tirar conclusões.
- O objetivo de todas as descrições de cidades é saber como viver, ver o que está chegando, aceitá-lo e integrar-se nele, ou melhor, ver o que poderia tornar a vida melhor e fazer essas coisas durarem. Imaginar cidades nos permite procurar pela perfeição que produziria felicidade, e essa é uma meta primordial da obra.

A teoria das cidades de Calvino

As curtas descrições de cidades apresentam ideias aplicáveis para além do lugar específico sobre o qual Polo está falando. Aprendemos, por exemplo, que Eutrópia é composta por muitas cidades, todas vazias, exceto uma, e que os habitantes se cansam periodicamente de suas vidas, esposas, trabalhos, e então se mudam em massa para a próxima cidade, onde terão novas companheiras, novas casas, novos empregos, novas vistas de suas janelas, novos amigos, passatempos e assuntos de mexerico. Aprendemos ainda que, apesar de todas essas mudanças, nada se altera, pois embora pessoas diferentes os executem, os mesmos trabalhos são feitos, e embora novas pessoas falem, os mexericos giram em torno dos mesmos temas. Isso sugere uma generalização sociológica: em todas as cidades há um corpo de práticas sociais — formas de casamento, trabalho e habitação — que não muda muito, ainda que as pessoas que as executem sejam continuamente substituídas por meio dos processos demográficos comuns de nascimento, morte, imigração e emigração. *Plus ça change.*

Cada uma das descrições de Polo sugere uma generalização desse tipo. Muitas das descrições de cidades ampliam, comentam ou sugerem uma mudança em uma generalização corporificada na descrição anterior. Depois de ler sobre a estrutura imutável e a população mutável de Eutrópia, por exemplo, ouvimos falar de Melânia, cuja vida pode ser descrita como um conjunto de diálogos perpétuos, eles próprios especificidades de tal corpo de prática: "O soldado jactancioso e o parasita, ao saírem por uma porta, encontram o jovem esbanjador e a meretriz; ou, então, o pai avarento, da soleira, dá as últimas recomendações à filha amorosa e é interrompido pelo servo idiota que vai entregar um bilhete à alcoviteira."[14] Pessoas morrem e nascem, mas os diálogos continuam inalterados.

> A população de Melânia se renova: os dialogadores morrem um após o outro, entretanto nascem aqueles que assumirão seus lugares no diálogo, uns num papel, uns em outro. Quando alguém muda de papel ou abandona a praça para sempre ou entra nela pela primeira vez, verificam-se mudanças em cadeia, até que todos os papéis sejam novamente distribuídos. ... [Mas as mesmas cenas continuam a ser desempenhadas com os mesmos personagens], apesar de que nenhum deles conserva os olhos e a voz da cena precedente.[15]

Isso reforça a generalização evocada por Eutrópia de que essas práticas estão corporificadas em papéis e roteiros tradicionais — uma outra forma de dizer que as cidades têm uma cultura característica.

Os comentários que se seguem sobre os achados teóricos de Calvino relativos a cidades são incompletos e superficiais; eles não extraem todas as lições do livro. Cada cidade poderia servir de base a um extenso comentário. Mencionarei algumas ideias e por fim ilustrarei a exposição que Calvino faz delas.

Para repetir, uma cidade real ou imaginária representa uma posição particular em uma ou mais dimensões de variação. Assim, há um continuum cujos polos são justo e injusto, em que uma cidade justa como Berenice parece ocupar uma posição única. Mas — outra lição sociológica para nós — cada cidade contém, ao lado de sua característica distintiva aparente, o seu oposto:

> Na origem da cidade dos justos está oculta, por sua vez, uma semente maligna: a certeza e o orgulho de serem justos — e de sê-lo mais do que tantos outros que

> dizem ser mais justos do que os justos —, fermentando rancores, rivalidades, teimosias; e o natural desejo de represália contra os injustos se contamina pelo anseio de estar em seu lugar e fazer o mesmo que eles. Uma outra cidade injusta, portanto, apesar de diferente da anterior, cavando o seu espaço dentro do duplo invólucro das Berenices justa e injusta.[16]

Embora uma característica pareça ser dominante, ou a única presente, o outro polo do continuum subentendido está ali também: Berenice contém uma cidade injusta para tomar o lugar da justa, e essa cidade injusta contém por sua vez uma cidade justa esperando para substituí-la:

> Dito isso, se não desejo que o seu olhar colha uma imagem deformada, devo atrair a sua atenção para uma qualidade intrínseca dessa cidade injusta que germina em segredo na secreta cidade justa: trata-se do possível despertar — como um violento abrir de janelas — de um amor latente pela justiça, ainda não submetido a regras, capaz de compor uma cidade ainda mais justa do que era antes de se tornar recipiente de injustiça. Mas, se se perscruta ulteriormente no interior deste novo germe de justiça, descobre-se uma manchinha que se dilata como na forma de crescente inclinação a impor o justo por meio do injusto, e talvez seja o germe de uma imensa metrópole. ... Todas as futuras Berenices já estão presentes neste instante, contidas umas nas outras, apertadas, espremidas, inseparáveis.[17]

Isso sugere uma dialética: justiça faz surgir injustiça, que depois faz surgir justiça. Não há, por extensão, qualquer *X* que não implique a existência necessária de *não X*, não apenas na lógica como na realidade. Calvino corporifica isso na história de Moriana, que tem uma bela face, mas também um feio reverso; os dois não podem ser separados um do outro nem olhar um para o outro.

Uma cidade pode ocupar esses polos opostos num ritmo regular (mudando de um para o outro a cada seis meses, como uma cidade que atrai turistas pode mudar entre "a estação" e o resto do ano); ou historicamente (mudando de uma forma para outra devagar, ao longo de séculos), mas eles estão sempre ali, mesmo que um seja oculto, latente ou invisível. Calvino recorre muitas vezes a uma metáfora espacial para a relação entre os dois: uma forma da cidade está no céu, enquanto a outra está na terra; uma está na terra, a outra é subterrânea. Por vezes, como acontece com Valdrada, ele fala de uma cidade e seu reflexo, e pergunta a si mesmo qual é mais valioso, a realidade ou o reflexo.

As histórias nos aconselham a não julgar depressa demais qual a versão mais admirável. Bersabeia aspira às virtudes da cidade celeste, mas a cidade subterrânea, cujas características o povo de Bersabeia tenta evitar, é realmente a perfeita: Bersabeia é "cidade que somente quando caga não é avara calculadora interesseira".[18]

Esses opostos podem ter relações quase causais. Mudanças em um produzem mudanças no outro. Os habitantes de Tecla estão continuamente construindo. Quando Polo pergunta que plano guia suas atividades, eles lhe dizem para esperar o pôr do sol: "O trabalho cessa ao pôr do sol. A noite cai sobre os canteiros de obras. É uma noite estrelada. 'Eis o projeto', dizem."[19]

Esses planos não produzem necessariamente o resultado pretendido, o que sugere uma desconfiança geral do planejamento. O povo de Perínzia também usou o céu para guiar suas construções, "seguindo com exatidão os cálculos dos astrônomos":

> Nas ruas e na praça de Perínzia, hoje em dia, veem-se aleijados, anões, corcundas, obesos, mulheres com barba. Mas o pior não se vê: gritos guturais irrompem nos porões e nos celeiros, onde as famílias escondem os filhos com três cabeças ou seis pernas.
>
> Os astrônomos de Perínzia encontram-se diante de uma difícil escolha: admitir que todos os seus cálculos estavam errados e que as suas cifras não conseguem descrever o céu, ou revelar que a ordem dos deuses é exatamente aquilo que se espelha na cidade de monstros.[20]

A seta causal deve seguir numa direção que não esperamos. Como os de Tecla e Perínzia, as disposições de Ândria refletem os arranjos do céu. Mas não porque a cidade imite o céu. Não, assegura Polo, sempre que os habitantes mudam de cidade, as estrelas mudam da mesma maneira: "Os astrônomos perscrutam com os telescópios depois de cada mudança que acontece em Ândria [uma nova estátua, um porto fluvial, uma pista de tobogã] e assinalam a explosão de uma nova [estrela], ou a passagem do laranja para o amarelo de um ponto remoto do firmamento, a expansão de uma nebulosa, a curvatura de uma espiral da Via Láctea."[21]

Muitas das cidades sugerem ideias sobre as relações entre estrutura e função. Podemos, como em Doroteia, deduzir tudo que há para saber sobre a cidade de seu plano espacial: "fazer cálculos a partir desses dados até obter todas as informações a respeito da cidade no passado, no presente, no futuro." No entanto, um plano não precisa vincular funções a lugares: "Em todos os pontos da cidade [Zoé], alternadamente, pode-se dormir, fabricar ferramentas, cozinhar, acumular moedas de ouro, despir-se, reinar, vender, consultar oráculos." A estrutura pode ser uma espécie de casca vazia: "Esta cidade [Zora] que não se elimina da cabeça é como uma armadura ou um retículo em cujos espaços cada um pode colocar as coisas que deseja recordar: nomes de homens ilustres, virtudes, números, classificações vegetais e minerais, datas de batalhas, constelações, partes do discurso."[22]

Algumas cidades são organizadas como redes. Algumas das cidades imaginárias não passam de redes: nada resta de Armila senão seu sistema de distribuição de água (agora habitado pelos seres que mais apreciariam isso, náiades). Em Ercília as relações são representadas por fios estendidos entre lugares: "Quando os fios são tantos que não se pode mais atravessar, os habitantes vão embora: as casas são desmontadas; restam apenas os fios e os sustentáculos dos fios."[23] Assim, uma cidade pode ser plenamente entendida como uma rede de relações, de que há muitos tipos. Zaíra consiste de

> relações entre as medidas de seu espaço e os acontecimentos do passado: a distância do solo até um lampião e os pés pendentes de um usurpador enforcado; ... a altura daquela balaustrada e o salto do adúltero que foge de madrugada. ... Mas a cidade não conta o seu passado, mas o contém como as linhas da mão, escrito nos ângulos das ruas, nas grades das janelas, nos corrimãos das escadas, nas antenas dos para-raios, nos mastros das bandeiras, cada segmento riscado por arranhões, serradelas, esfoladuras.[24]

Calvino descreve outras estruturas de cidades em imagens de refreamento. A atual cidade de Olinda contém a Olinda por vir, o futuro histórico da cidade em embrião, com um tipo de cerne ou semente no centro, que depois brota (um eco de Berenice). Ou, como Fedora, o museu da cidade contém, em globos de cristal, as representações em miniatura da cidade que poderia ter sido mas não foi, que são os sonhos individuais de seus vários habitantes. O mundo (pelo que podemos entender de nossas teorias sobre o mundo) deve ter lugar tanto para "a grande Fedora de pedra e as pequenas Fedoras das esferas de vidro. Não porque sejam igualmente reais, mas porque são todas supostas. Uma reúne o que é considerado necessário, mas ainda não o é; as outras, o que se imagina possível e um minuto mais tarde deixa de sê-lo".[25]

Calvino nos oferece teorias históricas, investigando os caminhos regulares ao longo dos quais uma cidade poderia se desenvolver. Num tema recorrente, cidades ficam cada vez maiores, até que se fundem numa vasta e contínua cidade sem fronteiras. De certa forma, a cidade é contínua, mas há aeroportos aqui e ali com nomes diferentes.

> Se ao aterrissar em Trude eu não tivesse lido o nome da cidade escrito num grande letreiro, pensaria ter chegado ao mesmo aeroporto de onde havia partido. ... "— Pode partir quando quiser" — disseram-me, "— mas você chegará a uma outra Trude, igual ponto por ponto; o mundo é recoberto por uma única Trude que não tem começo nem fim, só muda o nome do aeroporto."[26]

Em Cecília, a cidade e o campo fundiram-se, e todos procuram, na fusão, vestígios de uma coisa ou de outra que recordam e apreciam. Em Leônia, ainda mais deploravelmente, a cidade e todas as outras à sua volta geram tanto lixo que elas se fundem nas margens de seus montes de dejetos e finalmente têm de ser demolidas e começadas de novo (há alguns lugares em que Calvino explora o anacronismo).

Marco Polo e Calvino finamente nos advertem de que os nomes são enganosos. Isso contém a ideia mais ampla, de considerável significado teórico, de que as coisas que as pessoas chamam pelo mesmo nome não são necessariamente as mesmas. (Todas as "escolas" não são parecidas.) Um nome pode persistir, sugerindo continuidade, quando de fato o nome é a única similaridade entre as velhas e as novas cidades. Nomes transmitem muito significado, mas o significado que transmitem pode ter pouco ou nada a ver com a realidade de um lugar. Numa reflexão provocada por sua experiência de Pirra, Marco Polo diz:

> A minha mente continua a conter um grande número de cidades que não vi e não verei, nomes que trazem consigo uma figura ou fragmento ou ofuscação de uma figura imaginada ... [A cidade imaginada ainda está lá,] mas não posso mais chamá-la com um nome, nem recordar como dar-lhe um nome que significa algo totalmente diferente.[27]

Nomes (por extensão, categorias conceitualmente definidas) só têm significado da perspectiva do observador, apenas a partir de certo lugar. Assim "Irene é o nome de uma cidade distante que muda à medida que se aproxima dela."[28] Bom lembrete para cientistas sociais tão encantados pelas palavras que as confundem com a coisa real.

Literatura como teoria social

Se Calvino fosse um teórico na realidade, não apenas em minha remodelação brincalhona dele e de sua obra, não falaria sobre cidades como fez nesse livro.

Ele jamais menciona, sequer uma vez, Max Weber, Émile Durkheim ou Karl Marx, muito menos teóricos sociais contemporâneos. Não se refere a pessoas que escreveram especificamente sobre cidades: Georg Simmel, Ernest W. Burgess, Louis Wirth. Não inclui qualquer estatística sobre população e seus componentes, sobre as situações econômicas ou o nível de escolaridade dos habitantes. Em vez disso, fornece, por intermédio de seu porta-voz, Marco Polo, descrições fantasiosas e poéticas de cidades. As descrições não pretendem caracterizar lugares reais. Elas se baseiam fortemente em detalhes, imagens que evocam pensamentos e sentimentos complexos, imagens que apresentam ideias gerais de modo metafórico. Os diálogos defendem a ideia preliminar de que é muito mais fácil compreender fatos específicos — descrições detalhadas de cidades — que falas abstratas a respeito delas.

Nós, cientistas sociais, apresentamos nossas ideias sobre a vida urbana de maneira diferente. Sabemos o que pensamos ganhar com nosso modo habitual de descrição: precisão, sistematicidade, o poder da abstração para criar classes lógicas sobre as quais as generalizações podem ser feitas. O que Calvino ganhou e o que nós perdemos com as escolhas descritivas mais abstratas que fazemos? Podemos aprender com ele como dizer sobre as cidades algo que agora talvez saibamos, mas não temos como incorporar isso em nossos resultados explícitos?

Calvino fala por vezes que há cidades feitas de "desejos e medos", e diz que o ininteligível se torna claro se nos aproximamos das cidades por meio desses sentimentos. Ele comenta também que as descrições "introduzem às escondidas" emoção e estado de espírito, e nos avisa que temos de nos livrar deles para ver, de certa distância, as "formas reais" — problema em cuja resolução os métodos das ciências sociais são propriamente equacionados. Como Calvino faz todo o possível para comunicar estado de espírito e emoção, esta é uma das muitas regras cujo oposto também deve ser honrado.

Ele comunica as nuances de humor e emoção em grande parte pela descrição de pequenos detalhes, como na menção de como "de um terraço ouve-se a voz de uma mulher que grita: uh!", em Diomira; em Despina, na menção de "um veleiro que esteja para zarpar, com o vento que enche as suas velas, ainda não completamente soltas".[29] Esses detalhes fazem mais que estabelecer um estado de espírito ou trazer à tona uma emoção; fornecem também informação que o leitor atento usa para construir uma compreensão da natureza da cidade sobre a qual se fala.

Em consequência, cada breve descrição é rica em possibilidades analíticas, muito além daquelas disponíveis na análise típica das ciências sociais. A possibilidade de usar estado de espírito e emoção, que não explorei muito aqui, é apenas um enriquecimento potencial desse tipo. Cada detalhe poderia ser, para o leitor adequado, o local de decolagem para a análise de uma área da vida urbana. A mulher gritando uh! levará alguns leitores a considerar os aspectos eróticos da vida urbana (como o fazem muitas outras partes do livro). O veleiro prestes a soltar as amarras poderia provocar uma inquirição sobre formas de viagem, o modo como os meios de transporte disponíveis numa cidade condicionam suas possibilidades e nossa visão dela. Despina "se apresenta de uma forma diferente para quem chega por mar e para quem chega por terra".[30] Por conterem muitos detalhes passíveis de expansão (como as fotografias de Walker Evans discutidas antes), as descrições literárias propiciam comparações que proveem a distância analítica que Khan e Marco Polo por vezes desejam. De forma paradoxal, o olhar minucioso, detalhado, leva à distância.

Isso contrasta com o desejo que os urbanologistas têm de conceitos claramente definidos, que lhes permitam referir uma cidade a esta ou aquela categoria, dizer que este ou aquele traço é dominante ou característico, de modo a produzir uma análise definitiva. Os conceitos sem ambiguidade do cientista social produzem resultados sem ambiguidade. A descrição literária troca clareza e unidimensionalidade pela capacidade de multiplicar análises das inúmeras possibilidades contidas em uma história.

As análises que mais se assemelham a essa maneira de exercer a atividade analítica são as ricas etnografias que Geertz elogiava como "descrição densa".[31] De forma típica, as pessoas que usam esse método sabem que fazem algo certo, mas têm dificuldade em especificar que tipo de coisa certa estão fazendo. A comparação com o método de Calvino nos dá uma ideia mais concreta do que se trata.

Calvino (ao contrário de Perec) jamais falou do que fez como sociologia (embora sua palestra para os estudantes de Columbia sugira que talvez não tivesse negado a acusação), mas podemos examinar sua obra em busca de pistas de como nos livrar da tirania das formas convencionais. Há mais a dizer do que nossas formas nos permitem — e mais a pensar também. Calvino é uma fonte em que podemos beber.

Epílogo
Finalmente...

Fiz um grande esforço para não pregar ou moralizar, e, fora um ou outro pequeno deslize, acho que consegui. Isso não significa que eu não tenha convicções. À guisa de conclusão, aqui estão elas.

Estou convencido de que não há uma maneira melhor de contar uma história sobre a sociedade. Muitos gêneros, muitos métodos, muitos formatos — todos podem dar conta do recado. Em vez de formas ideais, o mundo nos dá possibilidades entre as quais escolhemos. Cada modo de falar sobre a sociedade faz uma parte do trabalho muito bem, mas não outras. Não podemos maximizar tudo. Os adultos já aprenderam isso, mas muitos de nós esquecemos disso e ficamos muito escrupulosos quando se trata de métodos para contar história.

Isso não quer dizer que não existam diferenças entre modos de falar sobre a sociedade. Defensores da ciência desejarão nos perguntar que mapa preferimos — aquele feito por um cartógrafo formado ou o confeccionado por um amigo que vive na cidade ao lado? E minha resposta teria de ser: depende. Depende do objetivo para o qual quero o mapa. Se for para chegar à casa do meu amigo, prefiro ter o mapa feito por ele, com todos os marcos locais indicados. Para calcular estatísticas urbanas, o mapa do cartógrafo. Representações científicas especializadas são feitas para finalidades científicas especializadas, e a maioria das pessoas, na maior parte do tempo, não tem essas finalidades em mente. Quando fazem ciência, elas precisam de todos os aparatos científicos, mas para usos mais caseiros, rotineiros podem não precisar. Assim, concordarei que representações científicas são muito boas para os usos que os cientistas e outros fazem delas. Mas insistirei em que há outras finalidades para as quais elas podem não ser as melhores. Lembremos o jovem inglês cujo mapa cientificamente traçado não lhe havia indicado o morro que devia subir para chegar ao seu hotel. Coisas desse gênero são muito frequentes.

Estou convencido, ademais, de que todos os envolvidos na produção e no uso de representações da sociedade desempenham um papel no produto final, e creio em especial que os usuários de representações desempenham uma função decisiva. Não importa o que os produtores façam, se os usuários não se desincumbirem de sua parte, a história não será contada, ou não será contada como os produtores pretendiam.

As representações contêm quantidades variáveis de detalhes e informação. Alguns produtores ajustam seu relato de modo a conter exatamente o necessário para levar os usuários a aceitar a ideia que querem defender. Outros incluem muitas outras informações que um usuário poderia considerar necessárias, que ele poderia empregar de maneira mínima ou semiconsciente, ou ignorar por completo. Nem todo usuário tem de usar tudo, isso depende de cada um. Imagine uma dimensão que varie da argumentação cuidadosamente construída de um artigo de revista científica, que dê aos usuários apenas o bastante para julgar e aceitar o que o autor propõe, ao conteúdo mais abrangente de uma fotografia documental bem construída (como aquelas que Walker Evans fez para explorar as diferentes maneiras de ser uma mulher nos Estados Unidos nos anos 1920 e 1930).

Agora imagine uma segunda dimensão. Um polo consiste em representações que permitem — e muitas vezes exigem absolutamente — que os usuários façam muito trabalho interpretativo e lhes dão material que podem usar para investigar um grande número de ideias, até algumas que o produtor nem cogitava. No outro polo, algumas representações, mais avarentas no que fornecem, fazem o possível para restringir as possibilidades interpretativas do usuário àquela que o produtor tinha em mente.

O universo de representações da sociedade contém inúmeras formas possíveis de fazer esse trabalho e dividi-lo entre produtores e usuários. Estou convencido de que as ciências sociais contemporâneas mutilaram-se ao impor limites estritos aos modos permissíveis de narrar o que os pesquisadores descobrem sobre as coisas que estudam. A fórmula dos artigos de revista não dão espaço para detalhes "irrelevantes" ou múltiplas possibilidades interpretativas que outros modos de apresentar o que conhecemos permitem, estimulam ou mesmo exigem. Livros acadêmicos dão mais espaço para autores e editores desejosos de correr alguns riscos (embora os riscos envolvidos não importem em nada muito significativo).

Os produtores que trabalham em outros mundos de produção de representação, em especial nas artes, têm seus próprios ambientes profissionais e organizacionais com que lidar, e eles podem ser restritivos também. Cada um desses mundos possui suas "maneiras certas" de fazer as coisas, e as pessoas que não as utilizam põem em risco suas carreiras e reputações. Os artistas podem ser criticados por agir de forma semelhante demais à dos cientistas sociais — os críticos queixaram-se de que Georges Perec escrevia como um sociólogo;

diziam que a obra de Hans Haacke era sociologia e não escultura. E os cientistas sociais que empregam métodos ou maneiras de relatar incomuns são criticados por não ser "científicos".

Para os cientistas sociais, as maneiras arcaicas como os pareceristas e editores julgam os trabalhos que lhes são submetidos para publicação tornam difícil para eles lançar mão até de recursos "incomuns" como os diagramas *box-plot*, que dirá de materiais visuais ou formatos que parecem, que Deus não permita, "arte". O conservadorismo resultante debilita as ciências sociais e opera igualmente nas artes. Valemo-nos do sofisma de que "se era bom o bastante para o vovô, é bom o bastante para mim".

Este livro demonstra as possibilidades que nós, como participantes dos empreendimentos coletivos dedicados a explorar e representar a sociedade, temos ignorado. Estou convencido de que deveríamos parar de ignorá-los e começar a usar, todos nós, qualquer que seja o campo em que nos encontremos, os recursos que já existem.

Isso pode ser feito, apesar da mão pesada da coerção organizacional, mais claramente corporificada nas práticas editoriais das revistas científicas, os padrões de julgamento usados por coordenadores de departamentos de universidades, os curadores, críticos, diretores de teatro e estúdios de cinema que insistem em dizer não? Claro que pode. As obras a que recorri como exemplo mostram que isso pode ser feito. É o que os matemáticos chamam de prova de existência. Mais simplesmente, qualquer coisa que tenha sido feita pode ser feita.[1] Preguei meu sermão. Como todo pregador, espero que a congregação me dê ouvidos, mas não estou muito esperançoso. Seria bom ter a prova de que estou errado.

Notas

Prefácio (p.7-11)

1. H.S. Becker, M. McCall e L. Morris, "Performance science"; H.S. Becker e M. McCall, "Theatres and communities".

1. Falando da sociedade (p.15-26)

1. N. Paumgarten, "Getting where?", p.92.
2. H.S. Becker, *Art Worlds.*
3. W.F. Motte, *Oulipo: A Primer of Potential Literature.*
4. T. Kuhn, *The Structure of Scientific Revolutions.*
5. B. Latour, *Science in Action*, p.23-9.

2. Representações da sociedade como produtos organizacionais (p.27-39)

1. H. Becker, op.cit.
2. B. Latour e S. Woolgar, *Laboratory Life*; B. Latour, "Give me a laboratory and I will raise the world", "Visualization and cognition: thinking with eyes and hands".
3. Ver, por exemplo: J. Gusfield, "The literary rhetoric of science", *The Culture of Public Problems*, esp. p.83-108; B. Latour e F. Bastide, "Writing science — fact and fiction"; C. Bazerman, *Shaping Written Knowledge*; J. Clifford, "On ethnographic authority"; C. Geertz, *Local Knowledge.*
4. B. Latour, "The 'Pédofil' of Boa Vista".
5. B. Latour, *Science in Action*, p.29.
6. Ibid., p.74-9, 87-90.
7. W.G. Sebald, *Austerlitz.*
8. T. Kuhn, *The Structure of Scientific Revolutions.*
9. C.C. Ragin, S. Meyer e K. Drass, "Assessing discrimination".
10. Detalhes podem ser encontrados no artigo de Ragin, S. Meyer e K. Drass ou em H.S. Becker, *Tricks of the Trade*, p.183-94. [Ed. bras.: *Segredos e truques da pesquisa*, Rio de Janeiro, Zahar, 2007.]
11. Argumentos relacionados e complementares são apresentados em S. Lieberson, *Making It Count.*
12. C. Kluckhohn, "The personal document in anthropological science".

13. E. Tufte, *The Visual Display of Quantitative Information* e *Envisioning Information*.

14. Por exemplo, P.C. Cohen, *A Calculating People*.

15. Ver a análise clássica de rotina e emergência em H. Hughes, *The Sociological Eye*, p.316-25.

16. P. Bourdieu, *Photography*.

17. N. Oudshoorn e T.J. Pinch, *How Users Matter*.

18. J. Karaganis, *Structures of Participation in Digital Culture*.

19. C. Penley, *Nasa/Trek*.

3. Quem faz o quê? (p.40-61)

1. B. Latour, *Science in Action*, p.21-62.

2. Ver a discussão em J.W. Tukey, "Some graphic and semigraphic displays"; E. Tufte, *The Visual Display of Quantitative Information* e *Envisioning Information*; e discussão histórica em A. Desrosières, *La Politique des grands nombres*.

3. A. Trachtenberg, *Reading American Photographs*, p.247.

4. Ibid., p.244.

5. D. Hagaman, *How I Learned Not to Be a Photojournalist*, p.11.

6. Como R.E. Stryker e N. Wood, *In This Proud Land*, p.100.

7. D. Lyon, *The Bikeriders*.

8. A. Trachtenberg, op.cit., p.251.

9. Ibid., p.259.

10. L.B. Meyer, *Emotion and Meaning in Music*; B.H. Smith, *Poetic Closure*.

11. A. Trachtenberg, op.cit., p.264.

12. W. Evans, *American Photographs*, p.39.

13. Ibid., p.43.

14. Ibid., p.33.

15. Ibid., p.45.

16. A. Danto, "The artworld".

17. Ibid., p.59.

18. Ibid., p.117 e 153, respectivamente.

4. O trabalho dos usuários (p.62-77)

1. D. Hagaman, "The joy of victory, the agony of defeat".

2. Ibid., p.50-1, 59-63.

3. H.S. Becker e J. Walton, "Social science and the work of Hans Haacke".

4. H. Haacke, *Framing and Being Framed*, esp. p.59-123.

5. Ibid., p.59-67.

6. Ibid., p.69-84.

7. L.T. McGill, "Doing science by the numbers", p.135.

8. B. Latour, *Science in Action*, esp. p.233-43.

9. W.E.B. DuBois, *The Philadelphia Negro*, p.105-7.

10. S. Shapin, *A Social History of Truth.*
11. Ibid., p.336-7.
12. Ibid., p.350.
13. Ibid., p.353-4.

5. Padronização e inovação (p.78-96)

1. L.T. McGill, "Doing science by the numbers".
2. D. Mamet, *On Directing Film*, p.9-55; B.F. Kawin, *How Movies Work.*
3. J.W. Tukey, "Some graphic and semigraphic displays".
4. Ibid., p.294.
5. Idem.
6. Ibid., p.295.
7. A partir do gráfico de Tukey, op.cit.
8. B. Latour, *Science in Action*, cap.1, esp. p.45-60.
9. H. Hughes, "Action catholique and nationalism".
10. J.W. Tukey, op.cit., p.312.
11. C.C. Ragin, *The Comparative Method* e *Fuzzy-Set Social Science.*
12. S.C. Watkins, "The history of graphics in demography".
13. Ver H.S. Becker, "Hypertext fiction".
14. A. Davis, B.B. Gardner e M.R. Gardner, *Deep South.*
15. H. Molotch, "Going out", p.229.

6. O resumo dos detalhes (p.97-111)

1. B. Latour, *Science in Action*, p.234-7.
2. J.L. Borges, *Labyrinths*, p.59-60.
3. B. Latour, "The 'Pédofil' of Boa Vista".
4. J.P. Snyder, *Flattening the Earth*, p.1.
5. B. Latour, *Science in Action*, p.215-57.
6. A. Gopnik, "Street furniture".
7. J.P. Snyder, op.cit., p.46.
8. Ibid., p.20.
9. Ibid., p.155.
10. Ver as discussões in D. Hagaman, "The joy of victory, the agony of defeat" e *How I Learned Not to Be a Photojournalist.*
11. H.S. Becker e R.R. Faulkner , "'Do you know. . . ?' The jazz repertoire" e "The jazz repertoire".
12. Examinadas in J. Clifford, "On ethnographic authority".
13. Ibid., p.32, 34.
14. C. Kluckhohn, "The personal document in anthropological science".
15. B. Blauner, "Problems of editing 'first-person' sociology".
16. M. Duneier, *Sidewalk.*

17. R. Price, *Alabi's World*; R. Price e S. Price, *Enigma Variations*.

18. G. Bateson e M. Mead, *Balinese Character*.

19. V. Turner e E. Turner, "Performing ethnography".

20. D. Conquergood, "Ethnography, rhetoric, and performance"; T. Siegel, *The Heart Broken in Half*.

7. A estética da realidade (p.112-129)

1. Ver minha discussão de *A Seventh Man* in J. Berger e J. Mohr, H.S. Becker, "Visual evidence".

2. B. Latour, *Science in Action*, p.21-77.

3. T. Kuhn, *The Structure of Scientific Revolutions*, cap.3.

4. A.D. Smith, *Twilight* e *Twilight Los Angeles, 1992 on the Road*.

5. B. Latour, op.cit., p.53-6, 74-9, 87-94.

6. D.T. Campbell e J.C. Stanley, *Experimental and Quasi-Experimental Designs for Research*; T.D. Cook e D.T. Campbell, *Quasi-Experimentation*.

7. B. Latour, op.cit., p.94-100.

8. G. Polya, *Mathematics and Plausible Reasoning*, p.140-1.

9. B. Latour, op.cit., p.2, 131.

10. G. Polya, op.cit., p.3-37.

11. H.S. Becker, *Art Worlds*, p.131-64.

12. C. Zwerin, "Salesman", p.91.

13. A. Hochschild, "Mr. Kurtz, I presume", p.40-1.

14. Idem.

15. Ibid., p.46.

8. A moralidade da representação (p.130-147)

1. E. Goffman, *Asylums*, p.234. [Ed. bras.: *Manicômios, prisões e conventos*, São Paulo, Perspectiva, 1978.]

2. J. Hersey, "The legend on the license".

3. Idem.

4. Por exemplo, H. Molotch e L. Marilyn Lester, "News as purposive behavior"; G. Tuchman, *Making News*; T. Gitlin, *The Whole World Is Watching*.

5. J. Best, *Damning Lies and Statistics*.

6. Por exemplo, W.F. Ogburn, "On scientific writing".

7. Para discussões mais longas a respeito desta complicada questão, ver C.C. Ragin, *The Comparative Method*; e H.S. Becker, *Tricks of the Trade*, esp. p.63-6; 183-94.

8. H.S. Becker, *Outsiders*. [Ed. bras.: *Outsiders*, Rio de Janeiro, Zahar, 2008.]

9. Ibid., p.173-212.

10. W.F. Ogburn, op.cit.

11. C. Jencks, "Heredity, environment, and public policy reconsidered".

9. Parábolas, tipos ideais e modelos matemáticos (p.151-166)

1. C.O. Hartman, *Jazz Text*.
2. Ibid., p.77.
3. D. Antin, *talking at the boundaries*, p.157-208.
4. C.O. Hartman, op.cit., p.86.
5. D. Antin, *tuning*, p.5-47.
6. Ibid., p.30.
7. Ibid., p.35.
8. M. Weber, *The Methodology of the Social Sciences,* p.89-95.
9. H. Gerth e C. Wright Mills, *From Max Weber*, p.96-104.
10. J.G. Kemeny, L. Snell e G.L. Thompson, *Introduction to Finite Mathematics*, p.451.
11. Idem.
12. Ibid., p.453.
13. C.H. White, *An Anatomy of Kinship*, esp. p.94-105. Sua discussão se sobrepõe à de Kemeny, Snell e Thompson, op.cit.
14. Ibid, p.148-9.
15. W. McPhee, *Formal Theories of Mass Behavior*, p.26-73.
16. E. Weisstein, "Markov process".
17. T.C. Schelling, *Micromotives and Macrobehavior*, p.58-9.
18. Ibid., p.59.

10. Diagramas: pensar com desenhos (p.167-184)

1. E.S. Ferguson, "The mind's eye", p.835.
2. M. Lynch, "Pictures of nothing?".
3. Ibid., p.3.
4. A. Davies, B.B. Gardner e M.R. Gardner, *Deep South*.
5. L. Freeman, "Finding social groups".
6. A. Davis, B.B. Gardner e M.R. Gardner, op.cit., p.59-207.
7. Ibid., Parte II, p.259-538.
8. Ibid., p.59.
9. Idem.
10. Ibid., p.60.
11. Ibid., p.60-1.
12. Ibid., p.65.
13. Ibid., p.71.
14. Ibid., p.71-2.
15. Ibid., p.137-70.
16. Ibid., p.208-27.
17. Ibid., p.211-2.
18. Ibid., p.137-207.
19. E. Hughes, *French Canada in Transition*, p.134.

20. Ibid., p.163.

21. W.F. Whyte, *Street Corner Society*, p.94-5. [Ed. bras.: *Sociedade de esquina*, Rio de Janeiro, Zahar, 2005.]

22. Ibid., p.247.

23. Ibid., p.250.

11. Sociologia visual, fotografia documental e fotojornalismo, (p.185-200)

1. Ver H.S. Becker, *Art Worlds*.

2. D. Hagaman, *How I Learned Not to Be a Photojournalist*, p.3-12.

3. Weegee, *Naked City*, p.11.

4. Apud C. Capa, *The Concerned Photographer*.

5. S. Callahan (org.), *The Photographs of Margaret Bourke-White*, p.24.

6. K.E. Becker, "Forming a profession", 1926-1933.

7. D. Hagaman, op.cit.

8. R. Ericson, P.M. Baranek e J.B.L. Chan, *Visualizing Deviance*.

9. D. Hagaman, op.cit., p.8-12.

10. Ver, por exemplo, E.J. Epstein, *News from Nowhere*; S. Hall, "The determination of news photographs"; H. Molotch e M. Lester, "News as purposive behavior"; M. Schudson, *Discovering the News*; G. Tuchman, *Making News*; Ericson, Baranek e Chan, op.cit.; e uma fotojornalista reflexiva, D. Hagaman, op.cit.

11. J. Horan, *Timothy O'Sullivan*, p.151-214, 237-312.

12. Respectivamente, B. Newhall, *The History of Photography*, p.139; J. Szarkowski e M.M. Hambourg, *The Work of Atget* (coleção em quatro vols.); A. Sander, G. Sander e U. Keller, *Citizens of the Twentieth Century*.

13. J.M. Gutman e W. Lewis, *Hine and the American Social Conscience*.

14. J. Riis, *How the Other Half Lives*.

15. A. Sander, G. Sander e U. Keller, op.cit., p.23-4.

16. J. Collier e M. Collier, *Visual Anthropology*.

17. C. Stasz, "The early history of visual sociology".

18. Ver homepage: www.visualsociology.org.

19. R.L. Reid e L.A. Viskochil (orgs.), *Chicago and Downstate*, p.192.

20. R. Frank, *The Americans*, p.25.

21. A.W. Tucker e P. Brookman (orgs.), *Robert Frank*, p.20.

22. Reproduzido de *U.S. Camera Annual 1958*, U.S. Camera Publishing Corp., Nova York, 1967, p.115; e in Tucker e Brookman, op.cit., p.31.

23. J. Brumfield, "'The Americans' and the Americans"; J. Cook, "Robert Frank's America" e "Robert Frank".

24. Arthur Goldsmith, citado in A.W. Tucker e P. Brookman, op.cit., p.36-7.

25. James M. Zanutto, citado in A.W. Tucker e P. Brookman, op.cit., p.37.

26. D. Hagaman, "The joy of victory, the agony of defeat" e *How I Learned Not to Be a Photojournalist*.

27. D. Matza, *Becoming Deviant*.

28. E. Salomon, *Portrait of an Age.*

29. H. Molotch e M. Lester, "News as purposive behavior".

12. Drama e multivocalidade: Shaw, Churchill e Shawn (p.201-217)

1. B. Latour, *Science in Action*, p.70-4.

2. J. Clifford, "On ethnographic authority".

3. M.M. Bakhtin, *The Dialogic Imagination*, p.427.

4. H.S. Becker, *Art Worlds.*

5. P. Urfalino, *Quatre voix pour un opéra.*

6. Ibid., p.7-17.

7. B. Latour, *Aramis.*

8. Para uma discussão mais extensa da "hierarquia da credibilidade", ver H.S. Becker, "Whose side are we on?".

9. Respectivamente T. Scheff, "The labelling theory of mental illness" e "Reply to Chauncey and Gove"; W. Gove, "Societal reaction as an explanation of mental illness" e "The labelling theory of mental illness: a reply to Scheff".

10. Ver discussão em I. Hacking, *The Social Construction of What?.*

11. J. Clifford e G.E. Marcus (orgs.), *Writing Culture*; J. Clifford, "On ethnographic authority".

12. M.M. Bakhtin, op.cit.

13. G.B. Shaw, *Mrs. Warren's Profession*, p.181.

14. Ibid., p.247.

15. Ibid., p.248.

16. Ibid., p.251.

17. Ibid., p.265.

18. Ibid., p.283.

19. Ato II, C. Churchill, *Mad Forest*, p.29-43. Todas as citações seguintes referem-se a essas páginas.

20. J.W. Chambers. "S.L.A. Marshall's men against fire".

21. H. Blumer, "Collective behavior".

22. W. Shawn, *Aunt Dan and Lemon*, p.83-5.

23. F. Rich, "Wallace Shawn's *Aunt Dan and Lemon*".

13. Goffman, linguagem e a estratégia comparativa (p.218-230)

1. E. Goffman, "On the characteristics of total institutions", p.1-124.

2. H.S. Becker, *Outsiders.*

3. Ver a discussão in H.S. Becker, *Tricks of the Trade*, p.143-5.

4. Ibid.

5. D.R. Cressey, "Criminological research and the definition of crimes".

6. E. Goffman, op.cit., p.42.

7. Ibid., p.77.

8. E. Goffman, *Asylums*, p.89.

9. Ibid., p.4.
10. E. Goffman, "On the characteristics of total institutions", p.46-77.
11. E.Z. Friedenberg, *Coming of Age in America.*
12. M. Scott, *The Racing Game.*
13. E. Goffman, "On the characteristics of total institutions", p.123-4.

14. Jane Austen: o romance como análise social (p.231-243)

1. Não darei referências de página, já que os leitores provavelmente têm uma de uma variedade de edições, mas darei números de capítulos. Este diálogo é encontrado no cap.1.
2. J. Austen, *Orgulho e preconceito,* cap.1.
3. R. McKeon, "*Pride and Prejudice*", p.522.
4. J. Austen, op.cit., cap.42.
5. Idem.
6. Ibid., cap.15.
7. Ibid., cap.22.
8. Ibid., cap.30.
9. Ibid., cap.25.
10. Como em L. Coser, *Sociology through Literature.*

15. Os experimentos de Georges Perec em descrição social (p.244-259)

1. Ver M. Joyce, *Of Two Minds.*
2. D. Bellos, *Georges Perec.*
3. G. Perec, "Notes sur ce que je cherche", p.10.
4. Ver também H.S. Becker, *Tricks of the Trade*, p.6-83.
5. Por exemplo, J. Leenhardt e P. Józsa, *Lire la lecture.*
6. G. Perec, *Things*, p.31.
7. Ibid., p.57.
8. D. Vaughan, *Uncoupling.*
9. H.S. Becker, *Outsiders*, p.101-20.
10. G. Perec, op.cit., p.21.
11. Ver S. Sontag, "Writing itself"; J. Goody, *The Domestication of the Savage Mind*, p.74-111.
12. G. Perec, *Je me souviens*, p.119.
13. Ibid., quarta capa.
14. Idem.
15. J. Agee e W. Evans, *Let Us Now Praise Famous Men.*
16. A. Candido, *Essays on Literature and Society.*
17. R. Redfield, *The Little Community*, p.50-65.
18. G. Perec, *Tentative d'épuisement d'un lieu parisien*, p.12; ver também H.S. Becker, *Tricks of the Trade*, p.95-8.
19. G. Perec, *Je me souviens*, p.119.
20. E.D. Hirsch, J.F. Kett e James S. Trefil, *Cultural Literacy.*

16. Italo Calvino, urbanologista (p.260-273)

1. I. Calvino, *Invisible Cities*, p.7 [p.11]. As páginas que aparecem entre colchetes são da tradução brasileira, *As cidades invisíveis*, 2ª ed., São Paulo, Companhia das Letras, 2009.
2. Ibid., p.i.
3. Ibid., p.v-vi.
4. Ver a discussão in I. Calvino, op.cit., p.ii-iii.
5. Ibid., p.49-50.
6. H. Molotch, W. Freudenburg e K.E. Paulsen, "History repeats itself, but how?".
7. I. Calvino, op.cit., p.43 [p.43].
8. Ibid., p.69 [p.67].
9. Idem [p.67].
10. Ibid., p.83 [p.67].
11. Ibid., p.43-4 [p.43].
12. Ibid., p.44 [p.44].
13. Ibid., p.98 [p.95].
14. Ibid., p.80 [p.76].
15. Idem [p.26].
16. Ibid., p.162 [p.147].
17. Ibid., p.162-3 [p.146].
18. Ibid., p.113 [p.104].
19. Ibid., p.127 [p.117].
20. Ibid., p.145 [p.130-1].
21. Ibid., p.151 [p.137].
22. Ibid., p.9 [p.13], 34 [p.39], 15 [p.19], respectivamente.
23. Ibid., p.76 [p.72].
24. Ibid., p.10-1 [p.14-5].
25. Ibid., p.32 [p.32-3].
26. Ibid., p.128 [p.118].
27. Ibid., p.92 [p.87-8].
28. Ibid., p.125 [p.115].
29. Ibid., p.17 [p.21].
30. Idem, [p.21].
31. C. Geertz, *The Interpretation of Cultures.*

Finalmente... (p.274-276)

1. Ver também a discussão em H.S. Becker, R.R. Faulkner e B. Kirshenblatt-Gimblett (orgs.), *Art from Start to Finish.*

Referências bibliográficas

AGEE, James e Walker Evans. *Let Us Now Praise Famous Men*. Boston: Houghton Mifflin, 1988 [1941].

ANTIN, David. *talking at the boundaries*. Nova York: New Directions, 1976.

_____. *tuning*. Nova York, New Directions, 1984.

BAKHTIN, M.M. *The Dialogic Imagination: Four Essays*. Austin: University of Texas Press, 1981.

BARTOW, Arthur. *The Director's Voice: Twenty-one Interviews*. Nova York: Theatre Communications Group, 1988.

BATESON, Gregory e Margaret Mead. *Balinese Character: A Photographic Analysis*. Nova York: New York Academy of Sciences, 1942.

BAZERMAN, Charles. *Shaping Written Knowledge: The Genre and the Activity of the Experimental Article in Science*. Madison: University of Wisconsin Press, 1988.

BECKER, Howard S. "Whose side are we on?". *Social Problems*, n.14, 1967, p.239-47.

_____. *Outsiders: Studies in the Sociology of Deviance*. Nova York: Free Press, 1973. [Ed. bras.: 2008. *Outsiders: Estudos de sociologia do desvio*. Rio de Janeiro: Zahar.]

_____. *Art Worlds*. Berkeley: University of California Press, 1982.

_____. "Hypertext fiction". In M. Lourdes Lima dos Santos (org.). *Cultura e Economia*. Lisboa: Edicões do Instituto de Ciências Sociais, 1995.

_____. *Tricks of the Trade: How to Think about Your Research While You're Doing It*. Chicago: University of Chicago Press, 1998. [Ed. bras.: *Segredos e truques da pesquisa*. Rio de Janeiro: Zahar, 2007.]

_____. "Visual evidence: *A Seventh Man*, the specified generalization, and the work of the reader", *Visual Studies*, n.17, 2002, p.3-11.

BECKER, Howard S. e Robert R. Faulkner. "'Do you know...?' The jazz repertoire: an overview". Manuscrito, 2006a.

_____. "The jazz repertoire". Manuscrito, 2006b.

BECKER, Howard S., Robert R. Faulkner e Barbara Kirshenblatt-Gimblett (orgs.). *Art from Start to Finish: Jazz. Painting. Writing, and Other Improvisations*. Chicago: University of Chicago Press, 2006.

BECKER, Howard S. e Michal McCall. "Performance science", *Social Problems*, n.37, 1990, p.117-32.

BECKER, Howard S., Michal McCall e Lori Morris. "Theatres and communities: three scenes". *Social Problems I*, n.36, 1989, p.93-112.

BECKER, Howard S. e John Walton. "Social science and the work af Hans Haacke". In Hans Haacke (org.). *Framing and Being Framed: Seven Works, 1970-75*. Halifax: Press of the Nova Scotia College of Art and Design, 1975.

BECKER, Karin E. "Forming a profession: ethical implications of photojournalistic practice on German picture magazines, 1926-1933". *Studies in Visual Communication*, n.11, 1985, p.44-60.

BECKETT, Samuel. *Krapp's Last Tape, and Other Dramatic Pieces*. Nova York: Grove, 1960.

_____. *Happy Days: A Play in Two Acts*. Nova York: Grove, 1961.

BELLOS, David. *Georges Perec: A Life in Words*. Boston: David R. Godine, 1993.

BENIGER, James R. e Dorothy L. Robyn. "Quantitative graphics in statistics: a brief history". *American Statistician*, n.32, 1978, p.1-11.

BERGER, John e Jean Mohr. *A Seventh Man*. Londres: Writers and Readers Publishing Cooperative, 1982 [1975].

BERTIN, Jacques. *Graphics and Graphic Information Processing*. Nova York: Walter de Gruyter, 1981.

BEST, Joel. *Damned Lies and Statistics: Untangling Numbers from the Media, Politicians, and Activists*. Berkeley: University of California Press, 2001.

BLAUNER, Bob. "Problems of editing 'first-person' sociology". *Qualitative Sociology*, n.10, 1987, p.46-64.

BLUMER, Herbert. "Collective behavior". In A.M. Lee (org). *New Outline of the Principles of Sociology*. Nova York: Barnes and Noble, 1951.

BORGES, Jorge Luis. *Labyrinths: Selected Stories and Other Writings*. Nova York: New Directions, 1964.

BOURDIEU, Pierre. *Photography: A Middle-Brow Art*. Stanford: Stanford University Press, 1990.

BRAINARD, Joe. *I Remember*. Nova York: Penguin, 1995 [1975].

BRASSAÏ. *The Secret Paris of the '30s*. Nova York: Pantheon, 1976.

BRUMFIELD, John. "'The americans' and the Americans". *Afterimage*, n.8, 1980, p.8-15.

CALLAHAN, Sean (org.). *The Photographs of Margaret Bourke-White*. Nova York: New York Graphic Society, 1972.

CALVINO, Italo. *Invisible Cities*. Nova York: Harcourt Brace, 1974a. [Ed. bras.: *As cidades invisíveis*. São Paulo: Companhia das Letras, 1990.]

_____. *Les Villes invisibles*. Paris: Éditions du Seuil, 1974b.

CAMPBELL, Donald T. e J.C. Stanley. *Experimental and Quasi-Experimental Designs for Research*. Chicago: Rand McNally, 1963.

CANDIDO, Antonio. *Essays on Literature and Society*. Princeton: Princeton University Press, 1995. [Ed. bras.: *Literatura e sociedade*. São Paulo: Ouro sobre Azul, 2008.]

CAPA, Cornell (org.). *The Concerned Photographer*. Nova York: Grossman, 1968.

CARPENTER, Edmund S. "The new languages". In Edmund S. Carpenter e Marshall McLuhan (orgs.). *Explorations in Communication*. Boston: Beacon, 1960, p.162-79.

CHALVON-DEMERSAY, Sabine. *Mille scénarios: Une enquête sur l'imagination en temps de crise*. Paris: A.-M. Métailié, 1994.

CHAMBERS, John Whiteclay, II. "S.L.A. Marshall's men against fire: new evidence regarding fire ratios". *Parameters*, n.33, 2003, p.113-21.

CHURCHILL, Caryl. *Mad Forest: A Play from Romania*. Nova York: Theatre Communications Group, 1996.

CITRON, Michelle (org.). *Daughter Rite*. Nova York: Women Make Movies, 1979.

CLIFFORD, James. "On ethnographic authority". In James Clifford (org.). *The Predicament of Culture*. Cambridge: MA, Harvard University Press, 1988, p.21-54.

CLIFFORD, James e George E. Marcus (orgs.). *Writing Culture*. Berkeley: University of California Press, 1986.

COHEN, Patricia Cline. *A Calculating People: The Spread of Numeracy in Early America*. Chicago: University of Chicago Press, 1982.

COLLIER, John e Malcolm Collier. *Visual Anthropology: Photography as a Research Method*. Albuquerque: University of New Mexico Press, 1986.

CONQUERGOOD, Dwight. "Ethnography, rhetoric, and performance". *Quarterly Journal of Speech*, n.78, 1992, p.1-23.

COOK, Jno. 1982. "Robert Frank's America", *Afterimage, n.*10, 1982, p.9-14.

_____. "Robert Frank". *Aperture*, n.24, 1986, p.31-41.

COOK, Thomas D. e Donald T. Campbell. *Quasi-Experimentation: Design and Analysis Issues for Field Settings*. Chicago: Rand McNally College, 1979.

COSER, Lewis. *Sociology through Literature*. Englewood Cliffs: NJ, Prentice-Hall, 1972.

CRESSEY, Donald R. "Criminological research and the definition of crimes". *American Journal of Sociology*, n.56, 1951, p.546-51.

DANTO, Arthur. "The artworld". *Journal of Philosophy*, n.61, 1964, p.571-84.

DAVIS, Allison, Burleigh B. Gardner e Mary R. Gardner. *Deep South: A Social Anthropological Study of Caste and Class*. Chicago: University of Chicago Press, 1941.

DESROSIÈRES, Alain. *La Politique des grands nombres: histoire de la raison statistique*. Paris: Éditions La Découverte, 1993.

DUBOIS, W.E.B. *The Philadelphia Negro: A Social Study*. Filadélfia: University of Pennsylvania Press, 1996 [1899].

DUNEIER, Mitchell. *Sidewalk*. Nova York: Farrar, Straus, and Giroux, 2000.

EHRENBERG, A.S.C. "The Problem of Numeracy". *American Statistician*, n.35, 1981, p.67-71.

EPSTEIN, E.J. *News from Nowhere*. Nova York: Random House, 1973.

ERICSON, Richard, Patricia M. Baranek e Janet B.L. Chan. *Visualizing Deviance: A Study of News Organization*. Toronto: University of Toronto Press, 1987.

EVANS, Walker. *American Photographs*. Nova York: East River, 1975 [1938].

FERGUSON, Eugene S. "The mind's eye: nonverbal thought in technology". *Science*, n.197, 1977, p.827-36.

FIENBERG, Stephen E. "Graphical methods in statistics". *American Statistician*, n.33, 1979, p.165-78.

FRANK, Robert. *The Americans*. Nova York: Aperture, 1969 [1959].

FREEMAN, Linton C. "Finding social groups: a meta-analysis of the Southern women data". In Breiger Ronald, Kathleen Carley e Philippa Pattison (orgs.). *Dynamic Social Network Modeling and Analysis*. Washington, DC: National Academies Press, 2003, p.39-97.

Friedenberg, Edgar Zodiag. *Coming of Age in America: Growth and Acquiescence.* Nova York: Random House, 1965.

Geertz, Clifford. *The Interpretation of Cultures.* Nova York: Basic Books, 1974. [Ed. bras.: *A interpretação das culturas.* Rio de Janeiro: LTC, 1989.]

_____. *Local Knowledge: Further Essays in Interpretive Anthropology.* Nova York: Basic Books, 1983.

Gerth, Hans H. e C. Wright Mills. *From Max Weber: Essays in Sociology.* Nova York: Oxford University Press, 1946.

Gitlin, Todd. *The Whole World Is Watching.* Berkeley: University of California Press, 1980.

Goffman, Erving. *Asylums.* Garden City: Doubleday, 1961. [Ed. bras.: *Manicômios, prisões e conventos.* São Paulo: Perspectiva, 2008, 8ª ed.]

Goody, Jack. *The Domestication of the Savage Mind.* Cambridge: Cambridge University Press, 1977.

Gopnik, Adam. "Street furniture: the mapmakers who know where you live". *New Yorker*, 6 nov 2005, p.54-7.

_____. "Homer's Wars: The Simple Epics of an American Artist". *New Yorker*, 31 de outubro de 2005, p.66-73.

Gottschalk, Louis, Clyde Kluckhohn e Robert C. Angell (orgs.). *The Use of Personal Documents in History, Anthropology, and Sociology.* Nova York: Social Science Research Council, 1945.

Gove, Walter R. "Societal reaction as an explanation of mental illness: an evaluation". *American Sociological Review*, n.35, 1970, p.873-84.

_____. "The labelling theory of mental illness: a reply to Scheff". *American Sociological Review*, n.40, 1975, p.242-8.

Gusfield, Joseph R. "The literary rhetoric of science: comedy and pathos in drinking driver research". *American Sociological Review*, n.41,1976, p.16-34.

_____. *The Culture of Public Problems: Drinking-Driving and the Symbolic Order.* Chicago: University of Chicago Press, 1981.

Gutman, Judith Mara. *Lewis W. Hine and the American Social Conscience.* Nova York: Walker, 1967.

Haacke, Hans. *Framing and Being Framed: Seven Works, 1970-75.* Halifax: Press of the Nova Scotia College of Art and Design, 1975.

Hacking, Ian. *The Social Construction of What?.* Cambridge, MA: Harvard University Press, 1999.

Hagaman, Dianne. "The joy of victory, the agony of defeat: stereotypes in newspaper sports feature photographs". *Visual Sociology* n.8, 1993, p.48-66.

_____. *How I Learned Not to Be a Photojournalist.* Lexington: University Press of Kentucky, 1996.

Hall, Stuart. "The determination of news photographs". In Stan Cohen e Jock Young (orgs.). *The Manufacture of News: A Reader.* Beverly Hills, CA: Sage, 1973.

Harper, Douglas. *Good Company.* Chicago: University of Chicago Press, 1981.

Hartman, Charles O. *Jazz Text: Voice and Improvisation in Poetry, Jazz, and Song.* Princeton, NJ: Princeton University Press, 1991.

Herndon, James. *The Way It Spozed to Be.* Nova York: Bantam, 1968.

HERSEY, John. "The legend on the license". *Yale Review*, n.70, 1980, p.1-25.

HIRSCH, E.D., Joseph F. Kett e James S. Trefil. *Cultural Literacy: What Every American Needs to Know*. Boston: Houghton Mifflin, 1987.

HOCHSCHILD, Adam. "Mr. Kurtz, I presume". *New Yorker*, n.63, 1997, p.40-7.

HOLT, John. *How Children Learn*. Nova York: Pitman, 1967.

HORAN, James. *Timothy O'Sullivan: America's Forgotten Photographer*. Nova York: Bonanza, 1966.

HUGHES, Everett Cherrington. "Action catholique and nationalism: a memorandum on Church and society in French Canada". Memorando, s.d.

_____. *French Canada in Transition*. Chicago: University of Chicago Press, 1943.

_____. *The Sociological Eye*. New Brunswick, NJ: Transaction, 1984.

IVSA (International Visual Sociology Association). http://sjmc.cla.umn.edu/faculty/schwartz/ivsa/ (acessado em 16 mar 2006).

JENCKS, Christopher. "Heredity, environment, and public policy reconsidered". *American Sociological Review*, n.45, 1980, p.723-36.

JONES, Lee. "Hollywood Realities: Hoop Dreams". *Jump Cut*, n.40, 1996, p.8-14.

JOYCE, Michael. *Of Two Minds: Hypertext Pedagogy and Poetics*. Ann Arbor: University of Michigan Press, 1995.

KAISER, David. *Drawing Theories Apart: The Dispersion* of *Feynman Diagrams in Postwar Physics*. Chicago: University of Chicago Press, 2005.

KARAGANIS, Joe. *Structures of Participation in Digital Culture*. Durham, NC: Duke University Press, 2007.

KAWIN, Bruce F. *How Movies Work*. Berkeley: University of California Press, 1992.

KEMENY, John G., J. Laurie Snell e Gerald L. Thompson. *Introduction to Finite Mathematics*. Englewood Cliffs, NJ: Prentice-Hall, 1974.

KLUCKHOHN, Clyde. "The personal document in anthropological science". In Louis Gottschalk, Clyde Kluckhohn e Robert C. Angell (orgs.). *The Use of Personal Documents in History, Anthropology, and Sociology*. Nova York: Social Science Research Council, 1945, p.78-173.

KRAFT, Eric. *What a Piece of Work I Am (A Confabulation)*. Nova York: Crown, 1994.

KUHN, Thomas. *The Structure of Scientific Revolutions*. Chicago: University of Chicago Press, 1970.

LATOUR, Bruno. "Give me a laboratory and I will raise the world". In Karin D. Knorr-Cetina e Michael Mulkay (orgs.). *Science Observed*. Beverly Hills, CA: Sage, 1983.

_____. "Visualization and cognition: thinking with eyes and hands". *Knowledge and Society*, n.6, 1986, p.1-40.

_____. *Science in Action*. Cambridge, MA: Harvard University Press, 1987.

_____. "The 'Pédofil' of Boa Vista: a photo-philosophical montage". *Common Knowledge*, n.4, 1995, p.144-87.

_____. *Aramis: or, The Love of Technology*. Cambridge, MA: Harvard University Press, 1996.

LATOUR, Bruno e Françoise Bastide. "Writing science — fact and fiction: the analysis of the process of reality construction through the application of socio-semiotic methods to scientific texts". In Michel Callon, John Law e Arie Rip (orgs.). *Mapping the Dynamics of Science and Technology: Sociology of Science in the Real World.* Londres: Macmillan, 1986, p.51-66.

LATOUR, Bruno e Steve Woolgar. *Laboratory Life: The Social Construction of Scientific Fact.* Beverly Hills, CA: Sage, 1979. [Ed. bras.: *Vida de laboratório*, Rio de Janeiro, Relume-Dumará, 1997.]

LEENHARDT, Jacques e Pierre Józsa. *Lire la lecture: essai de sociologie de la lecture.* Paris: L'Harmattan, 1999 [1982].

LIEBERSON, Stanley. *A Piece of the Pie: Blacks and White Immigrants since 1880.* Berkeley: University of California Press, 1980.

_____. *Making It Count.* Berkeley: University of California Press, 1985.

LUTZ, Catherine A. e Jane L. Collins. *Reading "National Geographic".* Chicago: University of Chicago Press, 1992.

LYNCH, Michael. "Pictures of nothing? Visual construals in social theory". *Sociological Theory*, n.9, 1991, p.1-21.

LYON, Danny. *The Bikeriders.* Nova York: Macmillan, 1968.

MAMET, David. *On Directing Film.* Nova York: Penguin, 1991.

MATZA, David. *Becoming Deviant.* Englewood Cliffs, NJ: Prentice-Hall, 1969.

MCCLOSKEY, Donald. *The Rhetoric of Economics.* Madison: University of Wisconsin Press, 1985.

_____. *If You're So Smart: The Narrative of Economic Expertise.* Chicago: University of Chicago Press, 1990.

MCGILL, Lawrence T. "Doing science by the numbers: the role of tables and other representational conventions in scientific articles". In Albert Hunter (org.). *The Rhetoric of Social Research: Understood and Believed.* New Brunswick, NJ: Rutgers University Press, 1990, p.129-41.

MCGILLIGAN, Pat (org.). *Backstory 2: Interviews with Screenwriters of the 1940s and 1950s.* Berkeley: University of California Press, 1991.

MCKEON, Richard. "*Pride and Prejudice:* thought, character, argument, and plot". *Critical Inquiry*, n.5, 1979, p.511-27.

MCPHEE, William. *Formal Theories of Mass Behavior.* Glencoe, IL: Free Press, 1963.

_____. "When culture becomes a business". In Joseph Berger Jr., Morris Zelditch e Bo Anderson (orgs.). *Sociological Theories in Progress.* Nova York: Houghton Mifflin, 1967, p.227-43.

MEISALAS, Susan. *Carnival Strippers.* Nova York: Farrar, Straus, and Giroux, 1976.

MEYER, Leonard B. *Emotion and Meaning in Music.* Chicago: University of Chicago Press, 1956.

MOLOTCH, Harvey. "Going out". *Sociological Forum*, n.9, 1994, p.229-39.

MOLOTCH, Harvey, William Freudenburg e Krista E. Paulsen. "History repeats itself, but how? City character, urban tradition, and the accomplishment of place". *American Sociological Review*, n.65, 2000, p.791-823.

MOLOTCH, Harvey e Marilyn Lester. "News as purposive behavior: on the strategic use of routine events, accidents, and scandals". *American Sociological Review*, n.39, 1974, p.101-12.

MONMONIER, Mark. *How to Lie with Maps.* Chicago: University of Chicago Press, 1991.

_____. *Mapping It Out: Expository Cartography for the Humanities and Social Sciences*. Chicago: University of Chicago Press, 1993.

MOTTE, Warren F. *Oulipo: A Primer of Potential Literature*. Normal, IL: Dalkey Archive Press, 1998.

NEWHALL, Beaumont. *The History of Photography*. Nova York: Museum of Modern Art, 1964.

NOVA. "Papua New Guinea: anthropology on trial". Ambrose Video Publishing (Estados Unidos), transmitido pela primeira vez em 1º nov 1983.

OGBURN, William F. "On scientific writing", *American Journal of Sociology*, n.52, 1947, p.383-8.

OUDSHOORN, Nelly e T.J. Pinch. *How Users Matter: The Co-construction of Users and Technologies*. Cambridge, MA: MIT Press, 2003.

PAUMGARTEN, Nick. "Getting where?". *New Yorker*, 9 jan 2006, p.86-101.

PENLEY, Constance. *Nasa/Trek: Popular Science and Sex in America*. Nova York: Verso, 1997.

PEREC, Georges. *Les Choses: une histoire des années soixante*. Paris: Julliard, 1965.

_____. *Tentative d'épuisement d'un lieu parisien*. Paris: Christian Bourgois, 1975.

_____. *Je me souviens*. Paris: Hachette, 1978.

_____. "Notes sur ce que je cherche". In _____. *Penser/Classer*. Paris: Hachette, 1985.

_____. *Life: A User's Manual*. Boston: D.R. Godine.

_____. *Things: A Story of the Sixties*. Boston: D. Godine, 1990.

POLYA, George. *Mathematics and Plausible Reasoning*. Princeton, NJ: Princeton University Press, 1954.

PRICE, Richard. *Alabi's World*. Baltimore: Johns Hopkins University Press, 1990.

PRICE, Richard e Sally Price. *Enigma Variations*. Cambridge, MA: Harvard University Press, 1995.

RAGIN, Charles C. *The Comparative Method: Moving beyond Qualitative and Quantitative Strategies*. Berkeley: University of California Press, 1987.

_____. *Fuzzy-Set Social Science*. Chicago: University of Chicago Press.

RAGIN, Charles C., Susan Meyer e Kriss Drass. "Assessing discrimination: a boolean approach". *American Sociological Review*, n.49, 1984, p.221-34.

REDFIELD, Robert. *The Little Community*. Chicago: Chicago University Press, 1956.

REID, Robert L. e Larry A. Viskochil (orgs.). *Chicago and Downstate: Illinois as Seen by the Farm Security Administration Photographers, 1936-1943*. Chicago: Chicago Historical Society; Urbana: University of Illinois Press, 1989.

RICH, Frank. "Wallace Shawn's *Aunt Dan and Lemon*". *New York Times*, 29 out 1985.

RIIS, Jacob. *How the Other Half Lives*. Nova York: Dover, 1971 [1901].

ROBINSON, Arthur H. e Barbara Bartz Petchenik. *The Nature of Maps*. Chicago: University of Chicago Press, 1976.

ROSENTHAL, Alan. *The New Documentary in Action: A Casebook in Film Making*. Berkeley: University of California Press, 1971.

_____ (org.). *New Challenges for Documentary*. Berkeley: University of California Press, 1988.

SALOMON, Erich. *Portrait of an Age*. Nova York: Collier, 1967.

SANDER, August, Gunther Sander e Ulrich Keller. *Citizens of the Twentieth Century: Portrait Photographs, 1892-1952*. Cambridge, MA: MIT Press, 1986.

Schafer, Dennis e Larry Salvato. *Masters of Light: Conversations with Contemporary Cinemaphotographers*. Berkeley: University of California Press, 1984.

Scheff, Thomas J. "The labelling theory of mental illness". *American Sociological Review*, n.39, 1974, p.444-52.

_____. "Reply to Chauncey and Gove". *American Sociological Review*, n.40, 1975, p.252-6.

Schelling, Thomas C. *Micromotives and Macrobehavior*. Nova York: W.W. Norton, 1978.

Schudson, Michael. *Discovering the News*. Nova York: Basic Books, 1978.

Scott, Marvin B. *The Racing Game*. Chicago: Aldine, 1968.

Sebald, W.G. *Austerlitz*. Nova York: Random House, 2001.

Shapin, Steven. *A Social History of Truth: Civility and Science in Seventeenth-Century England*. Chicago: University of Chicago Press, 1994.

Shaw, George Bernard. *Mrs. Warren's Profession*. Dan B. Laurence (org.). *Plays Unpleasant*. Nova York: Penguin, 1946 [1925], p.181-286.

Shawn, Wallace. *Aunt Dan and Lemon*. Nova York: Grove Weidenfeld, 1985.

Siegel, Taggart. *The Heart Broken in Half*. São Francisco: AV/ITV Center, San Francisco State University, 1990.

Small, Mario. *Villa Victoria: The Transformation of Social Capital in a Boston Barrio*. Chicago: University of Chicago Press, 2004.

Smith, Anna Deavere. *2001. Twilight*. Los Angeles: PBS, 2001.

_____. *Twilight Los Angeles, 1992 on the Road*. Nova York: Anchor, 1994.

Smith, Barbara Herrnstein. *Poetic Closure: A Study of How Poems End*. Chicago: University of Chicago Press, 1968.

Snow, C.P. *The Search*. Nova York: Scribner, 1959.

Snyder, John P. *Flattening the Earth: Two Thousand Years of Map Projections*. Chicago: University of Chicago Press, 1993.

Sontag, Susan. "Writing itself". *New Yorker*, 26 abr 1982, p.122-41.

Sperber, Murray. "Hollywood Dreams: *Hoop Dreams* (Steve James, 1994)". *Jump Cut*, n.40, 1996, p.3-7.

Stasz, Clarice. "The early history of visual sociology". In Jon Wagner (org.). *Images of Information: Still Photography in the Social Sciences*. Beverly Hills, CA: Sage, 1979, p.119-36.

Stryker, Roy Emerson e Nancy Wood. *In This Proud Land: America 1935-1943 as Seen in the FSA Photographs*. Greenwich, CT: Nova York Graphic Society, 1973.

Szarkowski, John e Maria Morris Hambourg. *The Work of Atget*. Nova York: Museum of Modern Art, 1983.

Trachtenberg, Alan. *Reading American Photographs: Images as History, Mathew Brady to Walker Evans*. Nova York: Hill and Wang, 1989.

Tuchman, Gaye. *Making News*. Nova York: Free Press, 1978.

Tucker, Anne Wilkes e Philip Brookman (orgs.). *Robert Frank: New York to Nova Scotia*. Boston: Little, Brown, 1986.

Tufte, Edward R. *The Visual Display of Quantitative Information*. Cheshire, CT: Graphics, 1983.

_____. *Envisioning Information*. Cheshire, CT: Graphics, 1990.

TUKEY, John W. "Some graphic and semigraphic displays". In T.A. Bancroft (org.). *Statistical Papas in Honor of George W. Snedecor*. Ames: Iowa State University Press, 1972, p. 293-316.

_____. *Exploratory Data Analysis*. Reading, MA: Addison-Wesley, 1977.

TURNER, Victor e Edith Turner. "Performing ethnography". *Drama Review*, n.26, 1982, p.33-50.

URFALINO, Philippe. *Quatre voix pour un opéra: Une histoire de l'Opéra Bastille racontée par M. Audon, F. Bloch-Laine, G. Charlet, M. Dittman*. Paris: Éditions Métailié, 1990.

VAN MAANEN, John. *Tales of the Field: On Writing Ethnography*. Chicago: University of Chicago Press, 1988.

VAUGHAN, Diane. *Uncoupling: Turning Points in Intimate Relationships*. Nova York: Oxford University Press, 1986.

WAINER, Howard. "Comment". *Journal of the American Statistical Association*, n.76, 1981, p.272-5.

WATKINS, Susan Cotts. "The history of graphics in demography". *Studies in Visual Communication*, n.11, 1985, p.2-21.

WEBER, Max. *The Methodology of the Social Sciences*. Nova York: Free Press, 1949.

WEEGEE. *Naked City*. Nova York: Essential Books, 1945.

WEISSTEIN, Eric. "Markov process". *Math World* — A Wolfram Web Resource. http://mathworld.wolfram.com/MarkovProcess.html.

WHITE, Harrison C. *An Anatomy of Kinship: Mathematical Models for Structures of Cumulated Roles*. Englewood Cliffs, NJ: Prentice-Hall, 1963.

WHYTE, William Foote. *Street Corner Society: The Social Structure of an Italian Slum*. Chicago: University of Chicago Press, 1981 [1943]. [Ed. bras.: *Sociedade de esquina: a estrutura social de uma área urbana pobre e degradada*. Rio de Janeiro: Zahar, 2005.]

WILSON, Carter. *Crazy February: Death and Life in the Mayan Highlands of Mexico*. Berkeley: University of California Press, 1974 [1965].

WISEMAN, Frederick (org.). *Titicutt Follies*. Cambridge, MA: Zipporah Films, 1967.

ZWERIN, Charlotte. "Salesman". In Alan Rosenthal (org.). *The New Documentary in Action: A Casebook in Film Making*. Berkeley: University of California Press, 1971, p.86-91.

Crédito das ilustrações

3.1 Dorothea Lange. "Expulsos pelo trator: casa de fazenda abandonada numa grande fazenda de algodão mecanizada." LOC, LC-USF342-8140A.
3.2 Walker Evans. "Uma moça na Fulton Street, Nova York, 1929." Image © The Metropolitan Museum of Art.
3.3 Walker Evans. "42nd Street." Image © The Metropolitan Museum of Art.
3.4 Walker Evans. "Mulher do arrendatário de uma fazenda de algodão do Alabama", 1936.
3.5 Walker Evans. "Cidadão no centro de Havana, 1932." Image © The Metropolitan Museum of Art.
3.6 Walker Evans. "Main Street, Saratoga Springs, Nova York, 1931." Image © The Metropolitan Museum of Art.
3.7 Walker Evans. "Rua e cemitério em Bethlehem, Pensilvânia." LOC, LC-USF342-1166A.
3.8 Walker Evans. "Casas com vigamento de madeira na Virgínia, 1936." LOC, LC-USF342-008053A.
10.1 A. Davis, B.B. Gardner e Mary R. Gardner, *Deep South*, p.65: "As perspectivas sociais das classes sociais."
10.2 Ibid., p.149: "Frequência de interparticipação de um grupo de mulheres em Old City, 1936 — Grupo II."
10.3 Ibid., p.150: "Tipos de membros de duas cliques sobrepostas e relações entre eles."
10.4 Ibid., p.212: "Estratificação social de um grupo de cliques de cor."
10.5 E.C. Hughes, *French Canada in Transition*, p.134: "Composição étnica de grupos de interesse."
10.6 Ibid., p.164: "Relações de parentesco e outras entre um grupo de homens importantes."
10.7 W.F. Whyte, *Street Corner Society*, p.95: "Conversa de esquina."
10.8 Ibid., p.250: "Fazendo e corrigindo uma prisão."
10.9 Ibid., p.251: "Obtenção da cerca do parque."
11.1 D. Harper, *Good Company*, s.p.: Selva; Wenatchee. Cortesia de Douglas Harper.
11.2 Ibid., s.p.: "O baixo mundo de Boston". Cortesia de Douglas Harper.

Agradecimentos

Este projeto começou nos anos 1980, quando meus colegas na Universidade Northwestern (sobretudo Andrew C. Gordon) e eu recebemos uma verba da hoje extinta System Development Foundation para estudar "Modos de representação da sociedade". Esse título vago destinava-se a abranger nossos variados interesses em fotografia, gráficos estatísticos, teatro e praticamente qualquer outro meio que alguém já tivesse usado para dizer aos outros o que pensava saber sobre a sociedade. Várias pessoas trabalharam conosco ao longo de vários anos, mas jamais produzimos o enorme relatório que um título tão pomposo requeria. Escrevi um artigo (que aparece aqui de forma um pouco alterada em alguns dos capítulos), e alguns outros escreveram também; todos escrevemos uma montanha de anotações; no fim, seguimos nossos diferentes caminhos, e aquilo parecia ser o fim do projeto, à falta de um grande livro justificando a previsão sombria de um dos membros do conselho da fundação de que nada resultaria daquela subvenção.

Em algum momento no final dos anos 1990 interessei-me por essas questões novamente, e orientei um seminário — "Falando sobre a sociedade" — na primavera de 1997, quando era professor visitante no Departamento de Sociologia da Universidade da Califórnia em Santa Barbara, e no ano seguinte na Universidade de Washington. Ambos os cursos estimularam meu pensamento sobre o tema. Eu próprio escrevi longas anotações após cada aula, que, transformadas de vários modos, infiltraram-se neste livro. Como não posso me lembrar qual dos cursos estimulou quais ideias, no que se segue me refiro ao "seminário" quando quero contar algo que aconteceu em um dos dois. Os alunos de ambos formavam um bando arrojado, disposto a desperdiçar um trimestre com algo que aparentemente não tinha qualquer utilidade profissional, e agradeço a eles por sua participação anárquica, a propensão a polemizar, que me estimularam mais que qualquer outra coisa a escrever todas aquelas observações.

Não tentarei arrolar todas as pessoas cuja conversa e exemplo me influenciaram nesses anos; é muito difícil lembrar, e tenho certeza de que deixaria muitos de fora — e eles sabem ou podem adivinhar quem são. Dianne Hagaman ajudou-me de todas as maneiras que se pode imaginar e também, o que aqueles que não a conhecem poderiam não suspeitar, com sua enorme *expertise*, nascida de tempos de estudo dedicados ao campo de Jane Austen e *Orgulho e preconceito* (eu não teria ousado escrever o Capítulo 14 sem sua ajuda).

Ao longo dos anos, escrevi muitos artigos para apresentação e publicação aqui e ali, e usei alguns deles, a maioria bastante transformada, em partes deste livro. Os seguintes artigos aparecem, no todo ou em parte, em vários capítulos:

"Telling about society", in Howard S. Becker, *Doing Things Together*. Evanston, IL, Northwestern University Press, 1986, p.121-36, Capítulo 1.

"Categories and comparisons: how we find meaning in photographs", *Visual Anthropology Review*, n.14, 1998-99, p.3-10, Capítulo 3.

"Aesthetics and truth", in Howard S. Becker, *Doing Things Together*. Evanston, IL, Northwestern University Press, 1986, p.293-301, Capítulo 7.

"Visual sociology, documentary photograph, and photojournalism: it's (almost) all a matter of context", *Visual Sociology*, n.10, 1995, p.5-14, Capítulo 11 (aqui reproduzido com a autorização de Taylor & Francis Group).

"La politique de la présentation: Goffman et les institutions totales", in Charles Amourous e Alain Blanc (orgs.), *Erving Goffman et les institutions totales*. Paris, L'Harmattan, 2001, p.59-77; e, em inglês, "The politics of presentation: Goffman and total institutions", *Symbolic Interaction*, n.26, 2003, p.659-69, Capítulo 13.

"Sociologie, sociographie, Perec et Passeron", in Jean-Louis Fabiani (org.), *Le Goût de l'enquête: Pour Jean-Claude Passeron*. Paris, L'Harmattan, 2001, p.289-311; uma versão mais curta aparece em inglês como "George Perec's experiments in social description", *Ethnography*, n.2, 2001, p.63-76, Capítulo 15.

"Calvino, sociologue urbain", in Howard S. Becker, *Paroles et musique*. Paris, L'Harmattan, 2003, p.73-89, Capítulo 16.

Índice remissivo